【レクチャー現代資本主義】

日本経済の構造と分析

【最新版】

降旗節雄
Furihata Setsuo

社会評論社

はしがき

本書は、一九九三年に出版した『〔レクチャー現代資本主義〕——日本経済の構造と分析』の改訂新版である。前者は、戦後日本経済を対象にして、その内包する矛盾の構造をテーマ別に整理して分析したものである。そこで展開された戦後日本経済の特質と問題点についての分析は、今でも大きな誤りはないと考えている。しかし、何分このレクチァーは一九九一年から九二年初めにかけて行われたものであったため、九〇年代のバブル崩壊不況と相次ぐ政策的失敗による不況の長期化、その間に進行した情報化社会への転換等についての分析を欠落させている。それを補うため九四年に「平成大不況と国内産業の空洞化」という補章をつけて「増補改訂版」を刊行したが、二〇世紀が終り二一世紀を望む現在、九〇年代不況の意味を確定して、戦後日資本主義の生成・発展・没落の軌跡を総括する「終章　二一世紀への展望——九〇年代の日本経済の変貌——」を加えて、最新版として刊行することにした。

九〇年代長期不況は、たんなる循環性不況やバブル崩壊の複合不況にとどまらず、戦後半世紀に及ぶ日本経済の発展を総括する構造不況の意味をもつと考える。その意味で、この九〇年代不況を対象にした「終章」によって、戦後日本経済の体系的把握をめざした本書も、始めて終始一貫した戦後日本体制論として完結することになるであろう。

自民・社会共存の五五年体制を枠組みとする福祉国家が、半世紀に及ぶこの国の政治・社会構造であり、それを支えたのが耐久消費財量産型のモータリゼィション経済であった。今やその経済的基礎も、政治的・社会的枠組みも生命力を失って崩壊し、情報化・グローバル化・市場化という激しい競争社会にむかって、この国は疾走を始めた。この新しい世界構造の中でマルクス主義や社会主義という理念は如何なる意味をもちうるかが、著者の追求するテーマであるが、その点についての詳細は別著で展開する。本書はそのための基礎作業である。

二〇〇〇年八月五日

降旗節雄

前口上

本書は、一九九一年五月から翌年九二年三月まで、毎月一回、計一〇回開講された第二期フォーラム90s講座の一つ「日本経済入門――高度成長からハイテク社会へ――」の記録です。速記を大幅に加筆訂正して文章の体裁をととのえ、それ以後の経済の変化にもふれるようにしましたが、基本的には講義の記録なので、同じ論旨のくり返しや構成上の不備があることは否めません。御寛恕いただきたいと思います。

ところで「フォーラム90s」は、「新しい主体的解放の知の枠組みの再構築」をめざして「多種多様な分権的核をもつ研究・交流活動の自発的簇生と、それらの交流・論争をつうじて普遍化・全体化を志向する根茎的ネットワーク」の形成をはかろうとさまざまな分野から参加した人々の集団と自称しています。この新左翼的・構造主義的・ポストモダン的フレーズを散りばめた華麗な名文では、普通の人々には何をいっているのかよくわからないでしょう。あるセクトの機関紙は、この「フォーラム90s」をさして「左翼思想破産者たちの駆け込み寺」と呼んでいましたが、その方がわかり易いかもしれない。今日の体制に対して異議をもつ人達が集まって鬱屈した思いのたけを吐きあったり、あまり流行らない研究成果を発表したり、裏情報を交換したり、体制側に寝返ったもとの仲間を罵倒したりする集団といったら、悪口の度がすぎますが、とにかく社会主義圏の崩壊に始まって、総評の解体、なし崩し的改憲、自衛隊の海外派遣といったひと昔前には予想もされなかった右翼的なだれ現象が世をおおっている今日、なお左翼の志を守って体制批判の視座を固持しつづける人々の集団——それが「フォーラム90s」とみてよいでしょう。

したがってこの講座では、私は二つのことを目指しました。一つは、現代社会をマルクス経済学の理論で分析するとどういう仕組みとなるかを明確に示すこと、もう一つは、そのマルクス経済学なるものを、現状分析の有効な武器としてどのように再構築すべきかということでした。もっとも、後者は、正面切って扱っておりません。今年（一九九三年）の五月から始まる同じ「フォーラム90s」の「マルクス主義改造講座」で集中的に論じたいと思っています。

現代資本主義をとらえるためには、クルマ社会と南北問題と国家による経済の組織化という三点に分析の焦点をしぼるべきだ、というのが全体を貫く論旨です。これに対して、山田鋭夫氏から「もうほとんどレギュラシオン！」という私信をいただきましたが、そうとっていただいてもかまいません。ただレギュラシオン学派が、もしマルクス主義の一分派だとすれば、そこには『資本論』から現状分析に至る方法的一貫性への配慮と、現代資本主義と戦争との深い結びつきについての関心とが著しく稀薄なように私には思われます。

ひとさまのことはともかく、本書によって、現代資本主義の構造と運動が統一的に把えられ、私達を支配している国家と資本の奇怪な結合体のイメージを明瞭にえがいていただけたら幸甚のいたりです。疑問点や欠陥についても御指摘いただけたら、と思います。

本書の作成にあらゆる御配慮をいただいた社会評論社の松田健二氏に謝意を表させていただきます。

一九九三年三月一三日

降旗節雄

［レクチャー現代資本主義］日本経済の構造と分析◉目次

第1章　緒論——経済学の科学性と現代の構造

[1] 自然科学はイデオロギーか

マルクス主義やマルクス経済学が権威を失っています。その背後には、ソヴィエトや東欧における社会主義体制の大崩壊があります。この社会主義体制が、マルクス主義の理論を前提とし、それによって指導されてつくられた体制であるとすれば、その崩壊は、マルクス主義やその理論に対する信用の失墜をもたらすことは当然でしょう。

マルクス主義に対する四面楚歌の状況の中にあって、珍しく、非マルクス主義的立場から、マルクス経済学を擁護する本があらわれました。佐和隆光氏の『これからの経済学』(岩波新書)です。

佐和氏は一〇年近く前に、同じ岩波新書の一冊として『経済学とは何だろうか』という本を出しています。今度の本は、その続編なのですが、この本の冒頭で『経済学とは何だろうか』の要点をまとめています。次のとおりです。

(1)自然科学は、実証的、客観的、普遍的であるというのは幻想にすぎない。自然科学も、その折々の時代と社会の価値規範によって大きく影響される。

(2)経済学は、ニュートン以来の近代物理学を模範として、客観的、普遍的な科学となろうとしてきたが、当の自然科学が客観的でないとすれば、模範を失うことになる。

(3)社会科学者は、自然科学コンプレックスを捨て、社会科学が価値規範に依存することを当然とみとめるべきだ。

(4)カール・ポパーは「反証可能性」に科学成立の根拠を求めたが、実験不能な社会科学には、データによる「反証」は困難である。

(5)だから、ポパーが「非科学」とした政治経済学、および歴史主義的経済学も復権させて、近代経済学(佐和氏はピースミール・エンジニアリングという)、政治経済学、歴史主義的経済学の三者鼎立と相互の競争をはかるべきだ。

これが佐和氏の主張です。マルクス経済学が「死んだ犬」のように扱われている現在、その復権を叫ぶ佐和氏には、マルクス経済学で飯を食っている我々は感謝すべきかもしれません。しかし、この佐和氏の見解には私は同調できません。

佐和氏は、結局自然科学も社会科学も、社会構造が変わればそれにつれて変化するイデオロギーにほかならないと言っているのです。社会科学は後で問題とするとして、まず自然科学はたんなるイデオロギーなのでしょうか。

この自然科学も、決して客観的、普遍的とはいえず、一定の「自然観」による自然の把握であり、その意味で相対的だ、という主張は、トーマス・クーン（一九二二年生まれ、ハーバード大学卒の科学史家）の『科学革命の構造』（一九六二年刊、邦訳一九七一年、みすず書房刊）によって提出されたものです。例えば物理学における光の取扱い方に関しても大きな変化がみられます。まずニュートンの『光学』では、光を物質粒子とした。だから、当時の物理学者は、固体に対して光の粒子が与える圧力の証拠を探しまわった。

ところが一九世紀の初め、ヤングやフレネルは光は横波の運動だとした。しかし、今世紀の初めに至って、プランク、アインシュタインなどによって、光はたんなる粒子でも、波でもなく、波と粒子の両方の性格を示す量子力学的単位であるとされるようになった。いわゆる光子説です。

このように、光をどういうものとしてとらえるかという枠組みを、クーンはパラダイムと名づけ、物理光学のパラダイムの変化を、科学革命と名づけたのです。

クーンはさらに、この科学革命を政治革命とのアナロジーで説明します。（同書、第九章、科学革命の本質と必然性、参照）

つまり、政治革命が始まる時は、これまでの政治制度の枠内では、次々と起こってくる社会問題がうまく解決できなくなる。幕末になると、いたるところで百姓一揆が起り、それまで最下層とされていた商人が経済力をつけ、武士もこの金権の前では頭が上がらなくなり、さらに黒船の出現による外圧が起ると、もはや大老を中心とした政治組織ではあわてふためくだけで対応ができないことがはっきりする。こうなると既成の政治組織は役に立たないわけですから、どうしても政治を変革して、これらの問題をうまく処理できるような機構にくみかえなくてはならない。こうして明治維新となり、明治新政府がつくられるわけですが、科学の場合でも、これと全く同じことが起こったというのです。

クーンは、科学のパラダイムの変換のさいにも、この政治革命と同じ状況がみられるとして、ニュートン力学やアインシュタイン理論の登場のさいのパラダイム転換の具体的問題を追究しているのです。ここでは、クーンのパラダイム論に深入りすることはできませんが、一つだけこういう問題は片づけておく必要がありましょう。

ブルジョア革命の場合は、それによって倒された封建的イデオロギー、例えば身分制度とか君主への忠誠などは、革命によってもたらされた近代的イデオロギーによって全く否定されます。それは悪であり、人間の愚昧にもとづく迷信にすぎず、それを完全に払拭することが、近代的人間の基本的条件だというわけです。しかしニュートン力学とアインシュタインの世界像の間にはそんな関係があるでしょうか。ユークリッド幾何学と非ユークリッド幾何学との間でも同じことです。三角形の内角の和が一八〇度にならないとしても、それは球面にえがかれた三角形の場合は当り前のことです。球の半径を無限大とすれば球面は平らになり、その上にかかれた三角形は一八〇度になるのですから、ユークリッド幾何学の世界は非ユークリッド世界のある一定の条件の中におけるパラダイムだということになります。

クーンは、こういう考え方をまとめて次のように要約します。

「新説はただ既知のものより、より高いレベルの理論にすぎない。つまりそれより低いレベルのたくさんの理論を結びつけて一つの高レベルのものを作っただけで、何も今までの低レベルの説を実質的に変えるものではないこともあろう。たとえば、エネルギー恒存則は、力学、化学、電気学、光学、熱理論などの間を結びつけたものである。その他に、新旧両説の間の共存関係が存在する場合も考えられる。以上のような場合をもって科学の発展の歴史的過程を例示するものとしよう。しからば、科学の発展は全く累積的なものとなろう。新しい種類の現象は、ただ今まで認められなかった自然の位相の中に秩序を発見するものとなろう。科学の進歩において、新しい知識は、他の両立しない種類の知識にとって代わるのではなくて、無知にとって代わることになろう。」

クーンは、こういう考え方を「科学累積観」ないし「科学の累積進歩観」と名づけて、この「累積進歩観」だけではわりきれない諸現象や歴史的事実を検討の対象とするのです。

そのクーンによっても、「アインシュタインの理論は、ニュートン理論が間違っているという認識とともにのみ受け入れられる」というのは「今日ではまだ少数派の見解にとどまる」とされております。

つまり現代でも、自然科学の場合、パラダイムの転換によって、それまでのパラダイムは完全な誤りとされ、真理は新しいパラダイムの側にのみ存在すると主張するのは、「少数派」にとどまるようです。これは当然であって、自然科学のパラダイム革命は、政治革命に似ているといっても、よく調べてみると、前者は、決して経済的構造と結びついて起こっているわけではなく、またニュートン力学の場合のように、相対論的力学が正しいとされたとしても、「ニュートン力学は、まだ工学者には十分役立っているし、ある範囲では物理学者にも使われている」のですから、パラダイムの転換といっても、それを政治革命の場合と同一視するのは全くの誤りなのです。

自然科学の場合は、基本的に累積進歩の側面があると考えてよいが、なおそれだけでは処理できない面が残る。それをどう処理すればよいか――これがクーンのテーマをなしているとみてよいでしょう。

さてそうみてくれば、クーンのパラダイム論を、そのまま社会科学に適用しようというのは大変危険なことだということがわかる。第一に、ニュートン力学にせよ、相対論的力学にせよ、そのパラダイムは実験によって支えられています。実験によって導かれた知識であるからこそ、いかにパラダイムが転換しても、それは「工学者には十分役立っているし、ある範囲では物理学者にも使われている」ということになるのです。ところが政治革命におけるイデオロギー変化の場合は、これとは全く異なります。王権が絶対であるとか、身分制度は自然であるというのは、たんなる思想であり、多数の人間がそれを信仰あるいは信念としているというにすぎません。近代思想の方だって、基本的人権は絶対であり、議会制民主主義がもっとも合理的な政治システムだと主張したとしても、それを実験で真理だと確認したわけではない。そう信ずる人間が多数派をしめるようになったというだけの話です。社会状勢では、基本的人権も、民主制もどうなるかわかったものではない。それゆえ、政治的パラダイムが変れば、それまで真理だとされていたものが虚偽となってしまうわけです。ここでは累積はなく、変質があるだけです。

それがイデオロギーというものですが、この点からすれば、自然科学はイデオロギーではないと思います。さて自然科学のパラダイムと、政治的パラダイムとを全く性質の違ったものとして、両極におき、その間に両者とはまた違ったパラダイムとして経済学の世界がある——これが今日お話ししたいテーマです。この経済学の世界をどう考えるべきか。

[2] 新古典派総合の理論

最初にあげた佐和氏の本に戻りますと、そこでは氏はクーンのパラダイム論を直接援用しています。佐和氏はまさに社会科学はパラダイムによって転換してきているじゃないかと言います。戦後非常にマルクス経済学が流行した。特に日本では、国立大学でも私立大学でも経済学部や商学部などの教師の半数近くがマルクス経済学者になって、マルクス経済学者の論説がジャーナリズムを席巻した時代がある。ところが高度成長の時代に入ってくると、マルクス経済学の効用が疑われて、むしろ日本では経済企画庁の経済白書や経済白書的な考え方に立った経済政策が重要視されるようになった。これは経済学では新古典派総合といわれる理論です。新古典派は一九世紀末葉にマルクス経済学に対して、例の限界効用概念を中心として均衡理論をつくったグループです。ジェヴォンズ、メンガー、パレート等で代表されます。これをアダム・スミスやリカードの古典派に対して新古典派といった。それに対して一九三〇年代にケインズ経済学がでてきます。ケインズ経済学は新古典派の見方、完全競走によって資本主義的な経済秩序が維持されているという考え方に反対して、現代の経済は決して完全競争になっていない、例えば独占が支配的となってくると見た。そうすると需給のギャップができ、永続的に経済はバランスが取れない構造になる。そこで国家が、財政を前提として、新しい需要をつくりだし完全雇用を達成することができるという新しい論理を出してくる。ところが新古典派とケインズ経済学という二つの異質なものがアメリカでは五〇〜六〇年代にくっつけられて新古典派総合となった。アメリカの大学の経済学の標準的な考え方です。日本では岩波で翻訳を出しているサミュエルソンの『経済学』がそれを代表するテキストです。サミュエルソンの『経済学』はアメリカの経済学のスタンダードなテキストであって、あれを一章ずつ消化していくということが経済学を勉強していくということを意味する。一章をあげるごとに質問があってそれに対して答えるということを繰返していくと経済学を完全にマスターできる。アメリカで経済学を知っているか知っていないかというのはサミュエルソンの『経済学』をマスターしたかどうかということなんです。

この新古典派総合というのは、自然科学における物理学と同じように、公認の客観的な学問だということになりますから、それを勉強して一定の水準の試験に受かると経済学をマスターしたことになる。経済学をマスターした者はエコノミストという資格で、一つの非常に広い職業の場を独占する集団たり得るわけです。大学に入って経済学を勉強してエコノミストになるというのは、一つの社会におけるあるステイタスに達する通路になる。そういうそれを経済学が制度化されたという。その制度化が非常にきちんとできているのがアメリカなんです。そういう経済学界の枠の中で論文をいくつか作る。その論文もただ書いたっていうだけじゃ駄目です。公認の雑誌があってレフェリー制をとって、これに応募すると審査員が論文内容を検討して雑誌に載せるかどうか決めるわけです。いくつ論文がレフェリー制の雑誌に載ったかで、例えば大学の助教授になれる資格ができるというかたちでルールがつくられるわけです。これが経済学の制度化といわれるもので、五〇年代から六〇年代にかけてアメリカできちっと出来上がってしまった。つまり自然科学に対応して、経済学も客観的な学問として認められ、しかも世の中の役に立ち、一定の職業と結び付いた学問として確立したということです。

ところがこれが八〇年代にはいるとガタガタと崩れていくことになった。レーガンの時代、ケインズ政策はまったく有効性がなくなってきた。日本でもそうでして、石油ショック以後景気が著しく悪くなってくる。ケインズ政策によると、こういう時は国家が赤字公債を出して公共投資や社会保障というかたちでお金をばらまく必要がある。それが呼び水になって景気がだんだん回復してきて好景気になる。好景気になると税金がたくさん取れますから、取った税金で赤字を埋めていけばいい。これがケインズの考え方でした。ところが七三、四年に石油ショックが起こって物価騰貴が起こり、不況になる。そのときに赤字公債をどんどん出して政府が公共投資とか、特に社会保障などにお金をまきちらした。ところがちっとも景気がよくならない。したがって税金が取れない。だから、財政赤字がどんどんたまった。アメリカでも同様です。日本でも、これをどうするかというところから結局消費税の問題が出てきてしまった。もはや所得税も上げられませんし、法人税も上げられないということになると、新しい税金を作る以外にない。消費税の導入というのは、実は七〇年代から八〇年代にかけてケインズ政策をやったけれどもちっとも経済が回復せず、税金が取れず、財政赤字だけが大きくなっていったということの尻拭いだったわけです。

〔3〕新しい経済学とパラダイム

そこで新しい経済学ができる。いくつかありますが、一つ例をとればサプライサイドエコノミーというのがあります。

アメリカのあまり有名でない大学の教授にラッファーという人がいて、ラッファー理論というのを主張した。内容は非常に単純です。上図をみて下さい。所得税がゼロのときは税収はゼロです。所得税が一〇〇パーセントになると、これも税収はゼロです。所得税一〇〇パーセントだったら、どれだけ稼いだって全部税金に取られるわけですから誰も稼がない。だから所得税がゼロでも、一〇〇パーセントでも税収はゼロです。そうすると0から始まり0に終るお椀を伏せたような所得税の曲線がえがける。だんだん所得税が上がるに従って政府の税収は増えていく。ところがあるところまで増えてくると、それ以上増やすと、例えば所得税が八〇パーセントとか九〇パーセントとかになると誰も働かなくなる。以後曲線は右下がりとなる、一〇〇パーセントでゼロになるというわけです。これをラッファーという経済学者が発見した税率と税収に関するラッファー曲

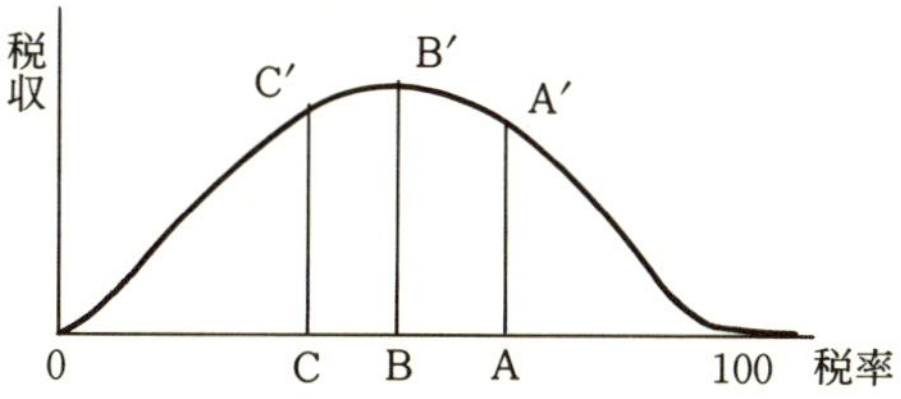

線といいます。これを売り込んだ。それをレーガンがすっかり信用しちゃった。レーガンはもともと映画俳優ですから経済のことは何にも分からない。それでラッファーはどういうことを言ったかというと、いまアメリカの税率はAだとする。するとA―A′だけ税金が取れる。そこで所得税を減らしてBにする。そうすると税収はB―B′と多くなる。所得税を減らせば税収が多くなる、これがラッファー理論の結論であるとレーガンに教えた。レーガン大統領とすれば所得税を減らしたら選挙民は大喜びで、しかも、政府の税収は増えるというのですから、こんなうまい話はないと早速これを実施したわけです。所得税大幅減税。で、どうなったかというと、税収がガ

タガタと減っちゃった。現行税率がラッファー曲線上でAだったら、Bにすれば税収は増えるはずでした。ところが一番の難点は、現在のアメリカの税率はこの曲線のどこになるかという決め手がないことです。ラッファーはたまたまAだといっただけです。実際にAだとすれば確かに税率をBに下げたら税収は多くなるはずだ。だけど、もしもCだったら税収は減るわけでしょう。だけどAなのかCなのかという決め手はラッファー理論からは出てこない。こんなものが理論といえるかどうか非常にばかげた話でして、経済学者の多くはこれはナンセンスだといったんですが、レーガンは彼を政府の顧問にしまして、この理論を実践したんです。その結果が双子の赤字だった。収拾のつかないぐらい、財政赤字はひどくなってしまった。

これは一つのエピソードですが、こんなふうに六〇年~八〇年代という三〇年間に経済学がクルクル変わっていく。これを佐和氏はパラダイムが変わったことによって経済学が変わってきたという。佐和氏の主張はマルクス主義への善意から発したものでしょう。つまりマルクス経済学は今日全く駄目だといわれているけれども、もともと経済学はパラダイムの転換によって変わる相対的なものの考え方にすぎないんだ。この理論が真理だという形で主張しうるような客観的な学問ではないんだ。だからマルクス経済学もケインズ経済学も新古典派総合も、それから新しいサプライサイドエコノミーだとかマネタリズムといった理論も、それをわきまえて、それぞれ論争し合えばいいということになる。佐和氏自身はグローバルなケインズ経済学を主張されるのですが、これもまた相対的な立場にすぎないというわけです。

確かに近代の人間関係が出てこないと近代の自然科学はできなかったのであって、両者は非常に密接な関係がある。これをパラダイムといったとしても、佐和氏が経済学で例を引いているような一九六〇年代―七〇年代―八〇年代という形でクルクル変わっていく理論が果たしてパラダイムの転換といえるかどうか問題です。さらに立ち入っていえば、パラダイムによって自然科学の考え方が規定されていたとしても果たしてそれだけで自然科学は実証的・客観的・普遍的ではないといえるかどうか。そういうものはすべて幻想だというのが当今流行の考え方、ポストモダンの考え方です。だから自然科学だって客観的根拠がないというような言い方をするのが流行です。しかしそこまでいえるかどうか。これはよく考えなくちゃいけない。

[4] 唯物論と自然科学

そこでちょっと自然科学のなかに立入ってみましょう。ガリレオが出てくる、ケプラーが出てくる、ニュートンが出てくるという、自然科学の成立期の代表的な人物のつらなりを考えてみましょう。かれらがどういう役割を果たしたかというと、まずガリレオの場合、物を落とすとか、物と物とのぶつかり合いを考察するというかたちで、われわれの目の前にある自然法則を確認していきます。それらの物の間の数量的な関係をつけていく。つまり物を重さに還元して重さと重さとの間の関係をつけていく。これが基本的な操作ですね。さらに、ケプラーは、天体の動きと地球上の物の動きとの間に区別をしないで、全く同じ原理のなかにそれらを完結させてしまう。そういうのを総括したのがニュートンの力学です。ちょうどそのころ経済学ではウィリアム・ペティの『政治算術』(岩波文庫)が一六九〇年に出ます。そこでは人間と人間との経済的な関係を全く数量的な関係に還元してしまう。つまり人間と人間との関係を貨幣の量によって尺度する。つまりニュートンが世界を物の重量に還元して、重量と重量の相互関係から法則性を導き出していったというのと同じことを経済学でやったわけです。これは、最近の科学史家の主張によると、割合にイギリスとかドイツ、フランスといった西欧の、しかも一六世紀から始まる非常に限定された時代の物の考え方にすぎなかった。従ってそうでない世界、例えばアラブや東洋では、そういう考え方とは違った人間観・社会観を前提にして、違った自然のつかまえ方が出てくるのが当然だとされているようです。しかし私はそれには疑問を持ちます。

一六世紀に始まる西欧の一部の人のものの考え方であったにしろ、やはりそれこそ人類に普遍的な客観的なものの考え方の開始を意味したのではないかと考えるのです。問題は自然科学の成立における実験という問題をどう考えるかということです。

一六世紀よりも前の人間、すこし幅をとって一四世紀より前といってもいいかもしれませんが、そういう世界の中で生きていた人達は自然の法則性とか、自然の本質とかを考えなかったかというと、そんなことはない、やはり考えてきている。それは自然哲学といった。代表者はアリストテレスです。アリストテレスの自然哲学では自然のいろいろな現象がアリストテレス流の論理によって説明されています。そこには地球というのは球であるという考え方も出てきています。地球に向かって物が落ちていく。その地球の構成はいちばん重いものが真ん中にあって、表面に近づくにつれてだんだん軽いものになる、という考え方です。

そこから出てくる結果の一つが、重い物と軽い物を落とした場合にはどっちが先に地上に到達するかというと当然重い物の方が速い、軽い物の方が遅い、という結論です。アリストテレスの世界では重い物が中心になって、その外に軽いものが重なるという形で世界は成り立っているわけですから、重い物を落とした場合は中心に向かいますし、軽い物はそうではないわけです。だとすると軽い物は落ちるのが遅い、これは動かすべからざる真理です。しかしそれは客観的に真理かどうかということを確認する必要があるわけです。確認するにはどうしたらよいか。実験です。ここで今のガリレオ、ケプラー、ニュートンのラインが出てきたわけです。単なるパラダイムの転換ではない。勿論それがバックにあることは事実です。しかし単にパラダイムの転換で現実を解釈しなおしたというのではなくて、自然科学の場合には解釈のし直しが必ず実験によって媒介される。それには一キログラムの鉄の玉と一〇〇グラムの鉄の玉を五〇〇メートルの高さから実際に落としてみればいいわけです。

両者がまったく同じ時間に落ちたということになると、軽い物は遅いという理論は支持できないということになる。これをもっとひろげて鉄の玉と紙切れとを同時に落としてもいいわけです。紙切れは遅いというのは空気の抵抗によりますから、それを除外して実験しなくてはならない。空気の抵抗を除外しない限り本当に遅いか速いか分からないわけですから、真空状態の中で落とさなければならない。真空の中で両者が同じ速さで落ちたということになったとすれば、アリストテレスの世界観は間違いだということになる。理論が間違いだ、ということをパラダイムの転換で宣言したわけじゃないんです。その背景にパラダイムの転換があったとしても、この認識の転換は実験を通さない限り確証できないという形での転換だったんです。

なぜそうなってきたか。中世的なヒエラルキー的な人間関係を解体して、全部平等な人間関係に編成がえするというパラダイムの転換があった上で、しかしこのパラダイムの転換そのものからアリストテレスの世界観を否定したのではなくて、否定するときには実験という媒介項を使ってしてきたということです。この、実験という媒介項を使ったということが大問題になる。つまり自然科学の客観性・普遍性・実証性という主張はパラダイムが支えているのではない。パラダイムの転換がなければそういう考え方も起こらないし、パラダイムと自然科学とが密接な関係があるということは事実です。中世の世界観では地球を中心としてしか世界は動いていない。地球を中心として月も太陽も動くんだということは、ローマ法王を中心として世界が回っているということとアナロジーで考えられる。つまりローマ法王を中心として人間社会が組み立てられているということが動かすべからざることであり、それはまた、地球を中心として太陽や月が回っている構造と同質のものであるというパラダイムの中に人間が閉じ込められている限り、ケプラー的な考え方は出てこない。これは事実です。しかし、そういうパラダイムの転換そのものでケプラーの法則が出てきたかというと、そうではないのです。

ケプラーの法則というのは、惑星は太陽を一焦点とする楕円軌道を描き、その面積速度は一定であるというものです。それはあくまで客観的な観察から出てきた結果で、その意味では実験の結果なんです。このように自然科学の法則性ないし真理性は実験に頼る。実験に頼るというのは、観察しようとするモノやその運動に対する人間のイデオロギー的な見方を払拭してしまうことです。つまりわれわれは自然のモノに対しても、社会、とくに歴史的なモノに対しても非常に強いイデオロギー的な見方・スタンスをもっています。イデオロギー的な見方に規定される限りどれが真理であるかは決定できないわけです。あるイデオロギーに立てばこちらは正しいし別のイデオロギーに立てばそちらが正しいというように、相対的な問題にしかならない。客観的な真理性にたどりつくためにはイデオロギーを払拭してその物自体の動き方を確認しなければならない。そんなことができるかというと、できる。それをやる条件が実験だということです。つまり水素と酸素を化合させて水をつくるということをいつどこでやっても成功するとすれば、それは客観的事実として承認されなければならない。つまり水は水素と酸素から成り立っているという事実は真理として承認されなければならない。承認の保証になるのは実験です。実験でその結果が出たらイデオロギー如何にかかわらず承認せざるをえないということです。

最近の例を引くと、超伝導というのが非常に問題になっています。超伝導現象が出てくる理由は理論的にはまったくわかっていない。ただ実験の結果、電気抵抗がゼロになるという現象が出てきたということがいくつか報告されている。報告された場合にはそれと同じ状況で同じ実験を繰り返してみなければならない。したがって再実験をする。再実験してみて同じ結果が出てきたというものは今まで一つも出てきていない。ですから超伝導という現象が本当にあるかどうかということも実は疑われている。実験における計器のミスじゃないかというプリミティブな疑問も出てきている。実験によって再現できない法則ないし理論は科学としては信用しがたいということになる。超伝導現象は今はその程度にとどまっています。

実験によって対象の本質なり運動なりを確認するという姿勢・考え方・認識の仕方を唯物論という。これはエンゲルスの一つの非常に有名な定義で、それは正しいと思います。唯物論というのは通俗的な解説書によると、世界の成立が、まず物質によるのか精神によるのかと問い掛けて、物質が先だというのが唯物論だというような説明をしますが、それはあまりいい説明の仕方ではない。そうではなくて対象を認識するとき人間が何らかの立場、さっきのパラダイムでも、イデオロギーでもいいのですが、そういう立場からみるというのではなくて、対象自身の運動によって対象自身の本質を明らかにしていくというのが唯物論です。近代の自然科学の方法が唯物論の方法だったというのがエンゲルスの結論で、それをかれは『フォイエルバッハ論』で展開していますが、それは正しいんじゃないか。

そうするとポスト・モダニストのように、自然科学は実証的・客観的・普遍的であるというのは幻想にすぎないといえるかどうか。これは自然科学もパラダイムが変わったところでは通用しない理論だといっているわけですね。本当にそうなのか。人間関係・社会関係・物の見方が変わった世界に入っていったら、そこでは水はHと0の化学物でなくなる、あるいは加速度の法則がきかなくなるということになるのだろうか。そんなことはありません。もっとプラクティカルな例でいうとイデオロギーの違う世界では、ポリオワクチンが効かなくなる、電気製品が動かなくなるということがありうるかどうかということです。そうじゃないでしょう。どんなにパラダイムが変わり社会関係が変わっても、車は使えるし電気製品は使える、小児麻痺のワクチンはどこの子どもでも効くわけでしょう。その意味で自然科学は実証性・客観性・普遍性を持っていると思うんです。自然科学も実証性・客観性・普遍性を持たないという言い方をするのが、当今の思想史家のはやりになっているようですが、そういう人に限って安心して電気製品を使ったり車に乗ったり汽車に乗ったりしているようにみえる。モノの性格や運動がイデオロギーの異なる人によって異なってくるということになると大変なことになる。だけど実際には使っているということは、本当は自然科学の普遍性を信用しているんじゃないかと思うんです。

私もパラダイムというのは確かに重要な意味を持っていると思う。つまり人間関係における近代以前的な関係から解放されないと、自然科学的な認識も成立しえなかったということは確かだと思うんです。だからといって自然科学がパラダイムによって支えられた相対的な認識であるといえるかどうか。自然科学の本質はあくまで実験にあるわけで、その実験というのは、パラダイムの相異を消して、客観的にモノの運動を把握するという作業を意味します。その意味で自然科学の客観性・普遍性というのは信用していいんじゃないかと思うんです。問題はそういう自然科学的な客観性・普遍性・実証性というのを社会科学ではどうして保証しうるかという点にあります。

［5］マルクスとマルクス主義

そこでマルクス主義の問題に入っていきたいと思います。今日「マルクス主義は有効性を失った」「マルクス主義はかなり欠陥の多い代物じゃないか」といわれているし、そういう考え方が一般的に支持されているのは事実ですが、面倒なのは厳密な意味でマルクス主義というのは何なのかということがはっきりしない。私はマルクス主義の理論的構成要素は世界観としての唯物史観と『資本論』だと思う。マルクスは社会科学を構築しようとして、結局経済学で終わっているし、しかもその経済学も、彼は経済学批判体系というふうに考えていたんですが、要するに『資本論』で終わってしまっている。わかりやすくいうと国家論には全く手がつけられていない。政治学がないのです。社会科学として客観的な成果を残したといえるのは『資本論』だけで、しかもこれだって本にして出せたのは第一巻だけです。第二巻、第三巻はノートとして残されていたのをエンゲルスが編集しただけです。はたしてどこまでマルクスの真意を伝えているかは疑問です。そしてさらに社会主義の問題、思想と実践、運動と組織ということになると、意外にマルクスのやった仕事は少ない。書き残したものが非常に少ないだけでなく、実際にこれらの領域に対する彼のエネルギーの使い方だって非常に少なかった。マルクスは実践と理論を統一したという人がいるけれど、そうじゃないと思いますね。実践よりも勉強に使っている時間の方が圧倒的に多い。朝九時ごろから大英図書館に入って、閉館までいるわけで、それを十数年続けるのですから大変なことです。実践家か思想家かといったら当然マルクスは思想家であり、理論家であると思います。そのマルクスの残したのは唯物史観と経済学批判体系としての『資本論』だった。

そしてエンゲルスはマルクスの共同作業者として働き、カウツキーが両者の愛弟子となって仕事を継承した。それに続いてヒルファーディングやローザ・ルクセンブルク、ロシアではレーニンなどが活躍する。レーニン、トロツキー、ブハーリンほど名前は知られていないが非常に有能な理論家としてパルブスもあげなくてはならない。そういう人達はマルクスの考え方を継承しながら発展、拡充させていったといっていいと思いますが、そのどこの部分までをマルクス主義といってよいのかということが問題となります。普通マルクス主義といわれているものの内容を具体的にみると、マルクスというよりエンゲルスの考え方であったりカウツキーの考え方であったり、あるいはレーニンの考え方であったりする。それはマルクス主義とは違うんじゃないか。しかし、エンゲルスやレーニンの主張が必ずしもマルクスのそれとは同じでないということは今までは否定されていたんですね。マルクス＝レーニン主義の統一性を疑えば、それは直ちにマルクス主義批判者とされてしまった。どうもそれはおかしいのではないか。われわれはできるだけマルクス自身どういう考え方を持っていたかということを正確に把握する必要があります。

抽象的なことをいってもわかりにくいと思いますので例を出します。唯物史観というのは、『経済学批判』という『資本論』の前身になった本の序文にまとめられています。これがいちばん標準的な唯物史観の公式です。『ドイツ・イデオロギー』などにも少し書かれていますが、それはまだ不十分なもので、完成されたものは『経済学批判』の序文にある唯物史観の公式です。その唯物史観の公式ではこう書かれています。ある社会構成体が次の社会構成体に変わるためには、前の社会構成体の中で生産力が発達し尽くしていなくてはならない。そうでないと絶対に次の段階には移らないといっているわけです。これは唯物史観の公式の非常に重要な部分です。資本主義から社会主義に転化するためには、資本主義のなかで生産力が発達して発達して発達し尽くして、もはや資本という関係では生産力が処理できないぐらいになっていないと社会主義には変わり得ないといっているわけです。それ以外にこの公式を読み取りようがない。資本主義の中で生産力が完全に発達し尽くしたというのはいったいどういうことか。『資本論』ではこう書かれています。

「農業が製造工業と全く同様に資本主義的生産様式によって支配されているということを前提する。資本主義的生産様式が農業をわがものにしたという前提は、この生産様式が生産とブルジョア社会とのあらゆる部面を支配しているということ、従ってまた、この生産様式の諸条件、すなわち資本の自由な競争、ある生産部面から別の生産部面への資本の移転の可能性、平均利潤の均等な高さなどが完全に成熟して存在しているということを含んでいる。」

つまり資本主義が、ある一つの社会を完全に支配したということは、工業だけではなく農業までも資本主義的生産によって支配して、農業・工業を問わず資本が利潤を求めて自由に動き回れるということである。従って生産過程は完全にプロレタリアートによって担われる。こうなった場合に初めて資本主義的生産関係がある一つの社会を全面的に支配したといえるんだ、といっているわけです。それを唯物史観の公式とだぶらせてみますと、資本主義の発展を前提として社会主義革命が起こって社会主義社会になるということは、資本主義社会が完全に成熟し、その中で生産力が資本によっては処理できないぐらい高度になってしまったということを意味します。そういう基準からみた場合、例えば一九一七年のロシアはどうであったか、一九四九年の中国はどうであったか。一九一七年のロシアは八五パーセントが農民で、プロレタリアートは十数パーセント、文盲率八〇数パーセントです。資本主義が発展しているということは、政治過程からみると、当然ブルジョア民主主義が支配し、議会制民主主義が完成して近代法、民法も刑法も整備されて完全に社会生活を支配していることを意味します。それを前提として初めて社会主義も形成されうる。それでないと次の社会への転化の物質的な準備はできていないことになる。この考え方に立つかぎり、ロシア革命も中国革命もキューバ革命も、レーニンの革命、毛沢東の革命、カストロの革命ではあっても、正確な意味でのマルクス主義的革命ではなかったというべきでしょう。

[6] 社会科学と実験

さて、話をもとに戻しましょう。自然科学が成立するためには実験が必要だった。その実験をするためには技術の発展、つまり生産力の発展が必要だった。ニュートンやケプラーの場合、かなり精密な望遠鏡ができていない限りかれらの理論はできなかったんですね。またかなり精密に時間を計り、距離を計るという技術が発達していない限りかれらの科学上の発見も不可能だった。抽象的に思考の上で実験するわけにはいかない。物を一定の高さから落とすという実験においても、時間を精密に計れなくては意味がないんです。実際かれらは時間を精密に計る機械まで自分で作ったんです。水が落ちてくる現象を利用して正確な時間を計る時計を作ったのです。さらにニュートンの段階になってきますと、光の速度まで計ろうとした。つまりアインシュタイン的な発想はすでにあったのです。しかし実際にやってみても、正確な測定ができなかった。光の速度を計るということになると日常生活とかけ離れたものすごい精密な時間を計らなければならない。それだけの技術的な発展がなかったものですからアイデアはあっても実験には失敗してしまった。自然科学の場合ではある程度の技術的な発展がない限り実験そのものができないわけです。

社会科学の場合にはもっと面倒になる。技術的に測定するという問題だけではなくて、対象自身をいかに実験室的な場に閉じこめるかということが問題となる。自然科学の場合は対象とする現象を非常に錯雑とした自然の中から切り取ってきて実験室の中で実験できるわけです。重さを計ろうとすれば、生物学的、化学的、さまざまな条件を捨象して重さだけに抽象化して実験することができる。あるいは物が落下する場合の加速度を調べようとすれば真空状態をつくってその中で実験しなければならない。自然科学の場合は対象を部分的に切り取って検証することができるわけです。それが実験室のもつ意味です。ところが社会科学の場合、対象を部分的に切り取って実験することができない。市場経済の法則を確認しようとしても、現実の経済にはいろんな社会関係が複雑に絡まっていますから、その中から市場経済だけを純粋に取りだしてきて考察するということは事実上不可能です。佐和氏の『これからの経済学』という本にも出ていますが、社会科学における定理の難しさということがその一例です。市場経済では、商品の価格が下がってくると需要は増え、価格が上がってくると需要は減る。逆に価格が上がると供給は増え、下がると減る。これはだいたい真理だと考えられている。我々の日常経験からいっても、物の価格が上がっていけば需要は減り、逆に価格が上がっていけば供給は増えていくという認識は正しいように思う。しかし佐和氏は本当にそれは真理かというんです。実際に市場で豚肉の価格が上がったり下がったりすると需要と供給がどうなったかをグラフに取ってみた。それがこの本の中に出てきます。需給の均衡点の時系列はバラついてちっとも一定の傾向を示していない。つまり「価格が上がれば需要は減る」という命題が真なのか偽なのかを実証しようとするときわめて難しくなる。「価格が上がれば需要は減る」という単純な命題は、抽象的には正しいように思えるが、具体的に実証しようとする困難だというのは非常に奇妙な話です。きょう豚肉の価格が下がったが、需要は多くならなかった。だけどその日はサンマがバカ安い値段で売られているかもしれない。すると豚肉を買おうと思ったのにサンマを買っちゃったという人がいくらでもでてくる。したがって豚肉の需要が増えなかった。実際にはその他にもいろんなことが影響している。単に豚肉に対するサンマの価格だけでなく、雨が降ったから市場に買いに行く人が少なくなったということもあるかも知れない。実際にはほとんど無限の要素が作用しているわけです。豚肉の価格と需給関係をしらべようとしても、実際には決して純粋に豚肉の価格と需給関係だけに絞るわけにはいかない。つまり実験できないということです。

では社会科学では、実験に代わる状況をどう構成するかということになる。そこでマルクスが採用したのは、その社会全体が資本主義化されて、資本主義によってあらゆる部門が支配されつつある歴史的傾向という事実です。これは具体的には一九世紀のイギリス資本主義を指します。その場合、資本主義があらゆる生産＝流通部面を侵食して支配していくということと、同時にその国の基本的な経済政策が自由主義になるということを、二つの根本的事実として押さえます。政策が自由主義になってくるということは経済過程に対して政治が関与しない、補助金を出さない代わりに税金で超過利潤を召し上げるということもしない、外国から安い商品が入ってくるのもチェックしないということです。そういう世界は経済過程が市場経済だけで支配されてくる社会に刻々と近付いてくることを意味している。それは社会科学的にどういうことを意味するかというと、経済過程が政治や法律、宗教というものから切り離されて、純粋にギブアンドテイクの市場経済の原理だけによって支配されてくるという世界を現実につくっているということです。つまり我々は社会や歴史に対して実験することはできないが、社会や歴史が資本主義経済という形で一元化されてくる過程を実験室とみなして、そこにあらわれたデータを経済の運動の基本的な法則性を明らかにするデータとして利用することはできる。それをやったのが『資本論』だというのです。「過程の純粋な進行を保証する諸条件のもとで物理学が実験すると同じように、資本主義的生産様式が典型的に発展する場所をまずつかむ。それはイギリスだ。」というマルクスの言葉を思い出して下さい。一九世紀中葉の、ビクトリア朝時代のイギリス、一九四〇年〜六〇年代のイギリスということです。この歴史傾向は七〇年代から変わってきますが、それを横目で見ながらマルクスは死んでいった。ちょうどいいときに死んだというべきでしょう。それ以上長生きしたら面倒な問題が起こったはずです。

さて佐和氏の考え方との関連で言うと、パラダイムがいろんな形で変わるごとに経済学が出てくると考えてしまうと、経済学は思想ないしイデオロギーと区別がつかなくなってしまう。佐和氏の場合には、経済学を思想やイデオロギーと同質化したうえでマルクス経済学のレーゾンデートルを擁護しようとしているわけです。だが、マルクス経済学の方から言わせてもらうと、これはあまりありがたい擁護論ではない。マルクス経済学だけでなく、アダム・スミスの経済学やリカードの経済学もみなそういう性格をもつと思いますが、資本主義が発展して支配的になっていくのにつれて資本主義の理論がだんだん明らかになってきた、それを論理的に反映して学問体系をつくってきたのです。その方法をマルクスは意識的に極限まで追い詰めていって『資本論』を書こうとした。極限まで追い詰めたというのは、農業までも資本主義化して農業部門も工業部門も自由に資本が移動する状態、それを『資本論』における経済的な仕組みの枠組みとみなしているということです。しかもそれだけではなく、マルクスはさらに「産業の発展のより高い国はその発展のより低い国にただこの国自身の未来の姿を示しているだけである」という。ドイツやアメリカはそのころはイギリスに対して後進国ですが、そのドイツやアメリカも結局イギリスのようになる。つまりマルクスの場合には世界の資本主義は全て発達するとイギリスのようになるという極限状態に向かって進んでいくというふうに考えてここに歴史と論理の統一を見ているわけです。一九世紀末葉からそうでなくなってくるという現実を見る前にマルクスは死んでしまった。「歴史と論理の統一」を、マルクスは、したがってかなり素朴に考えていた、と言えます。歴史は、そのように単純に進んで行きませんでしたが、この歴史における変質が明確に出てきたのは一八七三年から九五年までの大不況の時期、マルクスが死ぬ前後でした。

[7] 大不況と歴史の転換

ところで歴史上大不況というのには二つありまして、われわれが普通大不況とか大恐慌というときは一九二九年から三〇年代のそれを指します。しかし実は資本主義にとって大不況といわれる時代はもう一つありまして、マルクスやエンゲルスのころの大不況がそれです。一八七三年から九五年にかけて、物価、特に農産物はこの二〇年間で三〇パーセントくらい低落してしまった。工業製品もほとんど価格が上がっていない。しかし奇妙なことに資本主義世界全体のGNPは急速に増大した。その過程の中でイギリスは斜陽化して、ドイツとアメリカが急速に発展してきた。こういう形で歴史は自由主義段階から帝国主義段階に転化していった。

つまりマルクスが予測したように、イギリスの資本主義の状態にどの国も近づいていって、あらゆる国が全面的に資本主義化するということは歴史的には起こらなかったわけです。ここでマルクス経済学は大混乱に陥る。ベルンシュタインだとかカウツキー、パルヴス、ローザ・ルクセンブルク、ヒルファーディング等が続出する時代です。この錯綜した論戦に決着をつけたのが、レーニンの『帝国主義論』でした。一九一七年の出版ですからもう第一次世界大戦に入っている。レーニンの『帝国主義論』は「資本主義は、その発展の一定の、極めて高度の段階でだけ、すなわち資本主義の若干の基本的特質がその対立物に転化しはじめたときに、また資本主義からより高度の社会・経済制度への過渡期の諸特徴があらゆる方面にわたって形成され、あらわになったときに、はじめて資本主義的帝国主義になったのである。もし帝国主義のできるだけ簡単な定義をあたえなければならないならば、帝国主義とは資本主義の独占段階であるというべきであろう」と言います。ここで初めて資本主義が、マルクスのいっているように、純粋な資本主義に向かって一元的に発展していくのではなくて、その発生期と発展期と、それから爛熟期ないし終末期という、三つの発展段階をたどる歴史的構成体であることが明らかにされた。マルクスには発展段階という意識はなかった。封建社会を解体しながら市場経済が資本主義体制となって発展し、かつ純化していくという考え方だけだった。ところがレーニンはそうではなくて、資本主義の歴史は発生の段階と発展の段階と、もはや過剰生産力を自由競争では処理できなくなって、独占という、資本主義にとっては異質な要素をそれ自身が作り出さざるをえない段階をたどる。この独占段階になると資本主義の死滅と社会主義化の問題を資本主義自身が提起してくる。「独占、寡頭制、自由への志向、ごく少数の富裕な民族または強大な民族によるますます多数の弱小民族の搾取——これらすべてが、帝国主義をあくまでも寄生的資本主義あるいは腐朽しゆく資本主義として規定することを要求する。……帝国主義の経済的本質について以上述べたことから、帝国主義は過渡的な資本主義、あるいはもっと正確にいえば、死滅しつつある資本主義として性格づけられなければならない、という結論が出てくる。」（『帝国主義論』）

この場合、注意しなければならないのは、そういう爛熟し腐朽した資本主義として具体的にはドイツやイギリス、フランスなどが考えられていたことです。おそらくロシアではない。事実ロシアでは金融資本や独占資本はできていてもほとんど外国資本で、何といってもまだ農業国です。ですからレーニンの世界革命の見取り図の中ではたとえロシアから革命が始まったとしてもこれではとどまらず、革命は必ずヨーロッパに波及して、ヨーロッパの中枢であるドイツやイギリスが社会主義になった場合に初めてこのヨーロッパ社会主義の一環としてロシア社会主義も生き延びられるだろうとされていたわけです。もしもそうならなかった場合はどうなるか、我々は残念ながら滅びるであろう。しかしそういう戦争と社会的危機情況の中で革命運動を起こして、いったんは社会主義を建設したというエピソードは人類史の中に残るであろう、以て瞑すべきであるというせりふをかれは吐いています。ということはレーニン自身、資本主義の最先端であるドイツやイギリスに社会主義革命が波及していかないかぎりロシア一国が社会主義国として生き延びることはまず不可能であると考えていたということになる。それはマルクス主義の常識からいって当然だったと思うんです。七〇年たって、このレーニンの予想は、みごとに悪い方に的中してしまったということになります。

資本主義の発展、それも最高の発展がそれ自体、資本主義の崩壊と社会主義の建設のための物質的条件をつくりだすという考え方です。これは、資本主義が未成熟なところでは、社会主義化のため客観的条件ができていないということを意味します。条件ができていないところで社会主義をつくってしまうと、その条件を人為的につくりださなければならない。それはかなり苛酷な過程になってくる。官僚統制になるか独裁政治になるかはともかく、歴史はその代償を正確に払わざるを得ないことになる。

[8] 現代資本主義の構造

マルクスの考えた資本主義像と、レーニンの考えた資本主義像の枠組みの違いはいまの説明でおわかりになったと思いますが、第一次大戦後の資本主義は、マルクス、レーニンの資本主義像を飛び越えてさらに凄まじい発展を遂げました。現代資本主義の問題です。これからの話の中で細かく入っていきたいと思いますので、今は大雑把にその輪郭に触れておきましょう。

第一次世界大戦は、まずロシアに社会主義国家を生み出しましたが、これはあくまでも後進国革命でした。十分な社会主義社会たりうる条件なしのところにつくられたわけですから、追い付き追い越すための苛酷な政策が展開されざるを得ないということになります。もう一つは、世界大戦が人類史上初めて重工業生産力を総動員した総力戦だったというところからくる。この時世界の主要国が全経済力を結集して科学技術戦を戦った。いまから考えるとそれほどの水準でもないんですが、大砲が、機関銃が、戦車が、自動車が、戦艦や潜水艦が出てくる。それから飛行機も少し出てきます。そういう形で大量生産の科学技術をぶつけ合う物資の消耗戦になってきた。これは人類史上初めての戦争でした。それに主要な資材を提供したのはアメリカ資本主義です。フォードやGMといった自動車会社は第一次大戦中は軍需産業に専念します。トラックや機関銃などは部品をたくさん並べて大量に同じ型の機械を造っていくという生産部門の代表です。そういう機械をものすごい勢いで生産してヨーロッパに供給した。第一次大戦が終わった段階で、この戦争によって肥大化した生産力を平和な時代に回転・消費していかなければならないという問題が生じます。これに対応したのがフォードT型の大量生産による大衆車の供給でした。労働者の賃金を高くすると同時に高い生産力でフォードT型を大量に生産してこれを売りまくる。そうすると国内景気は耐久消費財産業を中心として上向いていく。戦後大不況に陥らなかった理由です。こうしてアメリカに新しい生産力の基地がつくり出される。これはマルクス主義者が予想しなかった事態です。重工業、鉄道、海外投資、植民地支配という循環に対して、国内で労働者の賃金を実質的に引き上げて、その労働者が耐久消費財の主要購買者になるという新しい生活様式——これはアメリカン・ウェイ・オブ・ライフ、アメリカ型生活様式と呼ばれていますが——これが幕開くことになるんです。こういう新しい資本主義の生産力が三〇年代にニュー・ディールと結びつき、また第二次大戦中に開発されたオートメーション、電子工学、石油化学などの新しい技術と結びついて、第二次大戦後デトロイト・オートメーションという形で完成される。さらに八〇年代にはME化やハイテクがくっついた非常に高度な生産力となって資本主義は回転し続けます。これらはすべて第一次大戦から出発した資本主義の変質の結果なんです。

社会主義革命は後進国革命というかたちで釘づけにされ、その中で社会主義的原始的蓄積ともいうべき、農業から収奪して重化学工業を強力に押し上げるという政策がとられる。そのためには統制経済のために官僚的な、軍事支配的な強圧政治がとられることになる。その意味では、自由な、労働者主体の社会主義というマルクス主義本来の夢は次々と裏切られることになる。生産力はかなり高度化しつつも自由な、労働者主体の社会主義国家というのは見果てぬ夢となり、逆に資本主義のほうは新しい生産力を内在化させ、発展しつづける。これはたんに資本がつくり出したというより、国家が金融資本の組織化の限界をこえて、経済過程を組織化しつつ、生産力をあげていくという新しい生産様式でした。その一面をとらえて国家独占資本主義という呼びかたもされます。いまの科学技術の発展は、資本がその内部で開発していくという程度では追いつけなくなっています。国家が膨大な予算を投下して科学研究を軍事科学あるいは宇宙科学という形で遂行する。今日の新しい科学技術はつねに戦争と連動して国家が開発し、それが民需に転用されてさらに発展するというかたちをとります。我々の今日享受している科学技術のほとんどはミサイル発展のための技術の落とし子だといわれています。軽薄短小というのがそれです。コンピューターや光通信などもすべて軍事技術の開発の結果を民需化して完成させたものです。その最先端がこの間の湾岸戦争で示されました。これは凄まじい生産力であって、それは同時に耐久消費財の凄まじい乱費構造を定着させます。いまの資本の生産力は膨大な耐久消費財を次から次へ消耗させていくというサイクルを増幅していかないと持たないような構造になっていますから、当然それは一方で石油に代表される化石燃料の資源枯渇の問題と結びついてきますが、同時にそれは産業廃棄物——CO_2やNO_xが典型です——が地球的な規模で環境を汚染していくという問題を引き起こしている。

今や地球的な規模で物理的なあるいはエコロジー的な限界にぶつかるような生産力の高度化の過程に入ってしまった。そしてそれはまたアメリカの世界独覇的支配体制、通貨金融へのドル支配構造のもとに展開されてきたわけです。ところがそのアメリカは六〇年代末から経済の内部を空洞化させ、七〇年代後半からは財政も、経常収支も、民間資本の蓄積も全部赤字ないし停滞化させてしまった。今では外国からの膨大な資本の流入がなかったら経済を維持できないというところまで追いつめられてしまった。こうして非常に矛盾した構造が我々の目の前に展開されている。つまり、中国やソヴィエトは今や冷戦体制から脱落しましたから世界はアメリカ一極構造になったんですが、その一極を支えているアメリカが現実には経済力を喪失して軍事科学技術力で世界を支配している。しかもその国際収支の赤字、財政赤字、あるいは民間企業の赤字はますます大きくなってきている。湾岸戦争では、アメリカは五四〇億ドルの戦争資金を日本、ドイツ、サウジアラビア、クウェートなどからかき集めたんですが、現実に使った戦費は一〇〇億ドルを割ったらしい。これによってほぼ四〇〇億ドルの黒字をつくりだし、その黒字が今年（一九九〇年）の国際収支と財政危機を助けたという形となっている。それがドルの強さなどに一時期現れたのですが、しかしどうもそれも効かなくなってきて、この数日のアメリカの株式市場の暴落をひきおこしてしまった。覇権国家が経済的な基礎を喪失して世界経済が解体しつつある時、南北問題はさらに激化しだした。南の側は累積赤字を重ね、とうとう五〇パーセントから七〇パーセントぐらいの借金棒引案が出されるという始末です。こういう形で現在の危機の構造は湾岸戦争を契機としてかなりはっきりと我々の目にクローズアップされつつあるといっていい。

レーニンが開発した資本主義の発展段階論は一九一七年までの資本主義の構造を明確にするためには非常に有利な武器だった。ところが一九一七年以後になるとそれは直接には使えなくなってしまった。にもかかわらずマルクス主義経済学では、一九一七年以後の経済構造をどういう形で把握するかという論理が明確ではなかった。ではどういうふうに現在資本主義の基本的な枠組みを論理的に構築すべきかということと絡ませながらこれから日本経済の問題を考えていきたいと思います。

第2章 明治維新後の国家権力と経済構造
——日本資本主義の発展(1)

[1] コミンテルン・テーゼと明治維新

戦前の資本主義を考える場合、明治維新後ほぼ三〇年ないし四〇年、日清戦争と日露戦争の中間に注目する必要があります。このころ日本の資本主義がほぼ確立したからです。そのメルクマールは何か。そのころの日本経済の基幹産業は綿工業でした。その綿工業の製品、綿糸と綿布は明治前期にはまだ日本は輸入が圧倒的に大きかった。当然のことで、イギリスが綿工業で世界を支配していた時代に日本は資本主義化を開始したわけですから、機械制大工業で作られた非常に質がよく安い外国の綿製品がどっと入ってきます。それまでの日本の地場産業は太刀打ちできなくて、日本はイギリスを中心とした資本主義諸国の草刈り場になるわけです。その中から新しい日本の綿工業が発達して、ついに輸入より輸出が大きくなったというのが大体そのころでした。

もう一つのメルクマールはそのころ日本銀行が金本位制を確立したということです。徳川時代は金銀複本位制でしたが、一八七一(明治四)年の新貨幣条例によって一応金本位制を採用します。しかしこれは実質的には金銀複本位制というべきものでした。その後七八年には、名実ともに金銀複本位制を採用し、八六年からは銀本位制となっています。日清戦争に勝って日本は中国から莫大な賠償金を得ます。それをロンドンで日銀に保管させ、それを準備金にして日銀は兌換券を発行し、政府がこれを使うという変則的なかたちですが、ともかく日本は金本位制となったわけです。一八九七年のことです。

金本位制になると日本の銀行券は日銀が持っている金とリンクしますから、十円の紙幣を日銀に持っていくと十円の金貨と替えてくれるわけです。そうすると外国からお金を借りても商売をしても、お金の基礎が金と結びついているから安定している。それまではそういう保証はないわけですから、例えば日本に千円貸して、一〇年たって千円を返してもらっても、それがインフレで目減りしていたら何にもならない。ところが金とリンクするということになると、そういうことはないわけですから安定して商売ができるし、お金の貸し借りができる。その国の通貨が金とリンクしないと、本当には世界経済と結び付かないわけですから、資本主義的に発展できないんです。こうして金本位制になるということは資本主義が確立する一つのメルクマールになります。

日本は大体日清戦争と日露戦争の間に資本主義になったとしても、日本の社会をヨーロッパやアメリカの社会と比べるとものすごい落差がある。一つは天皇制の権力が非常に大きいということです。

もう一つは日本の農村の問題です。日本では多くの農民が土地を持っていない、持っていたとしても非常に少ないから地主から土地を借りなければならない。そういう小作あるいは小自作とか自小作と呼ばれる農民が非常に多い。地主から土地を借りた場合、年貢が非常に高い。土地の税金と年貢を合わせると大体生産物の五〇パーセント前後になる。江戸時代を考えると百姓が殿様の土地を耕すというかたちになっていて、その場合殿様、武士階級に差し出す年貢は大体五〇パーセントでした。すると江戸時代と年貢が変わらないじゃないか。これは資本主義としては異常だということになる。同時に農民は非常に貧乏ですから、自分の子どもを女工さんとして都会におくる。出稼ぎ労働者ですからその労賃がべらぼうに安くなる。

いまでも本質的にはそれと似た構造をもっていて、経済大国で生活貧国といわれていますが、急膨張する資本主義と、貧乏な農民・労働者の対照はそんな程度ではなかった。日本経済は全体としてものすごい膨張力で三、四〇年の間に綿工業を確立して中国やインドに綿製品を送り出していく。ところがその競争力の基礎は安い賃金にあった。正確な計算はなかなか難しいんですが、そのころのヨーロッパの標準の労働者と比べると賃金は三分の一くらいだと計算している経済学者がいます。繊維産業は軽工業ですから有機的構成が低い。つまり商品価値の中で労賃部分は大きいわけですからその労賃が三分の一だと圧倒的強さをもつわけです。こうして日本の資本主義は軽工業として急速に発達する。ところが労働者の賃金はべらぼうに安い。その安い賃金はどうやってつくられたかというと、もともと大量の労働者を供給している農民が窮乏化している。その基礎というのは膨大な年貢にあるという構造です。

だから同じ資本主義といっても日本のそれは非常に奇妙な構造で、ヨーロッパやアメリカの資本主義と比べると奇形的ではないかという意識は一般的にあったわけです。だがそれを理論的にどのように解くかということははっきりしなかった。そこで登場したのが「日本共産党綱領草案」です。そのころは共産党は世界の共産党の組織、コミンテルンとして一枚岩的になっていた。各国共産党はその支部になりますから、各国共産党の「綱領」はコミンテルンから流されてくるわけです。コミンテルンから流されてきた「綱領」は受け取った日本人の側からみると驚天動地の構造をもっていた。その中心は「日本の資本主義は今なお、前代の封建的関係の痕跡をもっている。土地の大部分は、半封建的大地主の手中にあり、その最大のものは日本政府の元首たる天皇である。……日本におけるブルジョア革命は、十分に強大となったプロレタリアートと革命的農民が出現するに至った時、初めて達成されるであろうから、ブルジョア革命の完成は、ブルジョアの支配及びプロレタリア独裁の実現を目標とするところのプロレタリア革命の直接の序曲となりうるであろう」。(「一九二二年綱領草案」)

要するに、日本はまだブルジョア革命以前だということです。日本は資本主義体制だが、その日本を支配しているのは天皇であり、それを支えているのは半封建的大地主だということです。そういう意味ではブルジョアジーの力は強くない。ましてプロレタリアートの力はきわめて弱い。だからこれから行われるのはブルジョア革命でなければならない。ブルジョア革命が完成して初めて社会主義革命が問題になってくるというのです。

これは社会主義や労働運動家に大変なショックを与えた。何故かというと、一九一〇年に大逆事件があり、それを契機に社会主義運動は徹底的に弾圧され、窒息状態となっていた。天皇制を云々し、ましてや天皇制の廃止を口走れば直ちに死刑になるという構造が出来上がっている状況の中でこの草案が、いわば天下ってきたからです。理論的には非常に明快です。日本資本主義と日本社会の特異性を、農村封建制と天皇制を軸にしてとらえ、日本はまだブルジョア革命以前であると規定するのは明快な論理です。だがこれを実践の場で生かそうとすると天皇制廃止をまず第一のスローガンとして掲げなければならない。だがそう言った途端に死刑は免れないのです。

ではどうするかと党の綱領委員会で審議しているうちに、一九二三年の第一次共産党事件に始まる大弾圧や、関東大震災の中での白色テロが相つぎ、党は解党してしまい、結局この「綱領草案」は審議未了で葬られることになりました。この「綱領草案」は、だから正式の「綱領」とはならなかったのですが、明治維新以後の日本の社会に対する見方を統一的なシステムとして構成した最初のものであったことは事実です。

次にコミンテルンから与えられた日本問題に関する決議は二七年テーゼといいます。これは後の三二年テーゼと合わせて日本の共産主義運動の基本的なテーゼといわれています。

二七年テーゼでは二二年の規定がもう少し詳しくなっていまして、「一八六八年の革命は日本における資本主義の発展に道を拓いたものである」としています。そして「しかしながら政治権力は封建的要素たる大地主、軍閥、皇室の手中にあった。日本国家の封建的特質は単に前期過去の伝統的残存物、廃物的遺物に過ぎざるのみならず、それは資本主義の原始的蓄積にとって極めて便利な道具であった。日本資本主義はその後の全発展の全過程にわたってこの道具を巧妙に利用した」とつづきます。これは規定としては明快になっているようにみえますが、全体の構成はむしろやや不明確となっています。一八六八年の明治維新は資本主義の発展に道を拓いたという点からすれば、当然ブルジョア革命だと考えられる。ところが維新後の政治権力は封建的要素たる大地主、軍閥、皇室の手中にあるというのです。政治権力は封建的要素が握っているというのですから、ブルジョア革命はまだ行われていないということになる。しかし「日本国家の封建的特質は単に前期過去の伝統的残存物、廃棄的遺物に過ぎざるのみならず」つまり大地主や軍閥、皇室は単に過去の権力の残存というだけではなくて、資本主義の原始的蓄積にとって極めて便利な道具であった。日本資本主義は全発展の全過程にわたってこの道具を巧妙に利用した、ということになると日本はやはり資本主義国家であって、大地主、軍閥、皇室というのは資本主義が急速に自分自身の前提を作っていく――これを原始的蓄積といいます――ための手段となっていた。そうするとこれは資本主義社会だということになるはずです。ところが政治権力は大地主、軍閥、皇室が握っているということになると政治体制としてはブルジョア革命の前の時代にはいる。どうもはっきりしない。革命政党の政治的な変革の目標は大地主、軍閥、皇室をなくすることにあるのか、あるいは資本主義そのものを廃絶することにあるのか。ブルジョア革命をやろうというのか、プロレタリア革命をやろうというのか。どっちとも取れる、よく分からない表現です。

そうしているうちに「三一年政治テーゼ草案」が与えられます。この「草案」はどうしてできたかははっきりしない。この政治テーゼ草案は日本人のマルクス主義者が初めて自力で作った草案だという人もいます。その場合には、作ったのは風間丈吉を中心としたグループだとされています。ところがこれはコミンテルンが作って、風間丈吉に渡し、彼はそれを暗記して書き直したんだという説もある。どうもそのほうが正しいんじゃないかと思うんですが、それもはっきりしない。一九三一年頃はコミンテルンで内部闘争が行われており、ブハーリン派、トロツキー派、スターリン派などが激しく争っていた。この「テーゼ草案」を作った人々の中では比較的トロツキーの影響が強かったと分析している人もいます。

いずれにしてもこの「テーゼ草案」だけがこれまでのテーゼや翌年の「三二年テーゼ」と全く異質なんです。「日本資本主義は他の帝国主義列強より遅れて発達したが、その速度は非常に急激であった。それは所謂自由主義時代を経過することなく帝国主義の段階にはいった。しかしながら、この急速な発展は、それ自身の中に解決しえざる矛盾の急速なる増大を伴っていた。今や日本資本主義はその一般的危機の上に起こった深刻な経済危機の渦中にある。……一八六八年の明治革命は国内における新興資本主義的勢力の増大と『廉価なる商品』という、砲弾の襲撃——『黒船の渡来』——とによってもたらされた」と書かれています。

この「テーゼ草案」によると、もう既に幕末の日本では資本主義的な要素が国内に成熟してきていた。そこへ外国の黒船の渡来というかたちで大変な外的ショックを受けた。この内と外の要因が結び付いて明治の革命になったという説明です。「日本は今や高度に発達せる帝国主義国である。……日本の国家権力は金融資本が覇権を握れるブルジョア地主の手中にある。……天皇制は現在では労働者・勤労被搾取農民大衆の台頭に対する金融資本を先頭とする支配階級のファシズム的弾圧、搾取の有力な道具となっている。そしてこの時代における基本的な階級的矛盾はブルジョアジーとプロレタリアートの対立である」。

これをこれまでの「テーゼ」と較べると一転して逆の方向を示しています。つまり、日本はもはや資本主義国、それも帝国主義的資本主義国だ。国家権力は金融資本が握っている。天皇制は金融資本を先頭とした支配階級の、国民を抑圧するための道具になっている。天皇制が支配階級の主体ではないということです。こうなってくると政治的変革の目標は社会主義革命以外の何物でもないことになります。

ここで共産党の中で、重要な政治状況に対する判断のブレが出てきた。今までは、日本は天皇制が支配する半封建的国家であり、資本主義としては極めて遅れた異常な構造をもつ。したがって変革の目標はブルジョア革命だ、というのが基本的な考え方だった。ところがここでは一八〇度転換して、もう日本は帝国主義的な資本主義国だ。金融資本が支配していて天皇制は金融資本の支配の道具になっているにすぎないというわけです。それだったら今更ブルジョア革命を叫ぶ必要はない。明治維新でブルジョア革命は完了しているということになる。全く違った日本資本主義に対する認識を示しているわけです。

このために党の内部に議論が噴出してきたんですが、翌年の一九三二年、コミンテルンから新しいテーゼが降りてきます。「日本における情勢と日本共産党の任務に関するテーゼ」です。これがまた「三一年テーゼ草案」からひっくりかえった。このテーゼでは「日本において一八六八年以後成立した絶対君主制は」というのですから、明治維新はブルジョア革命ではないことを出発点としています。徳川幕藩体制が編成しなおされて天皇制を頂点とする絶対君主制となった。これはイギリスやフランスのテューダー王朝やブルボン王朝の絶対君主制に匹敵するわけです。そういう天皇制が明治維新によって成立した。

「その政策に幾多の変化を見たにもかかわらず、無制限絶対の権をその掌中に維持し、勤労階級に対する抑圧及び専制支配のための官僚的機構を間断なくつくりあげた。……国内の政治的反動と一切の封建制の残滓の主要支柱である天皇制的国家機構は、搾取階級の現存の独裁の強固な背骨となっている。その粉砕は日本における主要なる革命的任務中の第一のものと見なされねばならぬ。……日本における支配体制の第二の主要構成部分は、土地所有―日本農村の生産力の発展を阻害し、農業の退化と農民の主要大衆の窮乏化とを促進するところの、この農村におけるアジア的に遅れた半封建的支配である。……日本における支配的秩序の第三の根本要素は、強奪的独占資本主義である」。

こういう構造になっていますから、結局日本の支配の主体は天皇制だということです。天皇制は絶対王制です。この天皇制を補佐する二つの支柱がある。一つは農村の半封建的支配、これは地主階級です。ところがこの地主階級の土地所有は近代的所有じゃないから生産力の発展を阻害し農民を絶えず窮乏化させている。そしてようやく最後に第三の支柱として独占資本が出てくる。結局日本の支配階級は絶対王制的な天皇制が主軸であって、半封建的な土地所有がそれを支え、独占資本はその支配のための道具になっているということです。さっきの「三一テーゼ草案」とは見方が完全に逆転している。

そして重要な点は「三二年テーゼ」が日本共産党の基本的なテーゼとなって定着し、これ以後根本的変化はないということです。「三二年テーゼ」は現在の共産党の出版物を見ても依然として正しかったとされていますから、現在の共産党の政策は「三二年テーゼ」を継承していることになる。ここに重要な問題がある。

明治維新以後の日本社会の把握の仕方として「三二年テーゼ」というのはそれなりに首尾一貫していますが、当然これに反対する考え方が出てくる。特に「三一年テーゼ草案」に賛成していた人たちであれば当然納得できない。絶対王制期は、ヨーロッパの歴史でたどれば一六世紀、一七世紀、せいぜい一八世紀の前半ぐらいのところです。ブルボンやテューダー期のフランスやイギリスの社会と明治維新後の日本社会では相当違うのではないか。また今日の日本の支配階級の主軸は天皇制と半封建的土地所有にあるというのですから、金融資本やファシズムは主要な問題にならない。実際に金融資本や独占体があったとしても、これは絶対王制の支配のための手段にすぎない。これは納得できないという人々がかなり出てきた。そこで共産党系の理論家が割れまして、「三二年テーゼ」を支持するグループは岩波書店から『日本資本主義発達史講座』を、野呂栄太郎、平野義太郎、山田盛太郎などの編集で出します。このグループは以後講座派と呼ばれます。日本を封建的ないし半封建的社会と規定する点から、封建派と呼ばれる場合もある。それに対して納得しない人たちはそこから分離して、『労農』という雑誌を出します。かれらは日本の経済や社会はどんなに封建的カラーを持っており、天皇制が権力を握っていたとしてもれっきとした資本主義だと主張しました。天皇制や農村の半封建的土地所有は、それ自体としては前近代的な社会関係だが、これは明治維新がブルジョア革命としては不徹底な変革だったので、そのため残された遺制にすぎない。それらは資本主義の発展とともに力をなくし、やがて消えさるはずだと考えたのです。したがって金融資本による帝国主義支配こそが今日の日本経済の基本構造であると規定しました。目標は社会主義革命としなければならないという考え方です。かれらは共産党からたもとをわかって「労農派」というグループをつくりますが、これは政治勢力としてはあまり大きくならず基本的にはインテリの集団ということになります。戦後には向坂逸郎を中心として、社会主義協会に結集し政治勢力としては社会党左派につながります。

[2] 宇野理論の登場

この「労農派」対「講座派」という対立した考え方が、日本の社会や経済を理解する二つの異なったタイプとして、以後ずっと現在まで日本の学界や思想界を支配してきたとみていいわけです。それに対して一九三五（昭和一〇）年の、『中央公論』十一月号に宇野弘蔵が『資本主義の成立と農村分解の過程』というかなり長い巻頭論文を書きます。これは表現が非常に難しいせいもあって、発表当時はその意味がよく理解されていなかったように思われますが、内容的にはかなり重要な意義を持っていました。

「講座派」対「労農派」という形で日本の経済や社会の在り方を議論し続けた人たちの考え方の基準には、マルクス主義者ですから当然のことですが、『資本論』があった。『資本論』は一九世紀のイギリスの資本主義の発展を素材的前提として論理が組立てられています。商品経済が発達して資本主義社会になったといっても、一九世紀のイギリスにもまだ、自分で土地を持った小農民もいれば小商品生産者もいる、中小企業対大企業の対立もあるという形で現実にはそう純粋な資本主義だったわけではない。

しかしマルクスはこの資本主義の発展傾向を延長して一つの理論的純化を遂行したのです。つまり『資本論』のなかでは、あらゆる商品が資本主義的に生産され、しかも工業だけでなく農業までも資本主義化されることになっている。こうして『資本論』の世界は資本家と地主とプロレタリアート、この三つの階級のみで構成される。資本は社会のあらゆる生産部門を支配して、利潤率の低い部門から高い部門へと流れ、それによってあらゆる商品の需給は価格をパラメーターとして調整され、この社会の経済過程は完結した自立的システムになるというのです。

マルクス主義者はそのような『資本論』を前提として日本社会をみますから、日本社会の解釈が二つに分かれることになる。つまり講座派的な立場からしますと、そういう純粋資本主義のビルドとはおよそ縁遠い、異質な社会だと日本を見ます。権力も議会制民主主義とはほど遠い天皇制という絶対王制を基礎としているではないか。農民の多くは土地を持っていないから地主から土地を借りて生産物の五〇パーセントに達する年貢を払っている。これは到底資本主義とはいえないではないか。労働者の多くもそういう農村から出稼ぎとして都会に押出されてくるのだから非常に賃金が安い。かれらは労働力の価値も補填してもらっていない。とすれば、日本は資本主義といっても『資本論』におけるような資本主義とは全然違う。それを突き詰めていくと日本はまだ資本主義になっていないという考え方の方が正当だ、ということになる。

それに対して労農派、向坂逸郎や猪俣津南雄らを代表としますが、かれらにいわせると、確かにそういう問題はあるけれど、資本主義が発達していけば、日本も『資本論』で書かれているような資本主義にだんだん近づいて行くはずだ。つまり近代化が進んでいくと封建的な残滓はだんだん影が薄くなってきて、最後には払拭されてイギリス型資本主義に近づいていくんだと考えた。

両方とも『資本論』を中心として争っていたわけです。日本社会には到底『資本論』のようにはなり得ない質的な限界があると考えるか、あるいは現象的には『資本論』とは著しく違っているけれども、これはイギリスが三〇〇年もかかってつくってきた社会をたかだか三〇～四〇年で形成して、曲がりなりにも資本主義にした国なんだから当然だ。もう少し時間をおいたら徐々にイギリス的なものになっていくはずだ、こう考えるかのどちらかになる。

宇野弘蔵がさきの論文で書いたのはそのどちらの考え方も駄目だということです。『資本論』を前提にして日本のような後進資本主義国を分析するという場合、講座派も労農派も方法的には誤っていた。じゃあどういうふうに考えたらよいか。宇野の主張のキーポイントはこうです。

「後進諸国が資本家的生産方法を採用した方法は、保護政策の背後に行われた株式制度を利用する資本の集中によってイギリス資本主義に追い付くことにあった。この方法がもたらした資本主義はしかしたちまちにして資本の形態そのものを変質せしめることとなった。所謂金融資本は産業的には寧ろこれらの後進諸国にとって、その資本主義確立の最も有力なる手段となったのであるが、この新たなる資本形態は各国の資本主義勢力の各々の集中によって政治的には国民国家に新たなる中心点を形成するのであった」。

この文章を解説しますと、問題は資本主義になる場合のなりかたにあるのだというのです。マルクスは封建社会から資本主義社会になってくる過程を、『資本論』の「いわゆる本源的蓄積」という章で書いています。それによるとイギリスが資本主義になってくる過程では、商品経済がだんだん封建社会の中に浸透していく側面が重要だ。それによって封建社会が解体するんですが、それは直ちに崩壊するのではなく、いったん統一的な国家を形成する。絶対王制です。これは重要な指摘で、商品経済の浸透によって、封建社会は直ちに解体するのではなく、解体しつつ、一旦この旧権力と商人階級を統合した一つの国家権力をつくりあげる。つまり封建社会というのは分散的な体制ですからそれに対して統一的な近代国家というのは、実は絶対王制でできるわけです。日本の場合には非常に面倒でして、徳川幕藩体制というのはもはや純粋な封建体制とはいえない。封建社会としては権力を集中しすぎている。幕府は各藩をとり潰したり、お国替えをしたりする力を持っていた。封建社会でありながら、絶対王制的体制です。ヨーロッパの場合はこの近代国家的統合は絶対王制がやっている。では徳川幕藩体制は絶対王制かというとそう断定はできない。どうしてかというと、絶対王制は、封建的な社会関係を解体しつつ再編成すると同時に、その財政の基礎を商人資本階級に置く。商人資本はイギリス、フランス、オランダ、ポルトガル、どこでも、世界貿易を担当する大変な力を持った新興階級です。それと結びついて、一方でお金を取り上げげつつ、他方でこれを保護するというのが絶対王制の非常に重要な歴史的役割です。ところが日本の場合には幕藩体制ができるとほとんど同時に鎖国をし対外貿易を遮断した。そういう意味で世界市場と連動したブルジョア階級の発達は抑えられてしまっている。だから封建社会としても絶対王制としても非常に奇形的な構造になっている。けれど権力的にはかなり統合されている。だから日本の幕藩体制はその意味で典型からずれた政治構造である。

ヨーロッパでは、絶対王制が近代国家を形成しつつ、その内部を近代化していく過程で、商人を保護・育成して国内に産業を振興させ、農村を解体して農民をほうりだす。イギリスの場合ですと、羊毛工業のための牧場をつくり、分散的な農地を解体し大きな農場を造る。これは「土地清掃」といわれています。何れにしても国家権力が農民をほうり出して近代化の基礎を着実につくり、それを受けながら市民革命が起こって絶対王制を倒してしまう。そして絶対王制がつくり出した近代国家の枠組みだけは譲り受ける。

このような過程をとおして資本主義化し、近代国家を形成したイギリスは一九世紀に七つの海を支配する大英帝国として世界を支配することになる。その支配の経済的基礎は綿工業です。そうするとドイツのような後進国は、この圧倒的な生産力をもったイギリスに対抗して資本主義国として自立しなければならないという、非常に厄介な課題を課せられることになる。ドイツはそれを、イギリスで達成した生産力を輸入するというかたちで果たした。しかしイギリスに対抗するためにはイギリスと全く同じような形をとっていたのでは追いつけない。

そこで株式会社をつくって資本主義の自立を図った。つまりイギリスでは個人資本家がだんだんお金を蓄積して、工場をつくって大企業になっていく。ところが後進国ドイツではそれをやっていたのではイギリスに圧倒されてしまうから、最初から例えば銀行が主になって社会の中の遊休資金を株式という形で一挙に集めて大企業をつくってしまう。しかも綿工業ではイギリスに追い付くのはなかなか難しいから、綿工業を飛ばして一挙に鉄鋼業を基軸産業にしてしまう。そうすると資本主義の成立には違った型があることになる。小さな商人資本がだんだん大きくなり、資本主義をつくっていった国、これは先進国ではイギリスただ一つです。それに対して、イギリス資本主義の支配の中で後進国が資本主義化しようとする場合、ドイツのようにいきなり株式会社で社会の資本を動員して大企業をつくり鉄鋼業を中心として伸びていった。この場合、生産力は急速に上がるけれど重工業ですから比較的労働力は少なくて済む。ドイツの工業が急速に発達し、その影響を受けて農村は分解されるけれど、農民を工業部門に吸引する力は非常に弱い。そこで農村に過剰人口が溜まってしまう。その過剰人口を使って、特有な農場がつくられるがその農場主であるユンカーはまだ封建的な権力を持っていて、安い農民を使いながら大農場経営するという奇妙な構造になる。

イギリス資本主義の世界支配の中でドイツ資本主義やアメリカ資本主義がそれを追いかけつつある時、一九世紀末にようやく日本は世界市場に引きずり込まれる。世界の経済はもはや帝国主義段階に転化しつつあるとき、日本は資本主義化しなければならない。ドイツが資本主義化した時よりももっと苛酷な条件で世界資本主義の中に裸で入っていくことになる。日本は資本主義化を開始すると同時に非常に性能のいい紡績機械や織物機械をイギリスやフランスから買ってくる。これを株式会社でやるわけです。これは高度に発達した機械ですから少数の単純労働者でいいわけです。小学校を出ただけの農村の女の子に安い賃金を払って、これを寄宿舎に入れて管理する。彼女たちが操作する紡績機械や織物機械は世界のトップクラスをいく生産性をもっていますから、そこでつくり出される綿製品は非常に高級で、しかも価格は安い。これによって瞬く間に農村は分解される。農村はもともと衣食住を自給自足している社会です。そこに主要な衣料が品質のよい綿製品として安く入ってくるわけですから、農村の経済は直ちに解体され、商品経済の中に引きずり込まれる。にもかかわらず日本資本主義は極端に男子成人労働者を吸収する能力がない。女子労働者を取っ替えひっ替え使って、要らなくなったらほうり出すというかたちで利用する。農村は徹底的に分解されて急速に貧乏になっていくのに農民は都会に出て労働者になるルートを遮断されて、農村に溜まらざるを得ない。そうなると、どんなに高い年貢を支払っても少しでも土地を借りて労働力を燃焼しなければならない。こうして年貢はどんどん上がり、ひどい場合は畑を借りて生産物の七割を年貢に出すところまで出てくる。これは封建的権力が強いから高率の年貢を取り上げているのではない。それは日本が世界史の帝国主義段階に漸く資本主義化を開始したということの裏側であって、日本資本主義は成長力も農村への分解力ものすごく強いけれど労働力の吸収力が全然ない。となれば農村に労働力がたまり、土地を求めて競争し合い、年貢をどんどん上げていくことは当然です。一見封建的にみえる日本社会は、いわば超近代的な資本主義の裏側を示しているというのです。

講座派(封建派)がいうように、日本の政治権力も農村を支配する階級も極めて封建的だということは事実です。しかしそれは封建制度が残っているためではない。じつはそれは日本の資本主義が帝国主義段階に資本主義になってきたという事情に由来する。株式会社形式による先進国の生産力の導入は、その結果として農村に膨大な窮乏化した農民を滞留させる。彼らは土地を借りるために年貢を競り上げ、それはまた窮乏化を促進する。その結果日本の資本主義は生産力は非常に高いけれど国内市場が狭く、対外膨張の圧力を高めていくことになる。

高い輸出圧力は中国へインドへと噴出し、市場争奪戦は列強との間に強い緊張関係をつくりだす。明治三〇年代になるとアジアの綿工業市場は日本に独占され、イギリスさえもアジアからたたき出されるというくらい日本の資本主義は強くなってきた。同時に日本の資本主義は外部侵略的になってくる。絶対王制的、半封建的権力だから侵略的になったのではなくて、日本の資本主義の特有な帝国主義的構造から来る侵略的性格なのです。

[3] 段階論と日本資本主義

宇野論文の後半にすすみましょう。金融資本の支配する社会は、よくヒルファーディングがいうように、社会の支配層を結集して政治的に国民国家として統合するという性格を強化する。自由主義社会では国家は希薄化する。司馬遼太郎的表現を使えば、軽い国家になる。議会制民主主義国家はアダム・スミスのいう安上がりの政府であり、夜警国家となる。国家は経済過程に手を出さず、泥棒の取り締まりをしているだけでいい。ところが金融資本の時代には金融資本と政治権力が癒着し、同時に農村の支配階級とも癒着する。金融資本時代には生産力はものすごく上がるけれど、労働力は比較的少なくてすむ。農村は分解するけれど農民はあまり吸収されないから農村に過剰人口がたまる。したがって農村から資本主義社会に対する体制批判が出てくる可能性がある。資本主義の発展は労働運動や社会主義運動を活発化するが、それらと農村からの体制批判とが合流することは防がなくてはならないから、金融資本は自分の得た独占利潤の一部を割いて社会政策を展開し、農民を保護し、中産階級を育成することに力を入れはじめる。

こうして支配階級を結びつけて一つの強力な国民国家にするという新しいナショナリズムが非常に大きな意味を持ってくる。哲学でもリベラリズムに代ってニーチェなどが出てくる。リベラルな凡人の集まりは空疎な衆愚社会を形成するだけであって、スーパーマンが出てきて強力に支配する国民国家が要望される。絶対王制のときは国民国家の成立期だったのですが、リベラリズムの中でこの統合はずっと希薄になっていった。ところが帝国主義段階になってくるとまた強力な国民国家になる。こうして政治的イデオロギーが変わってくるわけです。

「分解の過程にあった農村は政治的に極めて重要なる意義を持つと同時に、此の分解過程は如何にかして阻止されねばならなかった。資本主義の下に農業と工業とを国家的に統一するという経済的にはかかる国民国家にとって殆ど不可能なる問題が政治的には絶対的に必要なるものになってきたのである」。

つまりアダム・スミスのリベラリズム社会では、綿工業を中心として生産力を上げていけばそれが一番合理的だった。比較生産費説の世界です。イギリスは農業部門を縮小して綿工業国家になり、農産物は外国から輸入すればいい。イギリスは一番得意とする綿製品を売って、その代価でワインや小麦、綿花を買う。他方スペインならワインをつくり、インドやアメリカのプランテーションでは綿花をつくって売ればいい。世界分業の社会になって農業問題はなくなるわけです。世界平和の経済的基礎ということになります。

ところが帝国主義段階になると事態は一変します。ドイツのように重工業を中心として発達すると農村を急速に分解するのですが、分解した農民を吸収できない。そのままにしておくと農村から体制批判が起こってくる。いまの日本で米の輸入を自由化すると農民が反乱を起こして自民党に票を入れなくなる。それを避けるためには農民保護をつづける以外にない。それと同様に、世紀末のドイツでも中農保護をやりだす。そして他方では全力を挙げて過剰商品を外国に売らなければならない。植民地や従属国をつくり、抵抗があれば武力で粉砕しなければならない。従って軍事力強化は必然的になります。国内の重工業化と農業保護と軍事国家化は手をたずさえて進むわけです。これは今の日本でも同じことです。日本は自動車、電機、ハイテクを中心として生産力を上げ、それらを世界市場で売りまくらなくてはならない。また原料、資源、とくに石油を確保しなければならない。もしもそのルートを遮断されれば、日本経済は崩壊してしまうから絶対にこれは擁護しなければならない。日本が生きていくためにはマラッカ海峡までに及ぶ石油のルートは確保しなければならないから、その為の防衛力は必要だという論理が世論を形成することになるのです。要するに金融資本の支配する資本主義世界では、国家から軍事に至る全イデオロギーがそれまでの自由主義とは完全にひっくり返ってしまう。それは資本主義の新しい発展段階をつくり出した社会構造なのです。そういう論理が分かれば、日本が天皇制という絶対主義的な権力機構の下に非常に封建的な農村を一方で維持しながら、他方で独占資本、三井、三菱、住友、古河、安田などが成長し、日本が両者を擁した帝国主義国家になってきているというのは別に奇妙な現象ではなく、きわめてロジカルな構造ではないかと宇野は言うのです。

マルクス主義によって日本の現状を理解するというのは、『資本論』を基準にして日本社会がそれに対してどう異なるか異ならないかを究明することではない。そうではなくて、まず『資本論』を資本主義が全面的に発達した社会における一般均衡理論としてとらえる。その『資本論』の体系には、それ自身で破綻を来し、あるいは別の社会に移行するモメントは存在しない。宇野はこれを資本主義が永遠に繰り返すかのごとき構造をもって運動する論理だとした。もっとも宇野は資本主義は永遠に繰り返すものだといっているわけではない。資本主義の原理はそういう形でしか認識できないといっているのです。そういう資本主義は現実に一九世紀中葉のイギリス資本主義における発展傾向としてあらわれた。さらにそのイギリス資本主義の発展を前提として後進国ドイツは金融資本形態で資本主義を確立し、ドイツ、アメリカなどの資本主義が帝国主義段階に達したという世界構造の中にさらに遅れた日本が割り込んで資本主義化した。日本資本主義の特徴は、世界の資本主義の流れの中でいつどのような影響を受けながら資本主義化してきたかという点からつくりだされた。そういう歴史的な構造の中で資本主義をつかまえるということがマルクス主義的な経済分析の基本的方法である。その点からすれば『資本論』との直接的比較において日本資本主義を位置づけようとした講座派も労農派も間違っていたのではないか。明示的な言葉ではいっていないんですが、そういう含意を持った文章です。要するにマルクスの理論では『資本論』が中枢にあるけれど、歴史的な発展過程を直接『資本論』で解析するわけにはいかない。それはまず資本主義の発展段階論になる。レーニンの『帝国主義論』は帝国主義段階の発展構造を明らかにしたが、資本主義全体を通してこの発展段階論は整理されなければならない。レーニンは帝国主義段階論を整理したが、重商主義段階も、自由主義段階も同様に整理しなければならない。そしてさらに日本が帝国主義世界の中に入っていくときには外部からどんな規制を受け、それを内部でどのように処理するかを明らかにしなければならない。それが日本資本主義の現状分析となります。このような把握に立てば、労農派対講座派で決着のつかない論争を延々と繰り返してきたいくつかの問題は比較的簡単に解決されてしまうと宇野はこの論文で主張したのです。

[4] 天皇制と日本資本主義

この論文では各国資本主義は、世界資本主義の発展段階のどの時期で成立するかによって、その農村分解の状況が全然違ってくるということを明らかにしているだけです。日本は帝国主義段階における最後の資本主義的自立化を果たした国家だった。あれ以後に自立的な資本主義になった国はなく、あとはみんな植民地になってしまった。帝国手義段階の最後の近代国家として日本は登場し、その資本主義化に成功したわけですが、同時に国内にほかの資本主義とは違った特質を刻印されてしまった。その一つが天皇制で、もうひとつは農村の非常に奇妙な支配構造でした。天皇制は確かに明治維新によってつくり出されてきたときは、絶対王制的な役割を担わされていた。封建社会はもともと分極化した地域社会で、国家という意識はない。薩摩の人にとっては日本は眼中になくクニは薩摩だけです。近代化するためにはそういう意識を破壊・解体して日本という統一国家意識をつくりださなければならない。これはイギリスでもフランスでもみんな同じです。まず絶対王制で近代的統一国家をつくり、ついで、ブルジョア革命でその権力を民主主義的に変革する。明治維新はこの二つの歴史過程を同時に遂行しましたから、非常にわかりにくくなったのです。天皇制国家ではありますが、純粋な絶対王制ではない。日本でも、明治維新以後平民が警察官、兵隊になれるようになった。当時としては大変なことでそれまでは武器を持って戦争ができるのは武士階級だけでしたから、武器を持つことを禁止されていた農民が鉄砲や大砲を持って戦争ができるというのは大変な民主化です。

そのナショナリズムの中心はどこの国でもまず絶対王制という形で形成された。「朕は国家なり」です。しかもそういう形で成立した天皇制国家が瞬く間に帝国主義に移行するわけです。まず日清戦争と日露戦争の間に資本主義として自立します。ついで日露戦争から第一次大戦の間に帝国主義国家になる。第一次大戦をとおして帝国主義国としてほぼ確立する。そして昭和恐慌の過程で急速にいわゆる国家独占資本主義という現代資本主義に変質する。こうして日本は、絶対王制、帝国主義、ファシズムという歴史過程を数十年の間で経過してしまうわけですから、天皇制はその三つの性格を兼ね備えてくることになります。天皇制に絶対王制的性格がないといったら間違いで、それはある。明治以前の分散国家を解体して統一的な日本帝国という意識の中枢として天皇制があるのですから、当然です。しかしそれにとどまってはいない。それは直ちに帝国主義の中枢になり、第一次大戦後昭和恐慌の時代になってくるとファシズムの中心へと変質します。そういういくつかの性格を兼ね備えた支配構造の中枢として天皇制は存在するわけです。そういう政治形態をつくりだしたのが日本の資本主義の独自の構造でした。帝国主義段階において資本主義世界に踏み出し、株式会社と綿工業で自立した日本資本主義は、急速に帝国主義化し、二九年恐慌と三〇年代不況への突入とともに、帝国主義を乗り越えて国家独占資本主義体制になってくる。

この戦前の日本資本主義の構造を総括すると、第一は綿工業資本主義ということです。非常に発達した綿工業生産力を国家権力を媒介にして輸入し、労働者は低賃金の女工さんでまかなってしまう。このごろ女性が働く時代になってきて、働く女性の数が男性を上回りそうだといわれているんですが、そんなことは別に珍しいことではなく、戦前の近代的労働者は八割が女性で二割が男性でした。日本資本主義は女工によって担われていたのです。それは軽工業中心だったからです。まず国民の半分をしめる農民に繭を作らせ、これを生糸にする。この生糸を外国、特にアメリカへ輸出するわけです。その獲得した外貨でインドとアメリカから綿花を輸入する。そしてこれで綿糸、綿織物を作って外国に売る。これが日本資本主義の基本軌道でした。戦前の経済の第二の軸は、重工業でしたが、国産の鉄は質の点で輸出力がなく、国内で消費されました。国営の八幡製鉄所が日本の鉄の八割を生産しましたが、その製品は海軍工廠や陸軍工廠で軍需品に加工されました。だから戦前の日本の重工業は基本的には政府お抱えの、軍需生産と考えていいのです。

日本資本主義の基本的な軌道は生糸を輸出してその代価で綿花を買ってきて、それを加工して売出すという綿工業資本主義でした。紡績や織物の機械は、世界最先端の発展したものを先進国から輸入し、株式形態の大企業で大量に綿製品を生産するのですから、農村は急速に分解され、そこから出てきた女子を中心とした出稼ぎ型の労働者は低賃金に甘んじて生活することになり、その結果世界に例を見ないような低賃金の労働者による非常に安いコストの綿製品が世界に氾濫する。いまは自動車・電機・ハイテク商品などが世界に氾濫し、ボイコットの対象となっていますが、戦前には労働の安い賃金を武器にした非常に質のいい織物、綿製品が世界に氾濫したのです。これは至るところでボイコットの対象とされ、日本商品排斥運動が広がりました。日本資本主義はそういうかたちで市場が閉ざされると軍事的侵略を展開することになる。軍国主義的な膨張力を持った軽工業帝国主義という非常に奇妙な構造になったのです。帝国主義はレーニンの『帝国主義論』でもヒルファーディングの『金融資本論』でも重工業を基礎にして成立することになっています。ところが日本の場合は軽工業帝国主義であって重工業は国家経営の軍需産業にとどまるという非常に奇妙な形でした。

満洲事変以後、これらの軍需産業を中心としながら重工業が急速に肥大化し、昭和一〇年になると重工業のほうが比率としては大きくなっている。ただしその内容は著しく軍需産業に傾斜している。そしてそのことが戦後の重工業化の基礎になった。戦後でも日本の人口の四五パーセントは農民です。明治には六〇パーセント程度から出発しましたが第二次大戦後でもだいたい四五パーセントぐらいにとどまりました。

一九世紀の末から二〇世紀にかけてのイギリスの農民はすでに一〇パーセントを割るぐらいになっていたとい

われます。農民が少なくなり工業労働者が圧倒的になっていくというのが先進資本主義の通常の在り方ですが、日本は第二次大戦が終わるときまで非常に奇妙な人口構成になっていて、人口の半分が農民で労働者は極めて少ない。その労働者も圧倒的に農村からの女工さんが多い。農民は、米と繭をつくり、繭からつくられた生糸を外国に売り、その代価で綿花を買ってきて加工し、綿糸、綿織物にして売り出していくという資本主義であった。これを米と繭の経済構造といっています。

そういう帝国主義国としては非常にいびつな構造をもった資本主義国であったが、その膨張力と対外進出力は凄まじかった。国内市場が非常に狭いから、外に爆発的に膨張せざるを得ず、従って軍事的侵略的になってきたのです。

それが戦前の日本資本主義の構造で、その頂点に天皇制が乗っていたが、天皇制は単なる半封建的な権力というのではなかった。そういう遅れた資本主義国が非常にミリタリスティックな膨張力を持ちながら発展する場合の政治権力の在り方としてもっとも適合的であり、一九三〇年代には特殊ファシズム的権力となったのです。それが第二次大戦以後、完全に変質してしまいます。とくに一九五五年以後明確に変わります。その変質の意味を理解するための前提として戦前の資本主義の仕組みを理解しておいてほしい。講座派、労農派というマルクス主義の理論は、そういう構造の一面はつかまえていたが、これをトータルなシステムとしてはつかまえ損なった。これは恐らく現在の社会党左派や共産党の考え方にも方法的に関連を持ってくる欠陥です。その方法的誤りは今日でも形を変えて現れてきて、現代をどう理解するかという点で一つの大きな障害になってきています。

日本の独占体としての財閥について補足しておきます。三井、三菱、住友がその代表です。発生は江戸時代前からのものもありますが、明治維新でどの財閥も政商という形で政治と絡まりながら発達してきます。財閥は、日露戦争ころまでは主として流通領域（石炭などの採掘が入るところもありますが）、船会社や貿易関係、さらに銀行という形で金融部門を支配していて、生産過程の中にはあまり入っていなかった。生産過程を支配していたのは綿工業独占体で、これは財閥系の独占体とは違います。日露戦争以後第一次大戦に至る過程で財閥自身が変質していきます。それまでの大商人的な構造から株式会社に変わり、株式会社もそれぞれの本家の持株会社によって系列の株が握られるという仕組みとなった。持株会社を中心としたコンツェルン形式です。数からいいますと日本全体の企業の〇・一パーセントくらいの財閥の企業が全体の五〇パーセントに近い財産を支配するほど非常に集中された独占体になる。これが日露戦争から第一次大戦ごろまでに急速に生産過程をその手中に収めていく。この近代的なコンツェルンが日本型の金融資本となった。

アメリカの占領軍の見方では、日本が軍国主義的な侵略戦争を企てた非常に重要なファクターは天皇制と財閥であり、もう一つは農村の半封建的土地所有であった。ですから占領軍がやった第一の仕事は農地解放であり、財閥解体であったのです。彼らはこの二つが日本の軍国主義的な侵略戦争の主体だと考えた。もう一つの天皇制をほうっておいたのは奇妙なことでした。天皇制も廃止すべきであるというのがアメリカ政府の見解だったんですが、陸軍が日本を統治・支配する場合、天皇制を利用して日本国民をコントロールするというのが一番やりやすい仕方であって、天皇制を解体して支配すると、日本国民の反抗が占領軍に向かってきてかなり犠牲を払うことになる。その犠牲を払わないためには、天皇制の権威を通して日本への命令を遂行させるというのが日本人のメンタリティーにとっては一番合理的な支配の方法であるということで天皇制廃止は免れるわけです。財閥と日本の特殊な土地所有、寄生地主制といわれますが、それと天皇制は三位一体の支配構造ですから、天皇制だけを残しておくのはおかしいわけで、本当はこれも破壊しなければならなかったんですが、戦後の日本人民支配のための力学からするとそれはまずいという現場からの有力な意見が採用され、天皇制は残り、財閥解体と農地解放は急速に徹底的に遂行されたのです。それはアメリカ側の日本資本主義認識にかかわっていたわけです。かれらは講座派的文献を読んでいたために講座派的日本資本主義把握に立っていました。しかし朝鮮戦争が進行していく過程の中でこの方針も変わっていきます。

第3章

第二次大戦後の経済構造の変貌

——日本資本主義の発展(2)

[1] レーニン『帝国主義論』の修正

きょうは戦後の、主として高度成長を中心とする日本経済の発展をどう把握するかという問題がテーマです。この場合も、日本経済を世界経済とのかかわりで押さえないと本当の意味が分からない。したがって世界経済が第一次大戦後、どんなふうに変化し、それがどういう意味を持っていたかという点をまず考えておきましょう。

マルクス主義経済学では、レーニンの『帝国主義論』で第一次大戦までの資本主義の基本的な構造を押さえます。ところが、第一次大戦以後をどう理解するかということになると、かなり視点に混乱が出てくる。相変わらず『帝国主義論』を使うという立場、『帝国主義論』はもはや使えなくなったので一般的危機論で把握するという立場、さらにそれでも押さえきれないから国家独占資本主義論を利用するという立場などがあり、議論が錯綜しているのです。そのへんのところから説明していきましょう。

レーニンの『帝国主義論』では、資本主義が発展していくと、マルクスの時代のような自由競争の段階からさらに集積・集中が進んで一部の資本に独占体が形成されてくることになっています。独占資本には独占利潤がたまり、それを再投資するのですが、独占価格が支配する社会では投資量が限られてしまう。独占によってかなり高いレベルに商品価格が張りついているから需要があまり延びない。自由競争の社会では供給が過大になってくると価格が下がって資本が倒産し、供給が整理されて需給バランスがとれてきますが、それができない。国内での資本投下は限られてくるから、独占体には過剰資本が生じてどうしても海外に投資せざるを得なくなるという論理です。帝国主義国同士が海外投資をめぐって競争し、支配領域の暴力的な争奪戦になってきて、その極まったところ帝国主義戦争の発生ということになるのです。

しかし現実の歴史過程をみると、そういう論理では処理しきれない問題が帝国主義段階では発生している。一様に帝国主義国といってもイギリスやフランスのような帝国主義国と、ドイツやアメリカのような帝国主義国とではだいぶ経済構造が違うのではないかという問題です。レーニンの場合にはその区別がない。つまりイギリスでもドイツでもアメリカでもみな一様に独占が成立し、独占価格が形成され、過剰資本がつくり出され、海外進出することになっています。

ところが具体的にみると情況は違う。例えばアメリカでは過剰資本の投下のために対外進出していったという傾向は非常に弱い。米西戦争の結果フィリピンまで領土を拡張したのは事実ですが、それはアメリカに独占資本が成立し、過剰資本の投下のために行われたというのではない。時期も違う。

また、独占形成の仕方についても問題がある。アメリカでは一九世紀の末から二〇世紀の初頭にかけて、USスチールやスタンダードオイルという典型的な独占体が形成されます。ドイツでも石炭と鉄鋼を貫く独占体が形成された。ところがイギリスでは大きな独占体らしいものはあまり見当たらない。しかもイギリスは第一次大戦まで自由貿易を維持していた。さらにイギリスやフランスでは独占体の形成が著しく遅れながら、逆に資本輸出、海外への資本投下はかなり早くから大規模に行われている。ドイツの資本輸出はそれに対してかなり遅れ、一九〇七年以後漸く増えてきます。アメリカにいたっては第一次大戦までは資本輸入国です。もちろん資本輸出もしていますが輸入のほうが大きかったのです。

このように具体的に状況を考察すると、どうもレーニンの言っているように一本調子で、どこの国にも独占が形成され、独占価格が支配し、過剰資本が生まれてそれを資本輸出する、という簡単な図式で塗りつぶすわけにはいかない。ではどう考えたらよいか。帝国主義段階になっても、自由主義段階に世界の資本主義をリードしたイギリスは金融や資本の輸出入という領域ではやはり圧倒的な支配力を持っている。世界市場はポンド体制だったというところにそれは現れています。国際通貨はポンドで、結局イギリスのシティーが世界金融の中心になっている。ニューヨークはまだ問題にならない。一九世紀から二〇世紀にかけてイギリスを中心とする世界の通貨金融システムはポンド体制として成立し、その世界市場の内部でアメリカやドイツなどの後進資本主義国は急速に生産力を上昇させていった。そしてついに二〇世紀にはいるとドイツもアメリカも基軸となる鉄鋼生産ではイギリスに追いつき追い越す状態になってきた。

こうみてくるとレーニンの『帝国主義論』は、世界市場の概括図としては訂正を必要とする部分がいくつか出てくる。まず帝国主義国といっても二種類ある。まず第一は、金融や信用を中心としたいわば金融帝国主義国であって、その代表はイギリス、フランス、オランダなどである。それに対して後進国的諸条件を利用して生産力をすさまじい勢いで上げて重工業独占体を形成し、持続的な好景気を維持した国々、ドイツやアメリカが対立する。これらの国では生産力が非常に上がって完全雇用に近くなり、資本主義が始まって以来の高度成長を実現します。

このように見るとレーニンの『帝国主義論』の問題点が解けてくる。レーニンは帝国主義は資本主義の末期段階で、腐朽化し寄生化していく時期だといいながら、他方ではその帝国主義段階でも生産力が急上昇することがあり得るといっている。このへんのつじつまがあわないんです。それを今見たように、帝国主義国段階は決して一つのタイプの資本によって支配されているのではなく、世界の資本主義はイギリスを中心とした老朽化した金融資本国が通貨信用システムで世界を支配し、その通貨信用システムの上に乗ってアメリカ、ドイツという新興帝国主義国は生産力を急上昇させながら重工業独占体をつくっていく。この組み合わせと対立が帝国主義の基本構造だと理解すれば、そういう異なったタイプの資本蓄積のせめぎあいが最終的にはイギリス対ドイツの戦争となって爆発するということの意味も解けてくるのではないか。

そういう対立と運動が帝国主義段階の基本構造だとすると、第一次大戦以後をどう理解するかという点で一つの重要な問題点が出てきます。第一次大戦以前のシティを中心とした金融信用システムの上に乗ったドイツ、アメリカ帝国主義国の発展はそれなりにバランスのとれた世界経済の構造でした。各国資本はその中で循環しながら、高度成長を実現したのです。ところが第一次大戦後、この構造が崩れてしまった。その一つはもはやイギリスが自力で金本位制を維持してポンドを世界通貨として通用させていくだけの力を失ってきたということであり、もう一つはドイツ帝国主義がめちゃめちゃに破壊されてしまったことです。総じてヨーロッパ資本主義は自力で生産力を回復し、生産関係を再建するめどを失ってしまったのです。

ついでに付加えますと、そういう情況を前提にして、恐らくレーニンの革命論も出てきた。第一次大戦によってヨーロッパ資本主義はもはや復興し再建する力を失ってしまった。従ってロシア革命がのろしとなって、ドイツ、スイス、フランス、イタリア、イギリスという形で次々と革命の渦に巻き込まれていくと、ヨーロッパ全体が革命化し、ヨーロッパ社会主義が形成される。それと連携しながら後進国革命によって成立したソヴィエトも生き延びられることになるだろうという展望が出てきたわけです。

〔2〕フォーディズムと現代

ところがそれに対して予期しない重要な歴史的変化が発生してしまった。それはアメリカ資本主義の発展です。第一次大戦は膨大な重化学工業製品の乱費過程であり、一般的にこれを総力戦と称します。このように科学技術と工業力を総動員して世界の各国が争うという戦争はいまだかつてなかった。第一次大戦で初めてヨーロッパ全域が戦場になってしまい、この戦場に膨大な兵器を供給し続けたのがアメリカ経済でした。アメリカではすでに第一次大戦前からフォードシステムという新しい型の重工業生産力が形成されてきていた。非常に高度な大型の工芸製品である自動車を二〇〇〇〇に近い部品に分解し、この部品を精密な規格品として大量につくってベルトコンベアーで流しながら組立てるという新しい生産方法です。テーラーシステムを利用したフォーディズムといわれます。そういう工業は全部第一次大戦中に軍需産業に動員されていました。第一次大戦で登場した新しい兵器は、戦車、飛行機、機関銃、大砲、軍艦等で全て重化学工業製品です。それをアメリカ企業はフル操業で供給した。

ここでアメリカとヨーロッパとの貸借関係は逆転します。アメリカはこれらの軍用品を信用で売りますから、戦後膨大な貸付金をヨーロッパ諸国に対して持つことになります。アメリカは資本輸出国となり、イギリスもフランスもせっせと借金を返さざるを得なくなる。同時にアメリカ自身にとっての問題は、第一次大戦でそれだけ肥大化した生産力を平和時にも同じように消化していかなくてはならないという必要が生じたということです。

これに応えたのが、自動車を中心とした耐久消費財産業の発展です。もちろん自動車だけでなくプレハブ住宅などから電気製品、クリーナーやクーラー、冷蔵庫、テレビ、ラジオなども包含します。そういう耐久消費財産業を中心とした資本主義の生産力的発展がつくりだす社会は全く新しい構造をもちます。帝国主義段階では発展の主力は鉄道であって、この鉄道に鉄鋼を供給するための鉄鋼業と石炭業が基軸産業を形成しました。ところが第一次大戦以後アメリカで展開された生産様式では民衆の耐久消費財を資本が供給し、労働者はかなり高度な賃金支払いを受けて、耐久消費財の主要な消費者になるという新しい仕組みとなった。これをフォードは、レーニン主義に対抗するものとしてのフォーディズムと宣言したといわれます。

第一次大戦によって蓄積された膨大な資本と新興産業によって支えられた高い生産力を基礎にしながら、資本主義の生産力的中心はヨーロッパからアメリカへとシフトしていきます。そしてアメリカの膨大な資金が逆にヨーロッパ、特にドイツに貸し付けられることになる。ドイツはアメリカから流入した資金で膨大な賠償金を払い、賠償金はイギリスとフランスに渡り、イギリスはそれを基礎にしてようやくポンドの旧平価での本位制回復を成し遂げる。

これが一九二〇年代の相対的安定期といわれる時期の経済構造です。これをマルクス主義者は見誤ってしまった。つまり『帝国主義論』によれば資本主義は帝国主義段階で終末期を迎え、帝国主義戦争以後はそれ以前のように植民地を拡大し、蓄積を上昇させ、累積した過剰資本をさらに後進国や植民地に投下するという形での帝国主義的な発展はできないということになる。資本主義の発展は終ったのだから、それ以後は危機に次ぐ危機、つまり一般的危機の時代に入る以外にない。従って生産力が回復したとしてもそれは相対的・一時的な回復にすぎないと見たのです。

実際現象的にもある程度この考え方は裏付けられた。相対的安定期は短期間に崩れて二九年恐慌が爆発するわけですから。ところがそれ以後は、一般的危機論の図式どおりにはすすまなかった。まずアメリカではルーズベルトのニュー・ディール政策が出てきます。ここで、経済過程を規制する非常に重要な主体として国家が登場してくるのです。もちろん帝国主義段階でも国家は経済政策を展開しますが、その場合には金融資本が蓄積を進め、その帳尻を合わせるために支配的資本の要求に応じて政策を展開したのです。ところがニュー・ディールの場合にはもはや資本は経済を組織化する力を喪失し、国家が直接経済の組織化にのりだすのです。最近日本でも、系列化、独占化が野放しになっていることが問題にされ、日米構造協議では厳重な独占に対するチェックがアメリカから要求されている。アメリカでは一九世紀の終りから独占に対する強い規制が始まっているんですが、ルーズベルトのニュー・ディールにおいて非常に重要な政策の一つとなった。つまり集中が進行し、独占が支配することによって経済は非常にフレキシビリティーを欠いた構造になってしまう。これが大恐慌の一つの原因だから独占化を阻止し、自由競争を活発化させることによって、不況からの脱出を図ろうとしたのです。

さらにまた資本の力に対して労働組合を保護・育成し、労働組合の賃上げ圧力によって有効需要を喚起する。また農業部面にお金をばらまいて、過剰な農産物を買い上げ農民の所得をあげて農業不況を克服する。こうしてさまざまな面で国家が経済の主役として登場してくる。もちろんこれは国家による経済の組織化の一つのタイプであって、ファシズムや日本のような軍国主義的政策による経済活性化という別なタイプもあります。とくに日本の場合には軍需産業に傾斜することによって昭和の不況から急速に回復していくわけです。国家予算の大きな部分を軍事費に投下し、ファシズム政権の下で軍需景気を沸き立たせ、それを起動力にしながらアジア各地に侵出していくという形で景気復興策がとられた。国によってタイプは違いますが、何れも国家が経済の主役として登場してきたという点では同じです。ここで資本主義は帝国主義段階までとは全く性格が変わります。帝国主義段階とは違った構造を持つ資本主義になったのです。二〇年代にあらわれたフォーディズムとの関係でいえば、単にフォーディズム的蓄積で資本主義の景気を回復させるのには限界があった。財政支出を通して、高速道路を造り、過剰農産物を買いあげ、企業の産業基盤を整備するといったいくつかの面で国家政策と結びついたフォーディズムの発展によって景気が回復していった。もっとも三〇年代不況からの回復と第二次大戦へのなだれ込みとはオーバーラップしますから、資本主義世界の不況からの回復過程は、ヨーロッパでもアメリカでもすでに第二次大戦のための軍需産業が経済で主導権を握ってくる過程と結びつくことになるわけです。

第二次大戦は第一次大戦よりもさらに高度な総力戦でした。科学技術が第一次大戦を上回る規模で総動員され、レーダー、コンピューター、ナイロンのような新しい製品がつくりだされ、労働力が払底してきますから、オートメーション化が進行する。こういう第二次大戦の科学技術を総括して一九五五年に完成された自動車生産部門におけるデトロイト・オートメーションが戦後の生産力水準を規定することになります。戦後の日本資本主義の復興は自動車産業を主軸に進行しました。これはデトロイト・オートメーションで代表される新しい生産力水準の自動車産業の日本における移植・定着の過程とみてよい。もちろんこれは自動車だけでなく、例えば製鋼過程におけるストリップ・ミルやLD転炉への転換をはじめ、石油化学、電子工学などの導入も含みます。つまり第二次大戦でかさ上げされたアメリカ型生産力が世界に普及していく過程が、戦後の高度成長の内容を形成したわけです。

[3] 戦後経済の重工業化

戦前の日本経済は、基本的には米と繭の経済構造だった。だいたい五割の農民が米と生糸を作り、その生糸を輸出した代金で綿花を買い、これを加工して売り出すという軽工業資本主義が日本資本主義の基本構造でした。

重化学工業化の動向

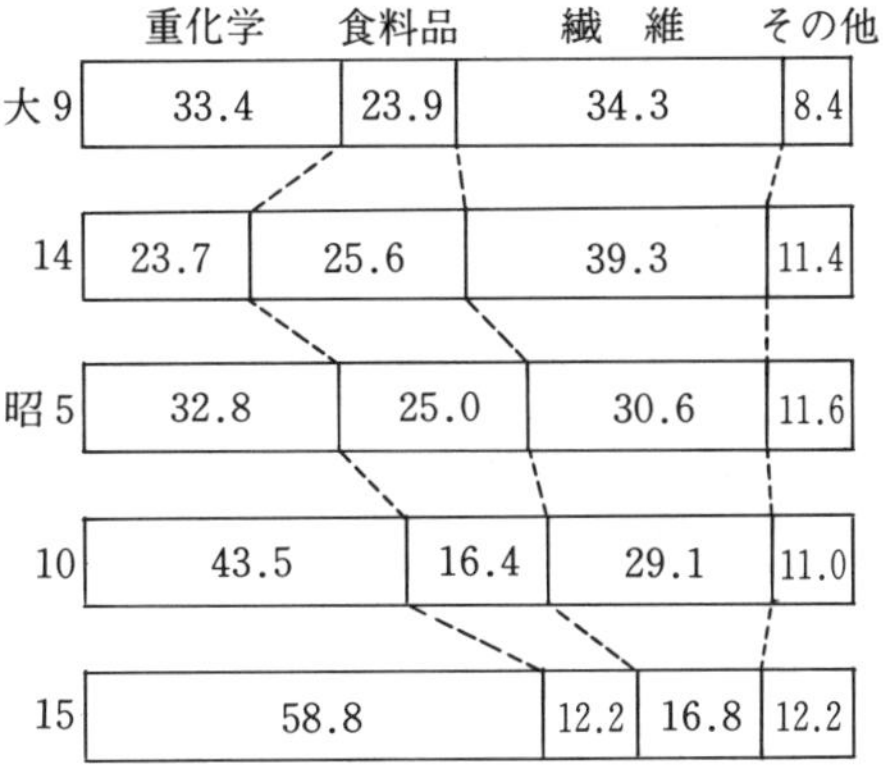

中村隆英『昭和経済史』19頁。

各種の生産指数（昭和12年：100）

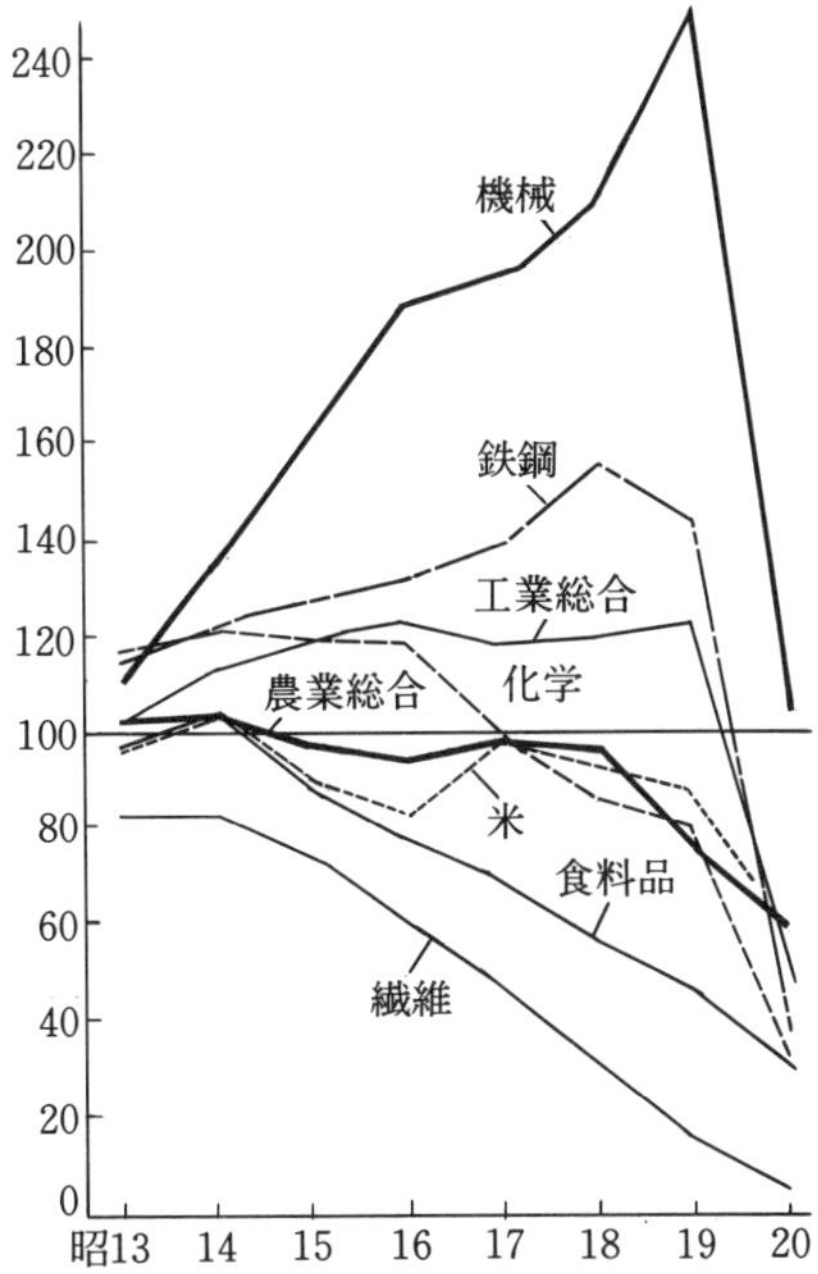

中村隆英『昭和経済史』143頁。

「重化学工業化の動向」というグラフを見てください。昭和五年ぐらいまではそれほど変化していませんが、昭和一〇年から一五年になると重化学工業が急速に増えてきて、食料品と繊維産業がぐっと縮小する。戦争によって日本は重化学工業化したということです。この戦争経済の結果を、第二次大戦後引き継ぐわけです。「各種の生産指数」のグラフでも同じことが出てきます。機械が激しい勢いで伸びていますが、これは軍需産業です。ところが食料品・繊維はガタ落ちになってくる。これが昭和二〇年までの戦争経済の構造です。戦争経済によって軽工業は壊滅的となり、重化学工業が主力になってきた。これを第二次大戦後受け取り、それによって戦後の日本経済の方向が決定される。日本の周辺では韓国や台湾など後進国が自立し、それらの後進諸国が資本主義化するには軽工業中心で始める以外ない。そういう国々では安い労働力を使って、今まで日本がやっていたように、すさまじい勢いで安い繊維製品をつくって海外市場に押出してくる。日本も戦後軽工業を復興させますが、たちまち安い後進国製品に圧倒されてしまった。従ってこれからは重化学工業化路線でなくては発展できないということがはっきりするわけです。

その重化学工業は現実にはアメリカ型重工業です。しかしこの段階では日本の指導部の方針はまだはっきりとしていなかった。朝鮮戦争のころまで、日本は、どんなに努力してもアメリカのような自動車産業を中心とした膨大な重化学工業生産力には太刀打ちできない。従って自動車を中心とした先進的な重化学工業はアメリカにまかせて、日本は旧来の鉄鋼・石炭を中心とした重化学工業で再建すべきだという主張が強かった。川崎製鉄が新鋭ストリップミルを導入してアメリカに追いつく姿勢を示したのに対して、一万田日銀総裁が怒って、川崎製鉄にペンペン草を生やしてやると言ったのは、その一例です。日本の自動車が世界に羽ばたくなどというのは幻想にすぎない、と当時の日本の指導者も考えていたのです。

そんな現実に火をつけたのは、農地改革を出発点とする新しい経済構造の展開ということになります。財閥解体、農地改革、労働の同権化、これは戦後の三大改革でした。財閥は解体され、株式は放出される。当時個人株主の持分は六〇パーセントを超えました。ところが今は日本は「法人資本主義」といわれ、株式の七〇パーセントは法人が握っている。個人株主の持分は二〇パーセントに落ちてしまいました。

ついで農地改革です。今まで小作をしていた人の手に農地が入りますから小作人は激減して自作農が急速に増え、したがって農業生産力が上がっていく。しかもヤミ米は非常に高く売れますから、農民の手に大量のお金が入ってきます。農民はまず軽トラック、三輪トラックを買ってさらに生産力を上げました。

日本の自動車産業は農業機器として始まるわけです。道路は悪く農道だから当然大きい車は入れない。したがって小型車で振動に強い車がつくられる。朝鮮戦争の進行とともに、日本経済は急速に復興し、日本もマイカー時代の幕開けとなりますが、この時のマイカーは実はトラックのエンジンに乗用車のボディーをかぶせたものから始まったのです。こうして小型車で、悪路に耐えて、燃費効率がよくて、頑丈だというのが日本の自動車の売り物になるわけです。

日本の小型車が石油ショック以後アメリカを席巻することになります。アメリカでは、大型車が石油をガブ呑みしながら走り廻っていますが、これは車がステイタスシンボルだからです。石油がべらぼうに安い時代は、それでも良かったのですが、石油ショックで石油が一挙に四倍になるとさすがに大型車の売れゆきにストップがかかり、小型車が売れるようになってくる。ドイツのフォルクス・ワーゲンや日本のトヨペットがどんどん入っていくことになります。

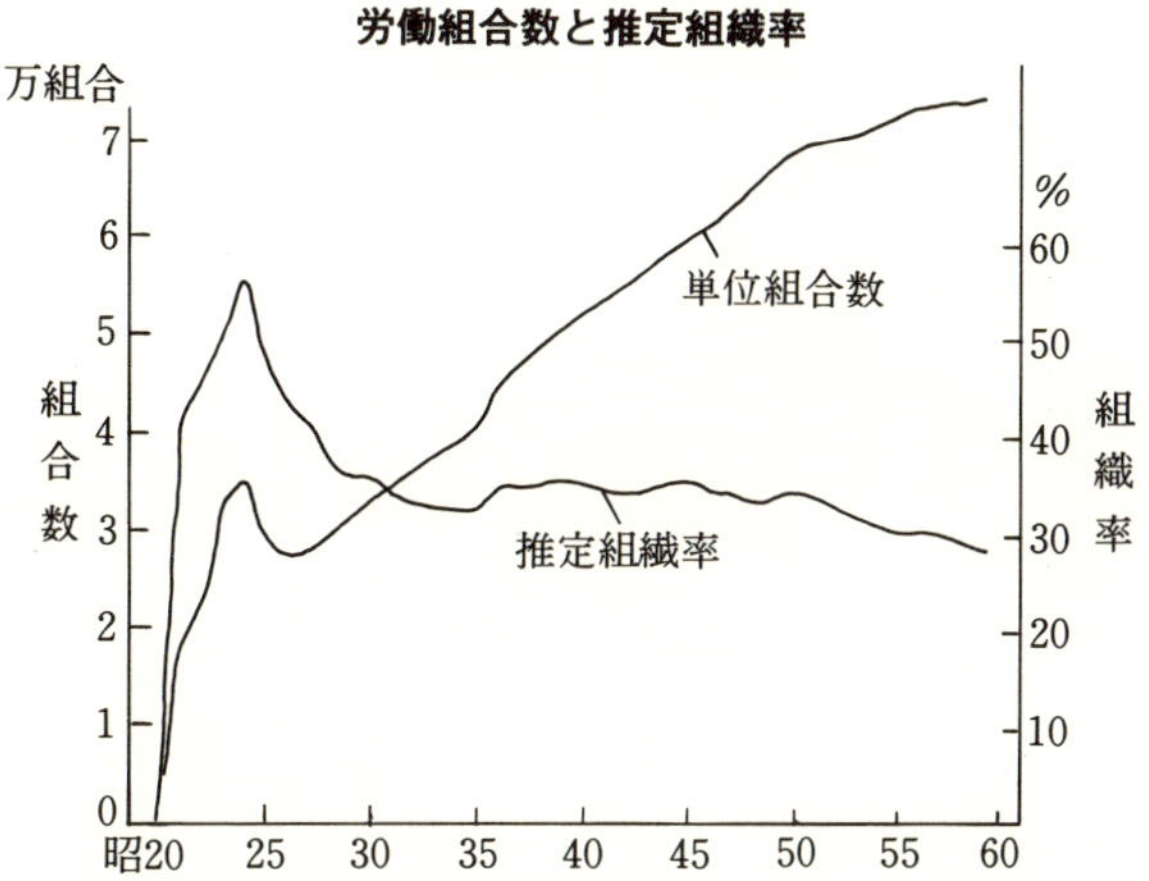

中村隆英『昭和経済史』172頁。

もう一つは労働の同権化です。労働三法がつくられ、労働組合が雨後の竹の子のように組織される。上のグラフの昭和二〇年から二五年の組合数と組織率が示すように、すさまじい勢いで急成長しています。ここで企業内組合という日本独自の性格が定着します。これは戦時中の産業報国会が労働組合へと急遽衣替えしたからだといわれています。そのへんま

労働民主化

だ議論はあるようですが、戦前は労働組合をつくることは違法でした。しかも昭和一二年以後、残った組合も全部潰されて、その代わりに産業報国会がつくられていく。総力戦ですから労働者を戦争に全面的に協力させなければならない。産業報国会は企業ごと、事業所ごとにつくられました。戦争が終わってこれが解体されたが、同時に労働三法がつくられて労働組合を組織しなければならなくなった。そうなると今までの産業報国会の看板をひっくりかえしてそこに労働組合と書けばいいということで一斉に各企業ごとに組合ができる。半年くらいの間

にほとんど出揃うわけです。だから産業別組合にも、職能別組合にもならない。日産なら日産、トヨタならトヨタで職員から現場の労働者まで全部入った労組ができてしまう。大学でもそうで、守衛さんから事務職員から教授に至るまで皆組合員という非常に奇妙な労組ができてしまう。こうして労組と企業とは一体化してしまう。企業が潰れたら組合も潰れますから、労組と企業とは運命共同体になる。欧米の組合は職種別に横断的な全国組織となるのが普通です。ですから一つの会社の中に組合がたくさんある。三〇ぐらいになることもあります。争議になると大変で、会社が一つの組合と妥結してもあとの組合とは闘争しているわけですから、なかなか闘争は終結しない。トレードユニオンというのはもともとそういうものです。日本の組合が異常であって、労組も結局企業の発展を第一の目標におくことになり、ここからさまざまな問題が出てきます。

さて五〇年代になると自動車中心の経済の再建という青写真が通産省を中心として描かれます。まず太平洋臨海コンビナートへの重工業の集中です。瀬戸内海から始まって太平洋岸に網の目のようにびっしりとコンビナートが造られる。日本の重化学工業のだいたい八〇パーセントがここに集中されてしまう。こういう構想は世界のどこの国にもなかった。海岸は民衆のレクリエーション、レジャーの場所であって、漁民にとっての生産現場です。それをたたき潰して、重化学工業地帯に転換させ、その重化学工業も石油化学工業の比重が大きいから、当然公害問題が出てきます。コンビナートは公害物資を垂れ流しますが、この段階ではまだ公害という言葉もありません。そのうちに「水俣で猫が踊り出した」といった描写が水上勉の小説などにあらわれてくる。これが六〇年頃です。しかし依然として公害物質は垂れ流しされますから、近海漁業は絶滅して、遠洋漁業以外に漁民の生きのびる方法はなくなります。

なぜこういう奇妙な産業構造になってきたかというと、第一に日本の資源・エネルギーを完全に外部に依存するという政策に由来します。この点で象徴的なのは石炭で、もともと日本にはあまり地下資源はないが石炭だけはあった。ところがこれは地下深く掘らねばならないためかなりコストが高い。それにモータリゼーションの主役は石油です。第二次大戦中に中東石油の大発見が続き、戦後一ドル石油時代をむかえます。

中東石油は第二次大戦まではイギリス、オランダ系資本が握っていた。特にイギリスで、「アラビアのロレンス」などでこれはよく知られている。この中東でアメリカ系の石油会社が次々と利権を奪取していった。セブンシスターズのうち五つはアメリカ系です。そこでメジャーが石油を握り、一バーレル一ドルの原油を売りまくることになります。一ドルというのはややオーバーな表現で、実際は一・五ドルぐらいでしたが、メジャーが手に入れる原油のコストはその一〇分の一ぐらいだった。一〇倍で売っても一ドル何十セント程度の石油を、第二次大戦で開発された一〇万トン、二〇万トンという大型タンカーで運びます。流通コストが激減するわけです。

アメリカのメジャーとしてはこれを世界中に使わせたいため、日本やヨーロッパ諸国にモータリゼイションを押しつけてくる。日本は原料・資源、特にエネルギーを石油に切り替え、大型タンカーで運び込まれる原油を買いこむ。これは太平洋臨海コンビナートに持ちこまれ、そこで加工されて重化学工業製品となり、それがまた大型タンカーで世界中に売り出されていくという構造となる。しかもそこでつくり出された産業廃棄物は空と海中に垂れ流しにすれば処理されてしまう。もくもくと工場から煙が出ているのは景気のいいシンボルだとみんな喜んでいた。これでは製品コストは著しく安くなるはずです。石炭などの自国の資源を使った方がむしろコスト高となってしまう。今日では世界中から一番安いものを選んで買って、大型タンカーで運び込んで、コンビナートで加工して売っていくというしくみが最も合理的な生産方法となる。これが現代日本資本主義の基本的な再生産サイクルであり、これこそ最も効率的な資本蓄積様式ということになりますが、ただそこに住んでいる人たちには自然環境を破壊するおそるべき生産様式ということになります。

[4] 労働力と資金

この新しい重工業による高度成長過程は膨大な労働力を必要としますが、それは解体しつつある農村が供給します。石炭と同じように農業も効率の悪い部門ということで潰されてゆきます。九州、四国、裏日本、東北、北海道などが急速に過疎化していく。戦後四五パーセントあった農業人口が一〇パーセントを割るまでに縮小し、しかも専業農家はさらにその二、三割くらいですから、純粋の農民は全国民のほとんど二～三パーセントになってしまったのです。農村は解体され、その人口は臨海コンビナートを中心とした都市に集中する。ここで見事に郡部に八割、都市に二割という戦前の人口比が逆転し、現在では都市に八割、郡部に二割という形になってしまいました。

そうなってくると人口過密の都市の地価は上がっていく。地価は絶対に下がらないという土地神話が形成されますから、土地は投機の対象となり、企業によって取得されてさらに上がってゆく。資本主義ならぬ地本主義の構造が確立するわけです。さて現代資本主義の特質は、新しい耐久消費財中心の重工業ですから、これは労働者の教育水準のかなりな上昇を要求します。戦前の場合は労働者のうち八割くらいが紡績工場の女工さんでした。ところが今日の重化学工業に吸収される労働者には技術を身につけるための理工的教養が要求されます。また製品は耐久消費財として大衆消費社会の中に押し込んでいかなければならないから、そのためにマスメディアによる広告や販売技術を必要とします。産業の流通への媒体としてのマスメディアが質・量ともに整備されてゆきます。出版業の大半は広告収入に依存しています。雑誌や週刊誌の収入源は広告が主です。立派なグラビアをふんだんに使った週刊誌が二〇〇円や二五〇円で売られていますが、一一二ページの月刊『フォーラム』はほとんど広告がないから八五〇円の定価をつけなければならない。マスメディアは大衆消費社会の媒体として発達し、そこがまた労働力を吸収する。大学の文科系の大半は、マスコミないしセールス部門に就職します。ですから文科系も理科系も高校までが普通教育となり、大学も出る必要が高まってきた。同世代の三〇パーセントから四〇パーセントが大学に行くことになると教育費が家計の中の大きな部分を占めてくることになります。

次の日本社会の特色は社会保障の決定的な貧困です。福祉国家とかいいますが、これは石油ショック以後のことで、それ以前は日本は福祉後進国でした。老後の生活の心配は自分でしなければならないし、都市に住んでいたら土地や住宅費はべらぼうに高い。そのうえ子供の教育費がかかるから、せっせと貯金しなければどうにもならない。だから日本の労働者の貯蓄率は年収の二二パーセントにまで上昇してしまった。今でも一五、六パーセントになっています。これは世界に冠たる水準です。この貯金は郵便局や銀行に集中する。郵便局に預金されたお金は大蔵省の資金運用部に集中されて、財政投融資として道路、港湾などインフラストラクチャーに投下され、産業基盤整備に使われる。他方、市中銀行に貯金されたお金は大銀行に集中され、系列融資という形で三井、三菱、住友といった系列の大企業に融資されていく。ですから戦後は一貫して低利子政策でした。市況に応じて利子が上がったり下がったりするわけでなく、低く抑えた利子率で集中された資金は重点的に大企業に配分され、大企業はそういう資金で土地を買いあさり、その土地を担保にしてさらにお金を借りるという日本型の信用構造ができあがります。

［5］企業グループの形成と技術の導入

高度成長の進行とともに、財閥解体によって行われた大独占企業の分散化がなし崩し的に元の木阿弥になっていく。株式の持合いの発展です。日本の金融資本、三井、三菱、住友などの財閥の中心には持株会社があった。財閥本家というのは持株会社でした。ところがこれは戦後法律で禁止されてしまった。したがって財閥系資本が再び結びつくために株の持合いが利用されたわけです。三井、三菱のグループの大企業が互いに株を持合うわけです。株を持合ってグループをつくって、再び財閥系資本の結合が復活しました。三井、三菱、住友のグループがその典型です。

これに対して戦後の新しい現象として銀行を中心とするグループがつくり出されます。第一勧銀、富士銀行を中心とした芙蓉、三和、この三つがその典型です。三和は関東に対して関西の大企業を集中したグループです。三井、三菱、住友、第一勧銀、芙蓉、三和この六大グループでは、それぞれ十数社から二〇社ぐらいの中心企業が社長会をつくって定期的に集まります。

三菱は系列二八社の会長、社長が「金曜会」をつくっています。三井は「二木会」、住友は「白水会」、芙蓉は「芙蓉会」、三和は「三水会」、第一勧銀は「三金会」を結成しています。これは秘密会で、グループの重要な問題が決定されていると見られます。奥村宏氏によると、各社長会では、グループ内部企業間の調整（例えば、合併や共同会社の設立など）、対外的活動（例えば他のグループや大企業との関係調整、グループ外企業の乗っ取りや系列化、対外進出、政治との関係など）、およびグループ企業の首脳人事などが決定されることになっています。もっとも橋本寿郎氏は、そんな重要事項は扱われていない。秘密会とされているのは、そこで一時期、グループ内企業への政治献金の割当が行われていたからだとしています。秘密会ですから社長会の中で本当に何が議論され、何が決定されているのかはわかりませんし、当の社長会の関係者は、世間話をする軽い集りにすぎないと繰返しています。しかし、日米構造協議で、社長会の会議内容を公表せよという要求が出たこともありますから、外部からは、そんな軽い集りだと見られていないことも事実です。現在はともかく、高度成長の展開期には、グループ内の関係や方向についてかなり重要な問題が討議されたのは事実だったのではないでしょうか。何れにしても、あれだけ徹底的に分割、解体された日本の財閥は、六〇年代にはいると、株式の持合いという新しいやり方で、みごとに再結集を実現し、銀行を中心とした新しい企業グループを加えて、六大企業集団が、日本経済の根幹を組織的に支配するようになったのです。社長会は、この企業集団化のシンボルにほかなりません。

この新しい企業集団の特色はだいたいどのグループも銀行と商社を二つの輪にして活動を展開していることで

す。もちろん銀行は全体の金融関係をコントロールし、商社は、世界中からの資源の輸入と製品の輸出を担当します。三井が全グループの中で比較的停滞しているというのは、三井銀行があまり活動的でないからです。三井グループの場合には三井物産と三井不動産がグループの中心になっていて、金融と重工業に弱いから三菱や住友に活動性、発展力では及ばないんだとされています。そういう意味でそれぞれのグループに性格の違いはあります。

それから最後の特徴は、技術の問題です。第二次大戦の結果、もちろん日本でも技術の発展はありました。よくゼロ戦などが日本の技術の成果としてあげられますが、レーダー、コンピューター、石油化学などを考えれば、一目瞭然なように科学技術は著しく遅れてしまいました。戦後初めて出た「科学技術白書」によると欧米との技術の発展度は三〇年ぐらい遅れてしまったと報告されています。その意味で科学技術という面では日本は欧米のそれにもはや簡単には追いつけなくなったのです。ではどうしたか。お金を出して欧米の発展した技術を買うということが日本企業の一般的やり方になります。特に基礎技術はお金をかけて非常に長い時間をかけないと成果は上がりませんから、この部面はほとんどほうり出されます。出来上がった技術を買ってきて応用面で加工する。特に製品の日常生活と結びついたところでいろんな工夫をこらして加工しますが、基本的な技術はすべてパテント料を支払って買ってくる。

日本の冷蔵庫にはいくつも扉があってちっぽけな付属品がたくさん付いています。日本の発明や技術はそういうもので、基本的な技術は何もないといわれます。よく揶揄的に日本の三大発明は電気コタツと電気釜と布団乾燥機だなどと言われますが、実態もそれに遠くはないでしょう。実際今でも、すぐ実用化され金になる技術の開発は盛んですが、基礎技術へのお金の投下は著しく貧寒です。

戦後経済年表

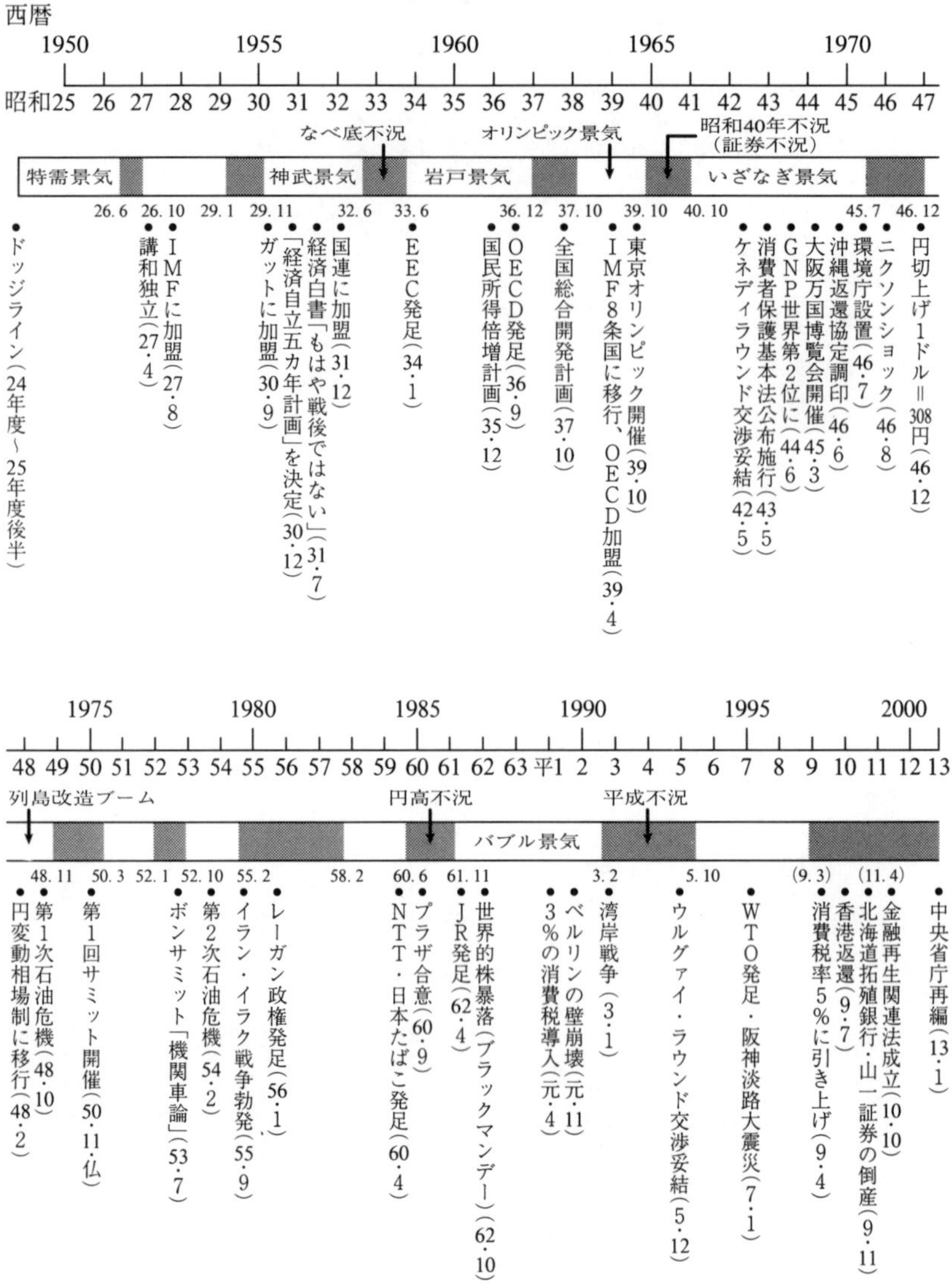
西暦
1950 1955 1960 1965 1970
昭和25 26 27 28 29 30 31 32 33 34 35 36 37 38 39 40 41 42 43 44 45 46 47
なべ底不況
オリンピック景気
昭和40年不況
（証券不況）
特需景気
神武景気
岩戸景気
いざなぎ景気
26. 6 26. 10 29. 1 29. 11 32. 6 33. 6 36. 12 37. 10 39. 10 40. 10 45. 7 46. 12
ドッジライン（24年度～25年度後半）
講和独立（27・4）
IMFに加盟（27・8）
ガットに加盟（30・9）
「経済自立五カ年計画」を決定（30・12）
経済白書「もはや戦後ではない」（31・7）
国連に加盟（31・12）
EEC発足（34・1）
国民所得倍増計画（35・12）
OECD発足（36・9）
全国総合開発計画（37・10）
IMF8条国に移行、OECD加盟（39・4）
東京オリンピック開催（39・10）
ケネディラウンド交渉妥結（42・5）
消費者保護基本法公布施行（43・5）
GNP世界第2位に（44・6）
大阪万国博覧会開催（45・3）
沖縄返還協定調印（46・6）
環境庁設置（46・7）
ニクソンショック（46・8）
円切上げ1ドル＝308円（46・12）
1975 1980 1985 1990 1995 2000
48 49 50 51 52 53 54 55 56 57 58 59 60 61 62 63 平1 2 3 4 5 6 7 8 9 10 11 12 13
列島改造ブーム
円高不況
平成不況
バブル景気
48. 11 50. 3 52. 1 52. 10 55. 2 58. 2 60. 6 61. 11 3. 2 5. 10 (9. 3) (11. 4)
円変動相場制に移行（48・2）
第1次石油危機（48・10）
第1回サミット開催（50・11・仏）
ボンサミット「機関車論」（53・7）
第2次石油危機（54・2）
イラン・イラク戦争勃発（55・9）
レーガン政権発足（56・1）
NTT・日本たばこ発足（60・4）
プラザ合意（60・9）
JR発足（62・4）
世界的株暴落（ブラックマンデー）（62・10）
3％の消費税導入（元・4）
ベルリンの壁崩壊（元・11）
湾岸戦争（3・1）
ウルグァイ・ラウンド交渉妥結（5・12）
WTO発足・阪神淡路大震災（7・1）
消費税率5％に引き上げ（9・4）
香港返還（9・7）
北海道拓殖銀行・山一証券の倒産（9・11）
金融再生関連法成立（10・10）
中央省庁再編（13・1）

（注）1. 各景気の名称は正式なものではなく通称を付したものである。
2. 斜線部分は景気後退期を示す。

経済企画庁調査局『経済要覧』2001年版より

[6] 高度成長から低成長へ

さてこのように日本資本主義が戦後急速に回復してきた契機として朝鮮戦争とベトナム戦争があります。回復の出発点は朝鮮戦争でした。当時これを人びとは神風といいましたが、実際あの日産さえも争議で会社が潰れる寸前だったのです。一九五〇年七月から四年間の「特需」は二三億七〇〇〇万ドルをこえ、同期間のドル貿易の入超一九億四五〇〇万ドルを埋め合わせて、さらに日本のドル保有高を増やしたのです。さらに戦争は「特需」以外にも、輸出の急増を招き、五〇年下半期の輸出額は前年の三倍にはね上がりました。ベトナム戦争では、直接の需要よりもこの戦争でアメリカの企業が軍需産業に急速にシフトしていく間に、アメリカの一般日常生活に必要な重化学工業製品市場に、日本が喰いこんでいったことが重要です。つまりアメリカを主要市場とした日本経済の外需依存体質が形成されてくるのがこの時期なのです。

高度成長は一九五五年から一九七三年までですが、その大まかな外観は前ページの「主要経済指標の推移」を見てください。これは経済企画庁で出している『経済要覧』に収録されている年表ですが、GNP成長率では、ほぼ一〇パーセント前後の成長が昭和三〇年から石油危機ごろまで続いています。これが高度成長です。低い時で七～八パーセント、高いときは一三～一四パーセントぐらいにまでなりますが、これが二〇年近く続くというのは歴史上かつてない珍しい現象です。この期間に雇用は急速に伸びている。しかも消費者物価の上昇は、これはクリーピング・インフレーションといわれていますが、四、五パーセントにとどまっています。成長率が一〇パーセント前後で、インフレは四、五パーセントというのは、現代資本主義としては理想的な発展過程として評価されます。これが高度成長の基本的な構造です。

この成長が石油危機でガクッと落ちます。この石油危機の前に変動相場制への移行があります。六〇年代後半からアメリカは戦後世界を支えたドル支配体制を維持できなくなり、ドル危機が頻発しますが、七一年八月一五日、ドルと金とのリンクを断ちます。いわゆるニクソンショックです。このときからアメリカは、ドルの金兌換の責任を負わなくなったのですから、ドルを輪転機で印刷して世界中にばらまくことになり、ドルの価値は急速に下落してくる。それに対するリアクションとして石油危機が起こります。減価するドルを大量に蓄積して最も被害をうけたのはOPEC諸国ですから、OPECは石油を一挙に四倍に値上げしてしまう。これによって安い石油を基礎にしてアメリカ型の重化学工業を日本や西ドイツなどに移植し、発展させてゆくという、高度成長の時期は終ったのです。石油危機後、消費者物価は二五パーセントぐらいまで暴騰し、労働者の賃金も三〇数パーセント引き上げられ、以後日本経済も世界経済も低成長に入ります。

低成長に入りますと、それまでとは違った経済現象が起こります。

七三年の経済成長は実質マイナス〇・二パーセントと戦後初のマイナス成長となります。七五年もほとんどゼロ成長でして、鉱工業生産は七三年一一月から七五年二月までの間に二〇・六パーセントも低下したのです。しかも消費者物価は七三年から七四年にかけて、二〇パーセントを上まわる上昇をつづけたのですから、ここに不況と物価上昇が併存するスタグフレーションという奇妙な現象が日本経済を支配することになりました。経済活動が停滞すれば、失業者が増え、有効需要が減って物価が下落するというのが経済の常識であり、ケインズ経済学もそれを前提として、不況の際には、赤字財政によって政府のお金を公共事業や失業救済、過剰農産物の買いつけや福祉政策などに使い、景気が回復してくると増大した税収入によって赤字財政を埋めるというフィスカル・ポリシーを主張しえたのです。

スタグフレーションは、この経済の仕組みが根本的に変わったことを表現しているのですから、このような経済構造になるとケインズ政策も効果がなくなるのは当然のことです。この頃から、近代経済学の内部でも、ケインズ経済学の権威の失墜が宣言され、マネタリズムやサプライサイドエコノミーなど、反ケインズ的な新しい経済学の簇生をみることになります。

日本でも、七四年頃から不況の影響で法人税、所得税を中心に税収が激しい落込みをみせ、七五年度には歳入不足問題が深刻化したため、財政法で禁止されていた赤字国債の発行を認める特例法を成立させてしまいました。これによって、戦後まがりなりにも維持されてきた均衡財政が崩壊し、以後不況の長期化とともに、赤字国債の発行額と財政の国債依存率は雪ダルマ式に大きくなっていきます。

三木内閣から福田内閣へ政権が移ると、ますます深まる構造不況の中で、「福祉元年」と称して、政府資金をバラまき福祉に使いだしましたから、財政赤字はさらに累積し、後年の財政危機の萌芽は着実に成長していきました。

[7] ME化の進展

そこへイラン革命に端を発した石油需給の逼迫とOPECの値上げ攻勢――第二次石油危機が襲うことになります。一九七九年の一年間で原油価格は二倍以上となり、三〇ドル原油時代にはいったのです。ここで日本資本主義がとった対策は、徹底的なME化による生産性上昇と合理化でした。マイクロ・エレクトロニクスとは、大規模集積回路（LSI）を中心とする微細素子技術の分野を指します。コンピューターに代表される電子機器が急速に小型化してゆきますから、この小さなコンピューターを機械と連動させて、オートメ化を極度にすすめることができます。熟練労働をコンピューター・ソフトに移してしまえば、機械は自動的に熟練労働者と同じ作業をしますから、労働力は極度に節約され、しかも生産性は上がります。高度成長末期にはNC工作機械、第一次石油ショック後にはロボットが普及しますが、第二次石油ショック後は、NC工作機械やロボットをコンピューターと通信回路で結び、工場全体を省力的システム化することになります。高度成長期の少品種大量生産に対して、このME化の時期には多品種少量生産が可能となったのです。電気機器、自動車、精密機械、一般工場などではFMSやFAのシステムが普及し、労働生産性は大幅に上昇した。しかしこのME化は、これまでの機械設備を前提として、徹底的に合理化をすすめる方法だから、生産性の上昇に対して労働力は相対的に過剰となります。したがって実質労賃はほとんど上昇せず、春闘はつねに敗北をつづけます。その結果、資本は巨額の利潤を獲得して、自己資本比率を高め、銀行への依存体質から脱却してしまいます。この過程で、労働分配率は下りつづけ、ついに先進国では最低の労働分配率、最長の年間労働時間に達します。これがME化による生産性向上がもたらした重要な帰結だったのです。

ME化による合理化をとおして、日本企業の生産力は上がりながら、労賃コストは安くなったから、内需はあまり拡大せず、外需依存型になった。特に市場を拡げていったのはアメリカで、自動車、鉄鋼、電器などの部面ではアメリカが全輸出量の半分以上を吸収してしまうようになりました。

しばらく前金丸信が「アメリカあっての日本であって、日本あってのアメリカではない」と言い放ちましたが、この認識は非常に正確です。日本の基幹産業の製品は大部分アメリカ市場に吸収されることによって成立してますから、アメリカとの関係が断たれたら日本の基幹産業は崩壊し、経済は総崩れになる、それでいいのかと金丸は国民を恫喝しているわけです。これと比較したらコメ市場の開放くらいたいしたことではないだろうというのです。これは正確な日米関係の見取り図です。この構造は一九七〇年代後半から八五年頃までの低成長期に形成されたのです。当時政府の財政赤字が累積してくることと、経済がアメリカ依存型になってくることとがパラレルに進んだのです。

八〇年代の後半になってきますと、円高構造になります。八五年のプラザ合意でレーガンの政策が転換しドルがじり安になってきたからです。円高不況が騒がれたが、実際はそうひどい不況にはならなかった。というのはここで日本の資本主義がさらに巨額の利潤を蓄積することが可能となったからです。このころ先進諸国の省エネ投資がすすみ石油はだぶついてきますから急速に価格が安くなってきましたが、円高ですからそれを円で買うとさらに安くなる。石油を始めとする外国から買う商品の価格が急速に落ちてくるということは、資本にとっては商品の生産コストが落ちてくるということです。この円高によってつくりだされた利益の八割くらいを資本が握ってしまい、ほとんど消費者に還元されませんでした。原油安、円高のメリットはほとんど資本によって吸収されてしまったということです。

ところが労働者の実質賃金は上がっていかないから国内市場はあまり大きくならない。したがって投資が急速に拡大していく構造を持ちえない、しかも資本には大量の資金がたまってくる。こうして資金の投機的運用が必然的となります。すなわち財テクです。差し当たりその対象になったのは土地と株でした。この頃から東京の二三区の土地の価格がものすごい勢いで噴き上げる。原因の一つはＭＥ化による世界の情報化の進展です。情報化によって世界の都市は緊密に結びつきますから、特に東京は産業の基地であるのと同時に金融・情報の中心地になってきます。東京市場で売買される株の量がニューヨークやロンドン市場のそれを上廻るということがたびたび生じます。当然世界中の企業や金融機関が支店・支局を東京に作ることになります。こうして東京の都心における土地あるいは事務所への需要は急増し、それらの価格はものすごい勢いで上がっていきます。これがひき金となって土地投機が東京から他の大都市へ、さらに地方へと拡がってゆきました。

[8] 経済大国・生活貧国のしくみ

これは日本の税制に関係することですが、我々の払う所得税は所得に掛かり、所得の増大とともにその率は累進していきます。ところが法人税は利益に掛かります。売り上げがどれだけあってもコストが大きくて赤字だということになったら法人税は基本的に掛かりません。企業はこれを利用します。どうするかというと、手に入れた利潤で土地を買い、その土地を担保にして借金すればいい。土地が担保だったら日本の銀行はいくらでも金を貸してくれます。七掛けとか八掛けとかいっていますが、実際には一二〇パーセントぐらい貸してくれる。その貸付金に対する利子は企業にとっては赤字です。その赤字が利潤を食いつぶしてしまったら法人税は全く払わなくていい。こうして企業の所有する土地はどんどん増えていくことになります。

これこそ西武の経営戦略です。西武は日本の企業の中で売り上げに較べて一番税金を払わない企業だといわれています。ほとんど税金を払っていないといっていいでしょう。その代わり所有する土地はものすごい量で、日本の国土は天皇が支配しているんじゃなくて、西武が支配しているといわれるほどです。だから堤某はつねに世界の金持ちの二位か三位に登場します。

こういう仕組みで企業に土地が集中し、ますます地価は上がる。そのため土地を購入しようとする庶民はせっせと貯金にはげむ。世界一高い貯蓄率は下がることはない。その貯蓄された資金は、大銀行をとおして、系列企業に融資され、企業はますます巨大化する。日本の資本主義にとって非常に合理的な循環構造です。結果として世界に冠たる経済大国・生活貧国が成立するわけです。経済大国・生活貧国は矛盾だといわれますが、決して矛盾じゃない。庶民の生活が貧しいから企業が大きくなり、経済が肥大化するから庶民の生活は貧しい。これは矛盾ではなくて資本にとっては合理的な社会構造です。企業と経済のあまり大きくない国、デンマーク、ノルウェー、スウェーデンなどでは庶民の生活は豊かです。これらの国では、普通の庶民は一五〇坪くらいの家を年収の三倍から四倍で三〇歳から四〇歳の間に購入することができます。年収の一〇倍を出してもマンションも変えないというのは日本しかない。だから経済が発達し企業は肥大化したのです。経済大国となるのに反比例して庶民の生活は貧しくなっていく。これこそ資本主義経済としてはきちんとつじつまが合った合理的な構造です。その構造が戦後半世紀、高度成長とハイテク化をとおして、ゆらぎなく定着したということです。

なぜ日本の株と土地の価格は、他に例をみないような上昇をとげたのか。日本の株の八割は法人の持合いと機関投資家の所有で、個人株主の所有は二割にすぎません。ですからちょっと集中的な買いを入れると激しく価格が騰貴する。株価操作がやりやすいわけです。価格が騰貴したところで売って逃げるということを繰り返す。証券会社と大企業が癒着しているのは当たり前のことで、その癒着の構造を通して日本資本主義が発展しているわけです。

この土地と株のバブルの構造がはじけたというのが現段階です。そして資本主義世界は同時不況の色を濃くし、対極の社会主義世界の経済的危機もますます深刻化しつつあります。一九八五年から、資本主義世界はドル安、低金利、バブルの時代にはいりましたが、社会主義世界の解体も、この時から始まりました。

重化学工業（といっても石炭、鉄、鉄道を中心とする前段階の重化学工業）の段階は社会主義国もクリアしてきました。しかしそれがさらに大衆消費社会に移行し、かつＭＥ化、情報化が加わってくる段階には対応できなくなってきました。もはや高度消費社会の経済を中央集権的官僚機構でコントロールすることはできなくなってきた。しかも強権的支配が崩壊したあとそれをどう再建するかという点ではまだ全く無方針です。資本主義国のサミットをとおして最低の金融援助をうけながら、年率一〇〇パーセントをこえるハイパーインフレと膨大な財政赤字の中であえいでいます。冷戦体制の一方の極が経済的に潰れるのとパラレルに対極のアメリカ経済も構造的危機に陥っています。双子の赤字の解決のメドがつかないばかりか、むしろ現在でも国際収支赤字と財政赤字は急速に増えつつあります。湾岸戦争でちょっと息をつきましたが、これは一時的な現象でした。しかもアメリカ経済の基本的な構造、鉄鋼から始まって自動車からハイテクに至るまでのほとんどの部門で生産力的停滞が進行し、従ってアメリカの資本は急速に外部に流出する空洞化現象が激しくなっています。

経済が停滞し、空洞化すればするほど、アメリカは政治的・軍事的な支配力だけは維持しつづけなければならないという要求を強化します。具体的には軍事的テクノロジー、ミリテクをアメリカが握りしめてこれを武器に世界政治をコントロールしなければならないという要求はますます強くなってきている。しかし戦後の高度成長を支えた資本主義経済の統合はもはや解体されています。アメリカとカナダ・メキシコを統合した経済圏、それからＥＣを中心とした経済圏、日本を中心としたアジアの経済圏という形で地域統合が進んできていますが、必ずしもそれが、世界経済のブロック化へ進むかどうかはよく分からない。とくにアジア経済圏の統合は困難です。

いずれにしてもこれまでのような世界経済の統合は失われてきているのは事実です。

以上が第二次大戦後から現在に至るまでの日本経済の大まかな見取り図です。まず自動車産業の発展を中心とした高度成長がその前半でした。それが限界に達しＭＥ化や情報化をとおして、大衆消費社会をさらに多品種少量生産でかさ上げしてきたというのが大きな押さえ方です。その中で株、土地、ハイテク、対外関係、軍事などがどうなっているのかということを、次に各論的に見てゆきましょう。

第4章

財閥から企業集団と系列化へ

——法人資本主義の構造

［1］資本の歴史的形態変化

日本の独占組織と、帝国主義的な経済発展の基礎に財閥があるということはよくいわれてきました。それは事実でしょうが、ただ財閥が独占的な組織や帝国主義的な発展に対してどういう役割を担っていたかという点ではいろんな説があり、統一した理解に達しているとはいい難い。戦後は財閥解体があり、財閥そのものはなくなったといっていいと思います。しかし寡占体制、独占体制、あるいは系列化はかえって強まっています。「系列」という言葉は英語になっているくらいで、日本経済を理解するキー概念となっています。奥村宏氏は現代日本経済の特質を法人資本主義という概念で表現し、これはかなり市民権を得ています。法人資本主義という見方で日本の現代の資本支配のかなり重要な面をえぐっているからでしょう。日本のビッグビジネスを、戦前の財閥支配から戦後の法人資本主義へという転換においてとらえ、その「系列」支配の特徴を明らかにするというのが今回のテーマとなります。

まずマルクス経済学では、資本主義の歴史的な発展と対応した資本の形態規定はどのように考えられてきたかということですが、『資本論』の場合は資本形態の変化という考え方は明確ではありません。『資本論』では「資本」と「産業資本」とがほとんど同義語として使われています。「歴史的には、資本は、土地所有に対して……商人資本および高利資本として相対する」と言いますが、この商人資本および高利資本と産業資本の支配下に出現する商業資本や貸付資本との区別が必ずしも明確ではないのです。宇野理論では、商人資本というのは資本主義が成立する以前の資本の支配形態で、例えば江戸時代、あるいはオランダ、スペイン、ポルトガルなどの一七、八世紀の資本は商人資本だという言い方をし、それに対して資本主義が確立したあとの商業部門を担当する資本のことを商業資本として、これと区別して規定しています。

しかしこれは宇野弘蔵が言い出したことで、マルクスではその区別は明確ではないんです。マルクスの場合には、資本主義以前の資本を商人資本としているんですが、資本主義が成立した段階でいわゆる生産過程を受け持つ資本に対して流通過程を専門に受け持つ資本を商業資本として区別しているかというと必ずしもそうではなく、それを商人資本といったり、あるいは商品取扱資本といったりいろんな言い方をします。ですからマルクスの場合には歴史的発展に対する資本形態の変化という把え方はない、あるいは著しく稀薄だといっていいと思うんです。

また資本主義以前にお金を貸し付けて高い利息を取って利潤を上げていく資本があり、それを高利貸資本といいます。これに対して資本主義社会の中でも利子を取る資本が出てくる。銀行です。利子をとるという点では共通な、この二つの資本を、概念としてどう区別するかという点でも、マルクスは必ずしも明確ではない。どうもマルクスの場合は資本主義が成熟してくると、商人資本とか高利貸資本、あるいは貨幣取扱資本というような資本が、産業資本を中心としながら配置されて資本の社会的支配システムを完成させると考えているようですが、資本主義が確立する以前の資本と確立後の資本とでは質的な違いがあるかどうかという点では、必ずしもはっきりしない。それがマルクスの考え方です。

それに対してレーニンが『帝国主義論』で展開した方法の特徴は、資本の形態が資本主義の歴史的な発展にしたがって変わってくるという点をはっきりさせたことです。資本主義が自由主義的な発展を遂げていく時の資本の形態は産業資本であり、歴史的にいえばだいたい一九世紀にあたる。それに対して一九世紀の末葉から資本主義は変質し、自由競争から独占へと転換した。マルクスが生きていた段階の資本主義は自由競争を運動のメカニズムの基本的性質にした。ところが一九世紀末から二〇世紀にかけての資本主義は独占を基本的特質とするようになる。自由競争と独占とは対立する概念です。ですからこれによって資本主義は全く違ったものに変質したと考える。この変質に応じて金融資本という概念が登場する。これはヒルファーディングがつくり出した概念です。自由競争の産業部門の独占資本と融合している少数の巨大銀行の銀行資本、これを金融資本と規定しています。

結果、産業の側でも独占ができ、銀行の側でも独占ができ、その独占された産業部分と独占された金融部分とが融合しているのが金融資本だという理解でしょう。この金融資本は経済に対する独占組織をつくりだし、この独占体は手に入れた過剰資本を海外投資にふりむける。こうして帝国主義段階には、先進資本主義国の投資領域確保のための争いが激化し、後進地域を従属国化し、植民地化するという傾向が強まる。資本主義世界は、自由競争時代から独占と帝国主義の時代へと変わってゆくのです。これは資本主義の歴史的発展とともに資本の性格が全く違ってきたことを意味する。明らかにレーニンは、マルクスの場合とは違って経済が歴史的に発展していくのに応じてこの経済を支配する資本自身の性格も変わってきている、ということをはっきりさせたのです。

マルクスの場合にはこういう視点はなかった。『資本論』では株式会社についても触れますが、しかし株式会社の理論的解明は行っておりません。もしも、資本主義社会で、個人企業に代って株式会社がふえてくると自由競争は大きく制約されます。自由競争が制約されてくるとすれば価値法則もその支配を大きくゆがめられることになる。価値法則は資本の自由競争の上に成り立っています。株式会社が支配的となった社会では資本主義の基本法則は価値法則だといった命題もそのままではとおらなくなってくるわけです。ですからマルクスは、株式会社については、ある意味で歯止めをかけてそれ以上議論をしない。もっとも歴史的な事実との対応関係がありまして、マルクスが死んだ一八八〇年代の初期では、株式会社はまだそれほど支配的ではなく、個人資本の自由競争が基本的には支配していた。八〇年代から九〇年代をへて二〇世紀に入る過程でアメリカやドイツで独占の問題が非常にやかましく議論されるようになった。その意味ではマルクスの時代はまだ歴史的に見て、株式資本を理論的に扱う段階ではなかったといっていいかもしれません。しかしマルクス自身に資本主義が歴史的に発展していく過程で資本自身も形態変化が起こってくるという考え方は基本的にはなかったという点は押さえておいたほうがいいと思います。

レーニンの場合には競争から独占への歴史過程の発展とともに産業資本から金融資本への形態変化が起こると

された。しかしそのレーニンの場合も、ではその前、つまり産業資本が確立する前はどうだったかという点ははっきりしない。この問題に対して方法的に整理を与えたのは宇野弘蔵が初めてだろうと思います。資本主義が確立する以前の資本は商人資本として押さえる。ここで商人資本と商業資本の違いがはっきりする。産業資本が支配するようになると、商人資本はだんだんわきに追いやられて、結局産業資本の販売部門を専門的に受け持つ形で商業資本が登場する。この商業資本は産業資本に対立する資本ではなく、産業資本の亜種形態、その一部分の独立形態になっている。同じG—W—G′でも資本の役割が変わるのだから名称も変えなければならないということで商業資本といっているわけです。こうして宇野の場合には商人資本と商業資本は全然違うのですが、マルクスにはそういう区別は全くない。その点は注意していただきたいと思います。

つまり、宇野は、自由競争時代の産業資本に対して帝国主義時代の金融資本という区別だけでは歴史を整理する上で不足だと考えた。これに対して産業資本が確立する以前をどうすべきかという問題が出てきてこれを商人資本概念によって解決した。大塚久雄氏の場合はそれを前期的資本というかたちで区別しています。しかし前期的というときは、単に産業資本の前というだけではなくて、ある種の価値判断を含んでいます。つまり産業資本が資本主義の基本的な性格を全面的に体現しているのに対して、それ以前の商人資本はたんに未成熟だというだけではなく、産業資本と対立する性格をもつということです。実際大塚氏の理論からいうと、前期的資本はそれ自身では産業資本になりえないという含意をもっているわけです。では何が産業資本になるかというと、それは例の中産的生産者層ということになる。資本主義確立以前の商人資本はむしろ反動的な階級として没落し、産業資本たりえない。そういう文脈で資本主義以前の前期的資本という概念が出てくるのです。

[2] 金融資本の二類型

宇野理論に戻ります。資本主義が確立すると産業資本が支配することになる。これはマルクスの場合と同じです。資本主義が一九世紀末から二〇世紀にかけて変質していき、支配的資本は金融資本になります。これはレーニンやヒルファーディングと同じです。ただしそこに重要な違いが出てくる。宇野理論では金融資本は「消極型」と「積極型」の二類型に分かれます。金融資本になってくるとタイプ分けも一筋縄ではいかなくなってくるというのです。レーニンの場合は金融資本になると同時に独占資本になるわけです。産業も独占、金融も独占が支配し、それが、癒着する。これが独占資本の構造です。これはヒルファーディングでも同じです。だがそういう考え方では帝国主義時代の歴史によく理解できない面が出てくる。どういう点かというと、生産過程も、金融も独占化され、その独占同士が癒着して金融寡頭制ができて、帝国主義的侵略の基礎になるというのは、現実にはドイツで起こった現象です。逆にいうと新興ドイツに対して、まだ資本主義的な覇権を維持していたイギリスでは生産過程や金融における独占はなかなか起こりにくかった。第二次大戦後メイド・イン・ジャパンというのは最初は品質の悪い商品の代名詞だったんですが、六、七〇年代にかけてメイド・イン・ジャパンはむしろ品質の良さをあらわすことになり、それによって強力に世界市場へ進出していくわけですが、それと同じことが一九世紀末期に起こりました。もともとメイド・イン・ジャマニーというのは品質の悪さを表わしていたんですが、それが一九世紀末から二〇世紀になってくるとむしろ品質が良くて安い商品を指すことになり、イギリスの国内市場がメイド・イン・ジャマニーの商品にどんどん荒らされていき、これが大変な社会問題になった。この頃からイギリス資本主義は七つの海を支配する世界の覇者という位置から急速に脱落していきます。そして海外にお金を貸して利子を取って、それで生活するという保守的資本主義に変わります。生産過程では重工業の独占化はなかなか起こらない。だから重工業自身がドイツやアメリカと競争して敗退していく。ようやく軽工業で経済力を維持しながら、しかし資本の重要な運動の場は海外投資に変わってくる。これを利子寄食者型国家といいます。この場合には資本主義は退廃的となり、腐朽化の傾向を強めます。この二つの類型がヒルファーディングやレーニンの場合区別されず、ごっちゃになっているわけです。

レーニンの場合には、独占をとおして重化学工業が組織化されつつ生産力が上がっていくという説明と、同時に帝国主義段階になると生産力が停滞して利子寄食者的となって腐朽化して退廃してくるという面とがごっちゃになっている。それは現実とあわない。実際ドイツ資本主義は一九世紀末から二〇世紀にかけて資本主義が始まって以来というような高度成長の時代に入る。鉄鋼や石炭という部面で独占組織をつくりながら、生産力を急速に上げてゆきます。ドイツは一八七〇年代まではまだ二流の資本主義国でした。七〇年前後はドイツ国内の統一もできておらず、ようやく関税同盟をつくるのですから非常な後進国です。それが八〇年代、九〇年代となると品質の良さ、コストの低さでイギリス資本主義をしのぐ重工業国となります。それに対してそれまで世界を支配していたイギリスは生産力を停滞させ、フランスやオランダと並ぶような利子寄食者国家になる。つまり帝国主義時代にはいると必ずしも先進諸国はどこも同じ構造になってくるというのではない。それまで後進国であったドイツでは、むしろ株式会社形式をとおして銀行と産業の癒着を実現し、それを利用しながら重工業的生産力を急速に伸ばしていく。ある意味ではアメリカでも同じ事態が展開されました。それに対して先進資本主義国、イギリスやフランスは生産力的にはそれらの国に敗退しながら急速に利子寄食者国家となり、腐朽化していった。このように帝国主義段階の金融資本は実はレーニンやヒルファーディングが考えていたように一義的に規定できず、むしろドイツ型とイギリス型という形で整理したほうが現実を解明できる。この積極的な金融資本と消極的な金融資本という類型化は宇野の独創です。

マルクス経済学では資本を「自己増殖する価値の運動体」と規定し、この資本が生産過程を内部に包みこむと産業資本になるとする。これが資本の概念ですが、そういう資本が資本主義の歴史的な発展に従って性格を変えてくるという面をどうとらえるか。この点はマルクスはほとんど問題としていない。レーニンの場合に漸くその問題が出てきた。資本主義の発展段階という言葉はレーニンが言い出したのです。それを受け継いで宇野が資本主義発展の三段階というかたちでかなりみごとに図式的に整理した。原理的資本概念に対して段階論的資本の規定が明確となったのです。段階論的資本の規定を宇野の方法に照らして要約すると、こうなります。産業資本段階では資本のオーナーとマネージャー、所有者と管理者が一致した個人資本です。ところが帝国主義段階になると資本は株式資本ないし証券資本になり、オーナーとマネージャーが分かれます。明らかに資本の形態が変わってきた。次に資本と生産過程との関連が違ってきた。お金を投下してより多くのお金にするという形で回転していけば資本が成立しますが、そういう資本が生産過程をその内部に入れてしまう。労働力を商品化して生産過程を基礎にして価値増殖する場合には資本と生産過程とはぴったり一致している。資本が完全に生産過程を包摂したといってよい。ところが金融資本段階になると生産過程と資本との関係が離れてくる。いろんな離れ方がありますが、例えば株式会社がそうです。誰でも株式を買えば配当がもらえますから、資本を投下して剰余価値の一部を獲得していることになるわけです。だけどその場合生産過程は株式所有者とは全然別のところにあって別の運動を展開しているのです。これは海外投資の場合でもそうです。外国の国債を買うとか株を買う場合、あるいは銀行に預金してそのお金を金融機関が外国に投下する場合、いずれの場合も外国で剰余価値がつくられているのを吸い上げてそれを配当あるいは利子として資本所有者に支払うのです。その場合生産過程と資本とは離れている。

第三に世界支配の構造的関係です。資本主義というのは必ず世界的な支配システムになる。一六世紀から人類史は、資本が世界貿易と世界市場をつくりだすことによって初めて世界史となります。それまでの人類史はまだ地方史だったんです。中国史とかインド史、アラブの歴史が併存しているだけで、人類は世界史を形成したわけではない。世界史といっても別々に流れているものを同時代的に叙述しているにすぎない。それらが交錯してきて結局一つの流れとしてもつれあいながら統合されるのは一六世紀からです。世界市場が発展して各地方をつなぎ合わせたのです。そしてとうとう日本で東西の流れがぶつかり、黒船が現れて明治維新になるという形で世界史は一つになったとマルクスはいっていますね。このように一六世紀から開始された世界史への実質的な統合は一九世紀末にだいたい完成した。それ以後は完全な世界史になります。資本が全面的に世界を支配しているということです。つまり世界を支配することによって資本主義は一つの歴史的体制として確立してきたといってもいい。

そうすると資本の世界支配の構造が問題になる。帝国主義的段階では、資本は積極型と消極型とに分裂しながら、世界支配を展開します。資本主義世界の生産過程の基軸部分、重工業部分ですが、これはドイツ、新大陸ではアメリカが支配します。それに対してイギリスを中心とした、具体的にはロンドン・シティーを中心とした金融網が世界を包み込む。そういう世界的な金融的・貿易的支配と、ドイツの生産力的な基軸を押さえる力とが結びついて帝国主義的な支配を完成させています。ですから、宇野の金融資本の諸相を示す類型は、この時代に単に幾つかの資本類型があるというのではなくて、積極的な資本類型と消極的な資本類型が結びついて一つの世界的支配体系になっている、という意味での類型論なのです。

マルクスは意識的には追究しませんでしたが、資本主義の歴史的な発展に伴って資本の支配形態が変わってくるという問題は、マルクス以後何人かが考察しています。ヒルファーディング、ホブソン、ローザなどです。しかしレーニンがこれらの研究を念頭において非常に手際よくまとめました。ただしそこにもいくつかの問題があったので、宇野が『経済政策論』で段階論として整理したのです。

[3] 日本のビッグ・ビジネス

さて資本主義の歴史的な発展段階に対応する資本の形態変化の問題をだいたい以上のように要約したうえで、これから日本のビッグ・ビジネスの構造と運動を考えてゆきます。

戦前の日本のビッグ・ビジネスは財閥で代表されていました。これは世界的常識になっていましたから、日本を占領した占領軍、その背後にあるアメリカを中心とした日本理解の最大公約数的な考え方は、財閥の戦争責任に集中しました。まず日本は天皇制が支配し、その天皇制の経済的な基礎は農村における半封建的な土地所有であった。これは全く講座派的な理解です。つまり天皇制は近代的なシステムではなく、絶対王制的なシステムである。それに対応した経済的な基盤は農村における地主小作関係だ。実際畑でも土地でも地主が貸すと、だいたい生産物の五割、多いときは七割を年貢として取り上げますから、これは近代的貸借ではない。ですから農村の封建的な土地所有を前提とした天皇制支配がワンセットで日本の軍国主義の構造的な柱として摘出された。これがGHQが廃絶すべき第一の目標でした。

次が財閥です。三井、三菱、住友というような家を中心とした財閥の支配構造、これと軍閥の支配とが結びつくことによって、天皇制・軍閥・財閥の三位一体化した侵略機構ができた。そういう理解ですから日本を占領した場合にはまず財閥を徹底的に解体しなければならないということになります。もっとも、それと同時に天皇制廃止という政策も考えられていたのです。ただそれを強行するのは、占領軍が現実に日本を支配する場合に抵抗が大きすぎる。確かに天皇制を解体してアンシアン・レジームを粉砕するのは日本を近代化するうえで一番重要な政策だが、それを強行すると民衆のリアクションが非常に強くなり、それから生ずるアメリカの犠牲を考えるとやるべきではない。むしろ天皇制を前提として、天皇制を通して支配するという形をとるのが、アメリカにとって最も犠牲の少ない有利な政策だと判断したのです。これはアメリカ内部でも激論があってかなり揺れるんですが、結局天皇制は存続させる。ただし半封建的土地所有は徹底的に解体しなければならないという結論に達します。これが農地改革につながっていくわけです。

それから財閥が日本の侵略の経済的基盤をなしている、あるいは経済的主体をなしているという点からすれば絶対に財閥は解体しなければならない。こうして農地改革、財閥解体それから労働の同権化、その三つの指令が出てくる。これは今いったような認識が基礎となっているわけです。財閥解体という点では、まず三井、三菱、住友、安田が対象になります。それぞれ出発点は政商でした。江戸時代から続いていたものも明治にできたものもありますが、いずれにしても政治と結びついた大商人資本で、政治献金をしながら非常に有利な経済的地位を確保し、支配力を確立し、コンツェルンになった。三井なら三井家、三菱なら岩崎家を中心として配下の資本の株を握って、巨大資本グループをつくる。これをコンツェルンといい、いろいろな業種の資本を、株式を所有することによって、本家である持株会社が支配するというシステムになっているのです。これは住友でも安田でもみな同じです。それが明治、大正、昭和を通して日本経済の根幹部分を牛耳ってきた。ところがこれとは別に、日本では幾つかの綿業独占体が存在した。日本の資本主義が確立するのはほぼ日清戦争と日露戦争の間でした。確立した資本主義の生産的な基礎は綿業、つまり繊維工業でした。この点は世界史的に見るとやや奇妙な構造です。なぜなら綿工業によって資本主義を確立するという点では、確かにイギリスも同じでした。ただし、その時期は一九世紀の二〜三〇年代から五〜六〇年代までで、この頃は世界的に見ても綿工業が資本主義の基軸だったのです。だからそこをつかまえてイギリス資本主義は確立した。ところが一九世紀の七、八〇年代以後、ドイツやアメリカがイギリスを追いかけ、二〇世紀には追い抜いてしまいますが、これらの諸国は重工業によって資本主義を確立しました。というのは、すでにイギリスが綿業で世界を支配しているという情況の中で出てくるわけですから、これと競争してかなうはずがない。ですからアメリカもドイツも綿業でイギリスと競争してこれに勝ち、資本主義世界を支配しようというのは初めからあきらめていた。その代わりに当時だんだんと重要性を増してきた重工業、鉄、石炭産業で生産力的な基礎を確立して、二〇世紀に先進資本主義国として世界市場に登場してくるわけです。それを追いかけて日本が世界市場にでてくるのですが、その日本の場合は、重工業ではなく綿工業を基軸産業としていた。これは世界史的にみると非常に奇妙な光景です。実際日本の資本主義における生産過程を基礎とした独占体は綿業独占体でした。代表は六大紡績で、鐘紡、東洋紡、大日本紡、富士ガス紡、日清紡、大阪合同紡です。確かに鐘紡は三井系、富士ガス紡は三菱系というカラーはありますが、それぞれ三井、三菱の中では端に位置するわき役的存在です。あとの紡績資本は財閥と関係がない。織工一〇〇〇人以上というのはそのころは非常に大きな企業でしたが、この規模の紡績業が二八社ありまして、そのうち財閥系列外は二三社でした。ということは綿業は圧倒的に財閥系列ではなかったということです。そしてこれら綿業の巨大資本は大日本紡績連合会をつくりましたが、これは非常に強固なカルテル組織です。巨大綿業資本が結合してカルテルをつくって独占利潤を上げ、この綿業が日本の産業の中心をなしていた。なお付言しますと重工業ではこういう独占組織はなかった。例えば八幡製鉄という国営企業がありましたが、その鉄はあまり品質が良くない。海外に輸出して競争するというような競争力は持ち得ないから大体国内で使われた。といってもまだ綿業段階で重工業が発達していませんから、使われるのは結局武器製造です。その需要先は陸・海軍の工廠が圧倒的に多い。ですから重工業は国営八幡製鉄を中心にして、陸軍工廠、海軍工廠という、一種の国家資本になる。そして日本経済の基軸的な部分は綿工業独占体で、財閥はなかなかそこには入っていかないで、鉱山、商船、銀行、それから貿易といった部門を受け持つ。つまり日本経済の外枠を受け持っている。そういう奇妙な仕組みが戦前の日本資本主義の基本構造でした。

戦前の日本資本主義を支配していたのは独占企業としての財閥だという考え方がマルクス主義者の間では支配的でしたが、実証的な経済史家が調べていくと、どうしても経済の基軸は綿工業になってしまう。その綿工業は財閥とあまりかかわりがない。したがって経済を支配していたのは財閥じゃなくて綿工業独占体だったのではないかという考え方が出てきたわけです。芝垣和夫氏の『日本金融資本分析』はその二つの考え方をいわば統合したわけです。宇野が帝国主義段階をドイツ金融資本とイギリス金融資本という型の違う金融資本の対立として押さえて、その相互補完、絡み合いのなかで帝国主義的な世界支配構造を描き出したというのと似た構造で日本資本主義を解明したわけです。芝垣氏の考え方に従うと、日本の資本主義を支配したのは、綿業独占体と財閥の何れかというのではなく二系列の統合支配だというのです。財閥系と綿業独占体の両者が補完しつつ支配したと初めから押さえてしまう。その二系列の資本の相互補完の役割が産業資本段階、帝国主義段階とそれぞれ変わってきたのだ。それを具体的に追跡すれば、それが日本資本主義の実証分析になるというわけです。原始的蓄積段階では財閥が非常に重要な役割を果たすのは当然です。産業資本が綿工業として明治二〇年から三〇年の間に確立されます。この綿工業は一種の先進国的再生産構造をもっていました。イギリスの場合と非常によく似ていますが、アメリカやインドから綿花を輸入して、これを加工して世界に売り出していくのです。一九世紀中葉のイギリスも最初はインドから、次いでアメリカから原綿を大量に輸入し、それをマンチェスターで加工して綿布や綿糸にして世界中に売り出していく。そういう綿業資本主義でした。その点では日本の資本主義はイギリスのやり方をマネたのです。ところが問題なのは日本は綿花だけでなく紡績機械も買ってこなくてはならない。イギリスの場合は一六世紀から一七世紀にかけての絶対王制期から延々と二〇〇年もかけて富を蓄積し、産業革命を通して生産過程を機械化し、そして一九世紀の半ばに産業資本として自立したのです。それを日本はたかだか二～三〇年の間にやってしまわなくてはならない。日本の場合は原料に加えて機械も全部買ってこなくてはならないが、それを買うお金もないのです。ではどうしたかというと、まず人口の五割から六割を占める農民が米を作ると同時に繭を作り、生糸を作る。この生糸の生産量は世界一になります。その繭を製糸工場で生糸にして、これを主としてアメリカに売る。アメリカは世界最大の絹織物の生産国で、原料はイタリアと中国と日本から買っていた。イタリアの生糸は非常に質がいいが高かった。中国の生糸は価格は安かったが、質は良くなかった。そこで日本は生糸をコストダウンして質を良くしてアメリカに売り込むという戦略をとった。こうして日本の生糸の九〇パーセントぐらいがアメリカに輸出され、アメリカの絹工業の原料の七〇パーセントぐらいは日本の生糸が占めるようになった。日本とアメリカとは生糸と綿との交換という形で固く結びつけられていたわけです。

[4]　世界恐慌と大不況

二九年大恐慌、それから三〇年不況とつづくと、パタッと絹製品が売れなくなった。絹製品はぜいたく品でそのころ女性の靴下などが一番重要な絹製品でした。これによって日本の生糸が全然売れなくなり、これが昭和の農業恐慌のひとつの重要な原因となります。そしてこの生糸販売をめぐる軋轢が日米対立のかなり重要なファクターになります。これは後の話です。日本の産業資本段階の再生産構造の中心は綿業でしたが、この綿業は原料を輸入して製品にして売り出すという一種の先進国型構造でした。しかしまた日本の農民が作った生糸をアメリカに売ってその代金で機械や綿花を買ってくるというのは明らかに後進国型です。こうして先進国型と後進国型との複合した構造で綿工業の再生産をくり返し、国家や財閥はその外枠を保護する。例えば運輸や貿易関係は財閥の海運・商事部門が担当し、財閥は生産過程の中に入ってこない。むしろ経済の外枠を担当するほうが利潤が高いのです。これが産業資本段階の仕組みです。帝国主義段階になってきますと、重化学工業、特に兵器が大きな意味を持ってきますから、官営八幡製鉄所と陸海軍工廠とが結びついて日本の重化学工業の中心になってくる。そして財閥コンツェルンが流通部門と金融部門を徹底的に組織化します。しかし経済の中心は相変らず綿業独占体が支配しています。これは帝国主義段階の資本主義としては非常に奇妙な構造です。帝国主義段階ではどこの国でも、重工業が中心になって、金融機構と重工業資本とが組織的に結びつくか、あるいは利子寄食者的になるか、何れかですが日本の場合は軽工業帝国主義だったのです。

二九年恐慌、三〇年代の不況をとおして、どの資本主義国も金本位制を維持できなくなって管理通貨制に移行します。そうなってくると各国とも為替切り下げ競争によって、安い商品で販路を拡大しようとする。ゆきつくところ経済のブロック化の展開となります。これは世界システムとしての資本主義の自己否定といってよい。帝国主義段階とは異質な現代資本主義の構造がここで世界を支配することになってきた。きっかけは二九年恐慌と三〇年代の不況です。

この段階で日本の場合には新興財閥が出てくる。日本産業、日本窒素、日本電気工業、日本ソーダ、理化学工業がその代表です。鮎川義介の活躍が目立ちますが、これは日本産業です。この新興産業は株式市場を徹底的に利用して株式によって外部から資金を集めました。これは日本の企業としては新しい型です。財閥が支配したコンツェルンではもともと財閥自身がお金を持っていて、外部資金に依存していなかった。財閥はほとんど全部自分で株式を持っていて　そこから出てくる配当を増資に充てていきますから、財閥の持ち分はますます増えていくわけです。外部からあまり資金が入ってこない排他的な構造が日本財閥の特色でした。ところが新興財閥は、ヒルファーディングが明らかにした金融資本的蓄積をそのまま実践しました。新興財閥は株式会社を徹底的に利用し、外部資金を吸収しながら、文字どおり新しい産業――旧来の鉄と石炭というのではなくて――アルミニウム、窒素、化学肥料、といった部門にどしどし入っていく。これは当然日本の軍国主義的な膨張と密接にかかわりを持ち、軍需産業化していきます。その点では旧財閥は立ち遅れました。旧財閥が積極的に軍需産業に入っていくようになったのは昭和もずっと後期になってから、日中戦争に近付いてからのことです。それまでは新興財閥が新しい産業分野に進出し、同時に日本の軍国主義化の経済的な基礎をつくりあげていったのです。三〇年代にはいると生糸が全然売れなくなり、したがって生糸輸出、綿花輸入、綿製品輸出という形で結び付いていた軽工業の地位が急速に落ちていきました。こうして戦時体制に入るとともに、日本の経済構造は著しく軍需産業にシフトしていきます。新興金融資本、新興財閥はもとよりですが、旧財閥も三菱を先兵として、三井、住友などの財閥も重化学工業の中にどしどし入っていきました。これが戦争中の構造です。戦前の日本のビッグ・ビジネスの支配構造は大きく分けると財閥、その財閥も旧来の伝統的財閥と新興財閥という二つの型がありましたが、それと綿業独占体との絡み合いという形で進行していったということになります。

［5］独禁法の制定と財閥解体

ビッグ・ビジネスの支配構造を変えた戦後一番重要な事件は財閥解体でした。財閥解体が出てきた文脈はすでに述べましたが、農地改革、労働運動の自由化あるいは労働の同権化と三位一体のものでした。解体時には、三井、三菱、住友、安田だけで日本の株式の二四・五パーセントを占め、鮎川、浅野、古河、大倉、中島、野村を加えて一〇大財閥といいますが、これで三五・二パーセントに達しました。圧倒的なシェアです。その所有の仕方をみますと、金融機関が所有している株式が一一パーセント、法人所有が二五パーセントですが、これに対して財閥を含む個人の所有が五三パーセントに及びました。今日では個人所有は二〇パーセント程度で約七〇パーセントが金融機関と法人支配になっています。財閥解体は一九五二年に完了します。財閥直系・準直系会社の持株は強制的に持株会社整理委員会に売却され、個人投資家に時価で売却されました。そのさい、会社の従業員に購買が奨励されました。ピープルスキャピタリズムという言葉がありますが、従業員が株を持つのがデモクラティックな資本主義の在り方だというイデオロギーがあったためです。従業員に買わせたのが三八・五パーセント、入札が二三・三パーセント、市場に売り出されたのが二七・七パーセントでした。ただし従業員が買うといっても実際には一般の従業員はあまり金を持っていなかった。戦後の二二年、二三年、二四年というのは勤労者にとっては食うや食わずの大変な時期ですから、株を買う余裕などなかったのです。実際には回り回った財閥の買い戻しだろうといわれています。

ともかくそういう形で財閥は解体されます。この作業で一番重要だったのは財閥の中心をなした持株会社の解散でした。三井でも三菱でも住友でも、その本家は持株会社で、その仕事は系列の株を持っているというだけです。ですから財閥支配とは持株会社の支配を意味します。財閥解体は、結局持株会社という制度自身の法律的禁止にまで行かざるをえませんでした。ただ持株会社が禁止されているのは日本だけで、ヨーロッパでもアメリカでも持株会社は合法的です。また財閥を解体しても、再び系列企業が結集したのでは意味がないわけですから、それを禁止するために一九四七年に独禁法を制定します。独禁法の中で一番重要なのは九条、一〇条、一一条です。九条では持株会社を禁止しています。よく持株会社がないのは日本の資本主義の重大な弱点で、世界中どこでもあるのだから、日本でも持株会社を復活させるべきだという主張は財界でも政界でもたえず出ています。一〇条は金融機関以外の会社は他の会社の株を持てないという規定です。そして金融機関が持つ場合でも一つの会社の株式は五パーセントしか持てない。例えば、ある銀行が日立の株を持とうとすると日立の全株式の五パーセント以上は持てないというのです。ところがこれはすぐに改定されてしまった。一九四九年と五三年に一次改正、二次改正と独禁法の改正が二回行われ、それですっかり骨抜きにされた。第一〇条は「会社間の競争を実質的に減殺、または一定の取引分野における競争を実質的に制限することとなる場合には、会社は他の会社の株を持ってはいけない」と変えられたのです。それまではどんなことがあっても金融業以外の会社は他の株を持てなかった。ところがこの独禁法改正によって会社間の競争を展開できないようにするか、あるいは一定の取引分野における競争を実質的に制限することになる場合以外は、一般の企業も、他の会社の株を持てることになったのです。

これで財閥の復活の道が拓かれました。競争の減殺や競争の実質的制限があるか否かは、正確には判定のしようがないからです。確かに同業者が株を持てば競争はゆがむでしょうが、しかしそれだけでは実質的に競争を減殺はしていないと言って言えないことはない。また一定の取引分野における競争を実質的に制限することになっているかどうか、これは正確には判定基準がないわけです。ですから第一〇条が改正されてから、実質的に競争を減殺した、あるいは競争を実質的に制限したということで独禁法違反だとされたのは二件しかない。日本楽器の事件と広島電鉄の事件です。日本楽器が別の楽器会社を合併しようとした場合と広島電鉄が広島から出ている別のバス路線を買収しようとした場合で、これは随分前の判決です。あとは事件になったのは全然ありません。ですから今では普通の会社がほかの会社の株を持つことは平気でどしどしやっています。

また金融機関の持株制限が五パーセントから一〇パーセントに広げられました。一〇パーセント持てるということは大変なことです。今日では、株式の大衆化がすすみ、零細株主が大量に存在します。例えばある大企業の株式の九〇パーセントが、数千株の株式をもつ多数の零細株主によって所有されているとします。その場合には残りの一〇パーセントの過半数、例えば六パーセントを持てば、この会社のトップの大株主として、この会社を支配することができるのです。今日上場会社の株式を誰がどれくらいもっているかは日経と東洋経済新報から出ている『会社情報』と『会社四季報』に書かれてありますが、大企業では大株主といってもせいぜい全株式の五パーセント程度しか所有していません。

この改正で独禁法はほとんど骨抜きにされました。そこで起こってきたのは系列大企業の株式の持合いという現象です。例えば三井、三菱、住友などの系列の会社はそれぞれ一七、八社から二二、三社くらいの大企業を中核としてグループをつくっています。この中核の大企業がお互いに株を持合うのです。もちろん欧米でも株式の持合いはありますが、日本では徹底して組織的にやりだしたのです。持株会社が禁じられているので、それに代って株式の持合いで三井、三菱、住友などは非常に強固なグループを復活させてしまったのです。例えば三菱の系列の会社のパーティーではキリンビールしか飲まれないとまで言われています。もちろんこの会社の従業員は三菱系のクルマ、三菱電機の器具しか買わないと言われています。これは誇張でしょうが、旧財閥系大企業の間で非常に緊密な結合体ができていることは事実です。旧財閥系列で残ったのは三井、三菱、住友です。新興財閥系統は強力な中心企業が欠落しているので銀行を中心にして再結集しました。富士銀行、第一勧銀、三和銀行を中心にして鮎川、浅野、古河、大倉、中島、野村、安田などが新しいグループをつくったのです。富士銀行を中心とした芙蓉グループ、第一勧銀グループ、それから関西系の資本を結集した三和グループ、この六つのグループが見事に一九六〇年代までには企業集団化を完成しました。財閥はなくなりましたが、新しい六大資本グループが出来上がったのです。そのほかに独立系といって、例えばトヨタ、日産、日立、東芝、松下電器、日本電器、新日鉄、西武、東急といったグループがありますが、これは規模が小さい。第一級グループは三井、三菱、住友で、第二級に第一勧銀、芙蓉、三和グループ、第三に独立系となります。こうして見事に日本企業の組織化が完成したのです。五〇年代から六〇年代にかけては株式の持合いによる系列化が急速に進行していった時期です。この契機となったのは三菱の陽和不動産問題でした。三菱財閥が解体されて持っていた土地が陽和不動産と関東不動産とに分けられた。ところがこの陽和不動産の株が素性のはっきりしない街の金融業者の手で買い占められて、その支配下に入ってしまうという事件が起こった。それで非常に慌てた三菱グループが集まってお金を出し合って株を買い戻して、自分たちのグループが株を持つという形にして三菱地所をつくったのです。この時から、外部の買占めを防ぐために急きょグループ内の企業がお互いの株を買い合ってグループの結束を固めるという状況が始まった。自分の株をあちらの企業に持ってもらい、あちらの株をこちらで持つということを互いにやり合う。するとほとんど資金がいらずに株のやりとりが行われ、その結果、株の持合いのグループが形成される。その持合いの株はグループ外には売らない。株を売買してもうけるために持つわけではないのですから、いくら株が高くなっても売り出さないのです。こうして結局金融機関が持っている株と法人の持合いの株がだいたい全株式の七〇パーセント前後まで達してしまった。個人株主の持株は二〇パーセント程度に下がり、市場で売買される株の比率はきわめて低くなりますから、大会社の株の価格も簡単に操作できることになる。アメリカの場合は逆で、八〇パーセントぐらいの株が市場に出されて売買されていますから、意図的に買い占めて株価をつり上げ下げるということは非常に困難です。ところが、日本では野村や山一といった大証券会社が計画的に株価を上げ下げすることができます。しかも全株式の七〇パーセント以上は金融機関や法人の所有で、この部分は株価が上がっても下がってもなかなか手離さないのですから、株価は常に右肩上がりの曲線をえがくという神話が定着してしまいました。（以上、さらに詳しくは奥村宏『法人資本主義』（朝日文庫）、『法人資本主義の構造』（教養文庫）などを参照して下さい。ここでの説明もこれらの本に多く負っています。）

[6] 企業一家主義の支配構造

三菱グループでは三菱銀行、三菱信託銀行、三菱商事、明治生命、東京海上火災、三菱石油、三菱重工、日本郵船、三菱製鋼など二八の大会社がグループの中心をなしています。戦前はこのグループの会社の株はほとんど三菱本社、つまり岩崎家が握っていました。岩崎某を中心として、その奥さん、子供、親族などが株を握っていますから、株式の所有をずっとたどっていくと資本家としての岩崎なにがしがでてくるわけです。つまり資本と人格とが結びついていた。

しかし現在は違います。株の大半は金融機関や保険会社の所有か、同じ系列の他の会社の所有になっています。株主総会があるとき会社が出掛けていくわけにはいきませんから、代表して社長が出ることになるが、いまはほとんどサラリーマン社長ですから、社長自身は株を持っていない。株主は会社ですが、この会社の株式がまたグループ内の他のいくつかの会社によって所有されている。こうして株式の所有者を求めて、どこまで追究しても、結局株式は会社という法人によって所有されていて、所有者として自然人が出てこない。もちろん個人によって所有されている株式もあるが、それは全体からみるときわめて少なく、かつ所有者は零細株主にすぎない。このことはマルクス経済学界でも論争問題になりました。つまり資本主義は階級社会である。階級社会ということは資本家階級と労働者階級とがいて、資本家が労働者の剰余労働を搾取しているということだ。現代でも労働者はいるし、資本もある。だけどその資本の所有者をたどっていくと会社になり、結局法人所有の中に溶けてしまい、所有者として個人は全然出てこない。個人名と会社が直ちに結びつく企業もあります。例えば松下電器と松下家、ブリヂストンと石橋家などです。しかし松下電器の場合には、大株主上位一〇社の大半が住友系の大会社あるいは保険会社であって(他系列からは三菱信託がはいっています)、松下家の個人ははいっていません(松下興産は第四位にはいっています)。ブリヂストンの場合は、第一位が石橋財団、第二位が石橋幹一郎で、石橋家の個人が出てきますが、この場合には逆に、会長、社長等役員の中に石橋を名のる個人は出てきません。実際、日本には資本金一〇億円以上の大企業は三〇〇〇社ほどありますが、その中で経営者が同時に支配的株主であるという会社は一パーセントほどで、九九パーセントの会社の経営者は、自社の株を持っていないか、持っていたとしても零細株主にすぎません。現代では、会社の経営者は、一般的に大株主ではなく、ただそこの常務であるとか、専務であるとか、社長であるとかいう地位で支配しているにすぎません。だから地位がなくなったら何もない。支配しているのは会社だということです。これを奥村宏氏は法人資本主義と名づけているのです。資本の所有者を追跡していったら資本家階級が消えてしまったから、現代は支配なき資本主義だという人もいる。武蔵大学のある先生は「もはや日本は資本主義ではない」という本を出しています。だけどそれはおかしいんで、現代でも資本はあるし、その資本を前提にして支配している資本家階級もある。ただ資本の所有と経営との結びつきが、分離し、複雑に入り組んでいるだけでしょう。経営者の階層や大株主の階層は資本の力を分散して持っているので、追及していくと個人の所有と支配の関係は直接には結びつかなくなってくるのです。日本の場合には、この傾向はきわめて強いのです。おそらく財閥解体と独禁法があったからでしょう。ただしどこの国でもそういう傾向は強まっています。アメリカでもそうで、個人のオーナーの会社は急速に減少しています。これにはいろんな理由があります。オーナーが死んだときに遺産相続によって株式が分散するとか、急速に資本が膨張していくものですから、松下幸之助といえども彼の持株はパーセンテージとしてはものすごい勢いで収縮していく。持っている量は変わりませんが、パーセンテージでは問題にならないくらい小さくなり、支配権を失ってしまうというケースです。では会社の支配権を握っているのはだれだということになって追及していくと同じ系列の他の会社になり、その会社の支配者はまた他の会社になる。所有者がぐるぐる回りし、そして個人としての資本家はだれもいなくなった――ということになる。

これが戦後の日本の資本主義の非常に重要な特色で、三菱グループは二八社が中心になり、その会社の社長が集まって金曜会という集まりをつくっている。これは秘密会で、中で何をやっているのか全く分からない。日米構造協議でも問題として取りあげられ、社長会の内容をはっきり示せという要求が出てきました。三井や三菱のグループのほうでは社長会はそんな大変な機関ではなく、みんなで集まって飯を食ってゴルフの話などをしているだけの親睦会にすぎないと弁明しています。しかし秘密会議だから本当のところは分からない。そうではなくて、グループの基本的な政策、つまりどこの国に資本を輸出して、どんな工場をつくるかとか、グループ内のどの企業をスクラップするかといった基本的な戦略が練られているともいわれています。いずれにしても会長や社長などの取締役は、会社が株を持っているということを前提にして権力を持っているのであって、彼自身は自己の所有にもとづく権力を持っているわけではない。にもかかわらず彼は権力を持っており、その権力は会社が順調に発展している限りは問題はない。ところがいったん会社がつまずくと問題が出てくる。これは三越の事件がティピカルに示しています。三越の社長が政策を誤り、かついくつかのスキャンダルを起こした。スキャンダルだけだったら多くの経営者が持っています。しかしその時三越の業績が急速に悪化した。三越は三井グループですから、こういう場合には、グループの大株主、千代田生命、さくら銀行、朝日生命、三井信託、三井生命などの支配力をバックに三井系企業の大物が出てきて、社長に引導を渡すのです。

日本の戦後のビッグビジネスの支配構造は、戦前のような財閥型でもなければ綿業独占体型でもない、非常に奇妙な株式持合いによるグループ支配となりましたから、これがいろんなところに影響を及ぼしてきているのです。ある企業を特定の資本家が支配しているという階級支配構造ではなくなり、個人株主は零細でかつ少ない比率の株しか持っていないから力を持たない。企業は配当を少なくして内部留保を手厚くし企業自身の拡大を目標にし始める。アメリカなどでは株主総会が非常に強いから、配当を多くしなかったらすぐにその株は人気を失い、株価低落を招く。ところが日本の場合は配当は額面の一割程度と横並びです。額面の一割では、株価が額面の一〇倍になれば利廻りは一パーセントになってしまう。例えば、NTTは一株額面は五万円ですが、今七〇万円くらいになっています。年間配当は一割の五〇〇〇円、税引き四〇〇〇円です。七〇万円を一年置いて四〇〇〇円もらったら利廻りは〇・五七パーセントです。そういう株がいっぱいある。つまり株主は全く無視されているのです。といってだれかがとくにもうけているわけではない。会社の社長もみんなサラリーマンで主要企業の社長の平均年収は約三千四百万円、大卒新入社員の十二倍にすぎない。(労務行政研究所調査、九二年九月発表)。これは欧米、とくにアメリカの経営者の給与と較べたらきわめて低い水準でしょう。ということは経営者が収奪しているわけでもない。資本主義的企業というのはもともと資本家がいて労働者の剰余労働を搾取する機構なのですが、現代では大きな企業は共同体になってしまった。従業員もそういう意識で企業に包摂されてしまう。資本が資本として自立してしまったように感じられる。これは大変なことになりますね。企業は人間と違って寿命がない。人間だったらせいぜい七、八〇年で死んでしまうが、企業は倒産してしまえば別ですが、そうでない限り永遠に生き続ける。そうするとそこに勤めている労働者は、よくいわれるようにトヨタ一家の一員、三菱一家の一員として、永遠の生命をもつ企業に献身することによって自分も永遠の生命を得ることになる。つまり、トヨタや三菱のために一生をささげることによって初めて、自己のアイデンティティを獲得しうることになるのです。

［7］階級社会の完成形態

ダグラス・グラマン事件のさい、贈賄の秘密を守るために自殺した日商岩井の島田三敬常務は「日商岩井の生命は永遠です。その永遠のために私は命を奉げます」という遺書を残しています。会社のために生き、会社のために死ぬ。こういう人種を社畜というようですが、日常的にもかれらはそういう生活をしているわけで、退職して会社に行けなくなると生きがいがなくなってしまう。法人資本主義というのはそういう構造になっている。もちろんこういう意識を年功序列や終身雇用、企業内組合などがささえているのも事実ですが、企業の株式が巨大法人同士の相互持合いになっていることも、企業を資本自身として抽象化し、階級関係を陰蔽する役割を果たしています。そして株式の七〜八割が、法人の持合いや、関係の深い機関投資家によって所有されるということになると、株価操作が非常にやり易くなるわけです。ちょっとした金を投下すると株価は確実にはね上がる。七〜八割の株をもつ、いわゆる「安定株主」は株価が上がっても手離さないし、下がっても投げ出さない。したがって株はつねに右上がりの曲線で上がるだけだという神話ができることになる。

もう一つの上がるだけで下がらない商品は土地です。今日では、企業が税金対策として土地を買っています。利潤が出た場合、企業はそれで土地を買い、それを担保にして銀行から金を借りる。その利子は損金ですから、これで利潤を食いつぶすようにしてしまえば税金を払わなくても済む。こうして日本では土地が上がり株が上がり、それを支配する資本は抽象的な資本として増殖していく。これを会社主義だという人がいますが、企業一体主義といっても、トヨティズムといっても法人資本主義といっても同じことでしょう。何れにしても日本の社会は非常に過酷な資本支配の階級社会だと思うんですけれど、一般の人の日常意識にとっては逆に階級支配なき一種の共同体社会のように映っている。今日の日本ではそういう奇妙な支配構造が完成してきたということです。これは現代資本主義の非常に重要な特徴です。ヒルファーディングやレーニン段階とは違う現代の資本の支配構造であって、この構造を日本資本主義は一番明確に完成した。ヨーロッパでもアメリカでも株式の機関持ちという性格は強くなってきているのは事実ですが、日本では企業の持っているそういう性格が日本の生産力上昇の原動力となっている。

労働者の献身的な企業への労働による寄与は、先進国の中で最長の労働時間となり、その果ては過労死の続出ということになる。過労死に至っては欧米語に翻訳できないから英字新聞では「ｋａｒｏｓｈｉ」とローマ字になっています。階級社会ですから、働かせすぎて死んだというのはあるかもしれませんが、自分で働きすぎて死ぬというのは壮絶な話で、階級社会の完成形態というべきでしょう。これを会社主義と呼んで、「しのびよる社会主義」だと主張している論者もいますが、アイロニーとしてならともかく、到底、真面目な主張とはうけとれません。労働者が過労死するほど働く社会主義というのは、まさに逆ユートピアというべきでしょう。

マルクス主義経済学者の経済理論学会でも、日本の株式会社から支配的な個人株主がなくなったから、資本家階級がなくなってしまったのではないかという議論が交わされて決着がついていない。そのぐらいこれは既成の理論の枠組みではよく分からない新しい事態です。

さらに日本では、労働組合の役員の経験者が会社の取締役や社長になったりする例が割合多い。労働者も社長になれる日本では資本家階級がいないという主張があらわれる。これに対しては奥村宏氏が冷やかして、そんなことを言うんだったら太閤秀吉は農民から出てきたのだから、日本の封建時代は農民が支配している社会ということになると批判していますが、とくに資本主義社会では資本家の出自はどうでもいいわけです。むしろ親子代々永続的に支配階級であるというのは前近代的社会構造です。近代的社会でも、もちろん支配層と被支配層とはいますが、その支配層が家系的に連綿として支配階級でなくてはならないということはない。むしろ階級間で人間が代わるほうがバイタリティーがある階級社会となります。

近代社会では非常に階級間を人間が流動化して、それとともに資本家階級といえども資本を持たない経営者が非常に多くなり、それに対応して資本自身が法人所有の法人として直接的階級関係から抽象化されてしまう。すると労働者の中からも経営者となる者も出れば、株式を所有する者も多くなる。階級社会なのに表面的には階級性が非常に希薄になってきて労資とも共同体としての法人の中に包摂されるようになってきている。共同体としての会社の中では社長から現場労働者にいたるまで全員トヨタや日産、松下という「一家」に帰属する構成員ということになる。これを指して社会科学者は、企業一家主義とか、会社主義、あるいは法人資本主義と名づけているのですが、私には、家族と称しながら内実では親分の子分に対する支配や収奪が貫徹している点において、むしろやくざの一家主義に酷似しているように見えます。日本では、企業が、やくざ組織に似てくるだけでなく、政党も派閥というかたちで、やくざ組織に近づき、国家体制自体もやくざ一家的構成をもってきています。天皇制がその中枢であることは言うまでもありません。フォーディズムという合理主義の極点に位置する労働過程が、前近代的な日本のやくざ一家主義でもっとも成功を収め、トヨティズムとして完成されたというのはまさに歴史の弁証法の実例という以外にありません。

第5章

自動車産業

――現代日本資本主義の生産力中枢

[1] 帝国主義段階と現代

日本経済の現状分析における中枢的概念は自動車です。現代をフォーディズム、モータリゼーションの時代、あるいは大衆消費社会、耐久消費財生産社会などとも言います。今日の耐久消費財の代表は自動車です。これはマルクス経済学が根本的に追究すべき現代的課題であると思います。マルクス経済学の公式では、生産力と生産関係の矛盾として対象をとらえるべきだといいます。その場合、ある時代の生産力は、当然ある産業部門に代表されるわけです。いつの時代でも林業も農業も漁業も工業も存在しますが、資本主義では工業が主軸となります。その工業の中にも生活資料から生産財まであるわけですから、その中のある部門に焦点をしぼって考えることになります。マルクスが『資本論』を書くときには明らかにイギリス綿工業を対象にしました。石炭業でもなければ鉄鋼業でもない。もちろん農業でもない。ですから資本の循環・回転などを考察するさいは、明示的にどの産業部門と言わないにしても、その具体例としては綿工業のそれを出してくるわけです。エンゲルスは関連業種にたずさわっていましたから、マルクスはエンゲルスに綿工業での減価償却の仕方や回転の仕方などを聞いて、それを理論に反映しようと努めた。それに対してレーニンの場合は明らかに鉄鋼＝石炭業を対象としています。その背後には鉄道の発展がある。つまり鉄道がどんなふうに国内あるいは国際的に敷かれているかということが一九世紀末から二〇世紀初頭の資本主義の世界支配のいわば見取図を示しているということに絶えず注意しています。だからその鉄道に対して素材を提供する鉄鋼＝石炭業という重工業を分析の主要対象に置くわけです。

そういう点からすれば明らかに現代の資本主義はマルクスの段階ともレーニンの段階とも異なります。綿工業は日本資本主義の中では戦後一時期クローズアップされたものの直ちに斜陽になった。それを追い掛けるように鉄道が斜陽です。したがって新日鉄や川崎製鉄ももはや鉄鋼業だけを主要営業品目にはしていない。新日鉄という看板は出しているけれども、いろいろな商売―鰻の養殖まで―やっています。

現代資本主義では自動車産業が決定的になってくる。自動車産業といえども鉄を大量に使う重工業ではないか、だから重化学工業を基軸産業とするというレーニンの把握は現代でも変わらないと考えてよいのではないか、レーニンの『帝国主義論』やヒルファーディングの『金融資本論』は現代でも有効ではないかと主張する人もいます。しかしそうは言えないのではないか。まず自動車の場合は石油と密接な関係がある。これは重要な違いです。さらに鉄道と違って、自動車は個人が所有できる運輸手段という特殊な性格をもっている。この自動車が主要な重化学工業製品となると、生産過程から、人間の社会的意識まですっかり変わってくる。実際戦後自動車が日本資本主義の中枢産業になってくるところから、日本の資本主義も現代の資本主義としての条件・資格をそなえてきたのです。

そうみてくるとまず資本主義の段階規定と、現代資本主義との関連を整理しておかねばならない。宇野弘蔵の場合、資本主義を重商主義、自由主義、帝国主義と段階区分して、重商主義に対しては毛織物工業（オランダ、スペイン、イギリスなどの毛織物が大商人の手によって世界市場で取引される時代）、自由主義段階に対しては綿工業（マンチェスターの綿工業、イギリスはアメリカ、インドから綿花を輸入して、これを加工して世界中に売り出す、これが一九世紀のビクトリア時代の資本主義の基軸的な機構だった）。帝国主義段階にはドイツ、アメリカなどの重工業（鉄鋼業、石炭業、それと結びついた鉄道の発達、それらを軸にして資本主義は動いていく）を対応させた。帝国主義段階ではイギリス資本主義は世界の金融的・信用的な支配網を形成し、利子寄食者国家になるというやや複雑な形をとりますが、ここでは立ち入らない。帝国主義段階の基軸産業は鉄道を前提とした石炭、鉄だったということです。宇野理論では資本主義の段階区分はそこで終わる。もっともこれはマルクス主義一般がそうだったと言ってよい。エンゲルスやレーニンは資本主義は生成、発展、消滅するとし、宇野理論では生成、発展、爛熟という過程をとるとされる。資本主義はひとつの歴史的な形成体であってその最終段階は帝国主義だという考え方です。その考え方に対して、現代の資本主義の基軸を鉄＝石炭ではなくて、自動車＝

オイルにしぼって、これこそが現代における支配的な再生産の在り方だといえば、これは資本主義の三段階論の考え方と矛盾するんじゃないかという疑問はすぐに出てきます。

その問題はこう考えるべきでしょう。資本主義的な生産様式というのは資本が全面的に経済過程、社会的再生産過程を支配している体制だということです。そのように規定すれば、確かに資本主義は重商主義段階、自由主義段階、帝国主義段階という発展過程をもって完結する。ところが第一次大戦後になると社会的再生産過程を資本だけで支配することはできなくなってきた。具体的にはどういう点にその問題は現れるか。第一次大戦後の二〇年代には、アメリカを例外として、どの資本主義国も慢性的な過剰人口を抱えこみます。各資本主義国の失業率は常時七、八パーセントから一〇パーセント程度はありました。日本も例外じゃないのですが、どこの資本主義も慢性的な過剰人口には耐えられません。それまでの資本主義は恐慌や不況によって過剰人口をつくり出しても機械設備を高度化し、生産性をあげることによって再び景気を回復させえた。景気の拡大とともに過剰人口は吸収されていく。もちろん帝国主義段階にはいると、そういう景気循環の律動正しい歩みは乱れてくるといわれていますが、それにしても景気循環は存在しました。ということは経済体制自身が形成された相対的過剰人口を吸収することによって資本主義にとっての根本的な矛盾を解決する機構を維持していたということです。資本主義は労働力を商品として処理するということで成り立っている体制ですから、もしこの体制が労働力を商品として処理できなくなったら自立的体制として存在できなくなるわけで、当然その体制は根本的に不安定な構造になり体制の基軸をゆるがす政治的な動揺を呼び起こすのは当たり前です。体制が体制として自己を維持し得る限り労働力を商品として包摂、処理できなくてはならない。そして体制が健全なかぎりそれは景気循環の過程を通して処理できていたんです。

ところが二〇年代になってくると、必ずしもそうならなくなってきた。そこでどういう対応をしたかというと、どこの国でもまず農業保護に乗り出します。資本主義は発達するに従って農村を解体し、そこから労働力を調達してきた。資本主義が発達すると必ず農業人口の比率は落ちてきますし、経済過程における農業の位地も相対的に落ちてくるわけです。だいたい資本主義的に発展した国は原料や農産物を外国から買うようになる。イギリスが典型です。それが資本主義の正常な在り方です。ところが第一次大戦以後はそういかなくなってきた。どこの国でも農業保護をやり、食糧の自給化政策に乗り出した。これはいまもGATTで問題になっていますが、日本だけじゃなくどこの国でもやっていることです。第一次大戦以後資本主義諸国は外貨不足と恒常的過剰人口の圧力におされ、農村の分解を阻止し、農産物の自給化に努めるようになった。この時国家が農村を保護して自給化政策を行おうとしたのは帝国主義や金融資本が要求していたからではないんです。資本主義体制を維持するためには国家はそうせざるを得なくなってきた。これは一九三〇年代になるともっとはっきりした形をとってきます。ルーズベルトのニュー・ディール政策がそれです。これは普通景気政策だといわれていますが、根本的には構造的な過剰労働力に対する対策であり、したがって完全雇用を達成することによって体制を維持しなければならないというのが基本的な目標だったんだろうと思います。問題はそれをどうやって実現するかということです。いろいろ試行錯誤がありました。ニュー・ディールは前期と、後期に分けられますが両期に一貫しているのは、農村にたまった過剰な農産物を買い上げて農民が急速に没落していくのを防ぐということです。後期になってくると大規模な公共事業を展開して失業者を積極的に救済する。

これも後期の特色ですが、独占が進行していくのを阻止する。反独占政策です。そして資本に競争をやらせる。それらの政策をみると、決して資本が要求している政策ではない。反独占政策は、独占体や金融資本にとっては利害関係において相反する政策でしょう。実際独占資本は自らの利益を侵害するものとしてルーズベルトに反対し、憲法違反として訴訟を起こします。しかしルーズベルトはそれを抑えこむ。さらに非常に重要な政策として労働の同権化政策があります。労働組合を育てて労働者の資本家との交渉能力を強化し、そうすることによって賃上げをし、有効需要を拡大するということが目標となります。この一連の政策をみると、もはや国家が資本主義体制を維持するという観点から直接経済過程に対してさまざまな方法で介入しないと、資本の運動だけでは体制は維持できなくなってきた時代だということが示されています。恐らくこのことを一般に国家独占資本主義という命名であらわしているわけでしょう。国家独占資本主義といっても、国家金融資本といっても、福祉国家といっても、複合経済といっても、何れも国家の経済への積極的介入を表わしており、いずれも単に資本だけの支配ではなくて国家がこの支配に介入することによってしか体制は維持できなくなってきたことを指示しています。それが現代資本主義の基本的性格なのですが、その意味で国家の経済に対する介入の仕方には帝国主義段階の資本主義の場合とは質の違いが出てきているという認識を入れなくては正確な理解にならないのです。

〔2〕フォーディズムとGM戦略

その場合に、国家の経済への介入と並んで、資本主義の再生産過程自身においても基軸部門として自動車産業が登場してきたことが注意されねばなりません。

具体的にはフォーディズムとGM戦略を指します。帝国主義段階の代表的な生産部門は鉄鋼・石炭でその背後に鉄道があった。この生産構造を前提として金融資本、ないし独占体が形成されて、その独占体の政策として帝国主義が現れてくる。これは首尾一貫したシステマティックな体制です。ところがその結果として第一次世界大戦が勃発します。この第一次世界大戦と自動車産業とのかかわりあいが非常に重要です。自動車というのはもともと特殊アメリカ的商品です。自動車そのものはヨーロッパで発明されたものです。ジェームズ・ワットは機関車を発明しましたが、蒸気機関を持った自動車も発明しています。内燃機関を持った自動車はベンツ、ダイムラーなど、ドイツ人やフランス人によって発明されています。ですからアメリカでの自動車の製造はそれを受け継いだものですから、自動車の出発点はもともとはヨーロッパでした。

しかしアメリカには非常に特殊な歴史的・地勢的・文化的諸事情があった。経済史畑の人たちは共通に強調していますが、まず広大な地域に全く性質の違った経済機構を持ったいくつかの地方があった。東北はヨーロッパの資本主義を直輸入し機械制大工業中心の経済機構になる。南の綿花地帯は奴隷を使ったプランテーションです。そして西側は大きな農業地帯になります。それぞれが普通の国の一国ないし数カ国にわたるような大変な経済領域を持っていてその三つの領域が相互に結合されつつ併存している。これがアメリカの特色です。アメリカ全体はこれらをつなぎ合わせた一つの独自の経済圏をつくっている。対外依存度は非常に低い、原料もあれば食糧もあり、機械制大工業もありますから、これをつなぎあわせれば自給度の高い広大な経済圏ができるわけです。そういうものとして発展してきたのが第一次大戦までのアメリカの構造でした。

この構造を前提として、交通手段も特有な発展をとげます。大陸横断鉄道が代表的ですがまず長距離の鉄道が敷かれていきます。一九世紀後半、西部へ西部へと鉄道が敷かれていく。西部劇のいくつかは、この鉄道の発展と絡ませながら作られているでしょう。農村では一〇〇町歩、一五〇町歩というような広大な土地をもった独立農民が家族労働で農業経営を行い、その家も散らばって存在しています。各村落や町は馬車でつながれ、広大なアメリカ農村にとって馬車は不可欠な交通手段でした。そこへ自動車が現れた。自動車のアメリカにおける最初のCMは「馬のいらない馬車があらわれた」というものでした。馬は絶えず麦を食わせなくちゃいけませんから維持費が大変なんです。こうして自動車は馬車に代って急速に普及していきました。しかも最初ガソリンは灯油を生産するときに出てきた廃棄物だった。アメリカは石油が噴出する世界最大の石油産出地帯です。この石油が安くふんだんにあるというのが自動車普及のもう一つの条件です。

もう一つは非常に豊かな中産階級農民の存在です。しかもかれらはかなり大量の層をなしている。そしてさらにこのアメリカに第一次大戦の膨大な戦時利得が入ってきた。これが需要側の条件です。こうして強く自動車を要求し、しかもこの高額の商品に対する購買力があるというのは非常に特殊アメリカ的状況でした。

一方供給側の条件をみると、まずフォードが完成させたフォーディズムがあります。これは精密な部品、一五〇〇〇から二〇〇〇〇といわれていますが、それを正確な規格品として大量につくってこれを組み立てる。この方法がとられるまでは自動車は大変な手数のかかる高価な工芸品だったのです。ところがバラバラの部品に分解し、これを大量の規格品として精密に作ってその組み立てをベルトコンベヤーで流れ作業的に行えば、この高額な大型商品が、大量に速く、安く生産されることになります。部品に分解し、これを組立てて製品にするというのはフランスから輸入した銃と同じものを一八世紀の末頃からつくりだす場合に使われた方法でした（ホイットニーのマスケット銃）。もう一つの流れ作業は、シカゴなどの食肉加工業で行われた方法で、膨大な量の豚や牛を次々とさばいていくのに使われていました。規格部品の組立てと流れ作業という方式は、大量生産を可能にしましたが、この生産方法ができてくる基礎には人種のるつぼといわれるアメリカの特殊な国民の構成があります。人種や言語、風俗、習慣の違う人々の間では言葉を前提とした微妙なニュアンスをもつ芝居はできないから、芝居は音楽と踊りを主にして言葉を少なくするミュージカルになってしまう。ミュージカルはアメリカの風土が生み出した特殊アメリカ的芝居です。それと同じように規格部品の組立てと流れ作業とは特殊アメリカ的な生産方法ということになります。言葉や風俗・習慣の違いから労働者の管理も難しいので、組立てラインに縛りつけて単純な同一作業だけを連続的にやらせるわけです。隣に全く言葉の通じないほかの国から出てきた移民がいても、それぞれ与えられた一定の作業を朝から晩までやっていればいいわけで、それを組み合わせ、システム化すれば、最後にベルトコンベヤーの末端から完成した自動車が出てくるのです。自動車の生産方法自体が非常に特殊アメリカ的なのです。

フォードは田舎道も乗り切れる大衆車——二〇馬力四気筒、操作の簡単な前進二段後進一段の遊星式ミッション——をセールスポイントにフォードT型を一九〇八年に発表し、翌一九〇九年からこのT型の大量生産にのりだします。フォードが、一九一四年に完全な組立ライン生産を実現した時には、定置式組立てでは一台当り一二時間要した所要時間が一時間半に短縮されました。このフォードの工場が第一次大戦で軍需産業に動員されます。

フォード一世という人は優秀な技術者ではあるんですが、ややエキセントリックな性格の男で、初めは世界平和運動に熱中し、戦争に協力しないと言っていましたが、アメリカが参戦すると一転して熱烈な戦争協力者になります。フォードもGMも軍需産業になり、トラックから始まって戦車や航空機、機関銃、魚雷、機雷などを大量につくりだします。これらの機器はすべて部品にして組み立てればいいわけですから、武器というのは大量生産の標本みたいなものです。

これは第二次大戦でも全く同じでした。フォード、GM、クライスラーはすべて第二次大戦開始と同時に一〇〇パーセント軍需産業になり、民需の自動車生産はストップさせられます。自動車産業は即軍需産業に転換できると同時に軍需産業はまたすぐに自動車生産に転換できるという性格を持っています。アメリカの自動車会社は第一次大戦で軍需産業として大変な利潤を上げますが、同時に生産力を高めます。男性は兵隊に取られて労働者が不足してきますから、生産過程を合理化しなければならず、オートメ化が進みますからますます能率が上がってくる。そういう生産力の高い重工業が第一次大戦が終わると同時に兵器生産からほうり出され、兵器に代わる生産物を作りださなければならなくなった。これが自動車だったのですが、この場合それまでのような非常に高い値段でお金持ちに買ってもらう贅沢品では駄目で、大衆の購買できる耐久消費財にしなければならなかった。フォードT型という単一車種に抑えるフォードの政策がまさにそれです。そしてフォード方式によって合理化を急速に進めるとコストが安くなり、売行きものび、さらに量産が可能となります。また他方で労働者の賃金も上げていく。フォードの労働者の賃金は平均賃金の二倍だったといわれます。一九一三年に一台五五〇ドルで一九万台つくっていたのが、一九二三年になると二九五ドルになって二〇五万台になった。フォードの思わくどおりフォードT型車は大衆の耐久消費財としてどんどん売れだしたのです。

一九二六年に業績でトップのフォードが二位のGMに追い抜かれました。GMはフォードと異なった政策を展開したのです。これはフルライン・システムといい、非常に安い大衆車から高価な高級車までさまざまな車種を揃え、その車の型を毎年変えていく。それをマスコミを通して宣伝する。自動車を生活必需品というよりむしろファッション商品にしてしまうのです。自動車は耐久消費財ですから一〇年くらいの寿命を持っていますが、できたら二、三年で買い替えてほしい。そのためにGMは中古車の下取りを始め、それでもお金が足りない場合には割賦販売をする。それらをGMの子会社にさせるのです。労働者は一挙に三〇〇ドル、四〇〇ドルという巨額のお金は払えませんから、それまで使っていた車を下取りにとってもらって頭金だけを支払い、後は月賦で払っていく。これで車は非常に買いやすくなり、そうなると売れ行き好調でますます安くなる。フォード式製法とGM戦略が組合わされたものがアメリカ型重工業の新しい経営方法になってきたのです。これは資本主義にとって今まで全くなかった生産様式の登場とみてよい。広告についても、これ以後の広告は質が違ってくる。普通の需要者が本来もっていないような欲望をつくりだし、増幅させそれによって新しい需要を創出していくのが広告の役割となります。そのためには売る商品は生活必需品であると同時にファッション的商品でなければいけない。しかもそれは普通の労働者が買える程度の価格でなければならない。

自動車はその典型的商品になりますが、似たものとしては電気機器があります。クリーナー、電気冷蔵庫、ラジオ、テレビなどです。これらは皆同じような性格を持っている。アメリカ型生活にとってどうしても必要であると同時にファッション性ももっている。従ってこれらの商品では型や種類を急速に変えて消費者に買い替えさせる。プレハブ住宅などもそういう性格をもっています。これらの商品によって消費者の生活様式が変わってくるわけです。人口は都市に集中し、大都市はさらに肥大化し都市の地価は高くなりますから一般の勤労者は郊外の都心から離れた所に安い土地を買い、そこにプレハブ住宅を建てる。都心から離れていますから車で通うことになり、家の中には電化製品を揃える。それによって家庭の主婦のする仕事がなくなり、彼女たちも共働きを始める。女性が家の外で仕事を持つというのは一般的には第一次大戦から始まった現象です。男子労働者の払底から女性が引っ張り出され、女性が働くというのが戦時体制の国策になるわけです。これで女性の服装が一変し、スカート丈が短かくなり、毎日化粧をするようになった。それまでは普通の家庭女性はくるぶしまでかくれるスカートをはき、毎日化粧などしなかったのです。軽快な服装で、化粧した女性が男と同じ職場で働くというのは、第一次大戦後からはじまった非常に新しい社会現象なのです。郊外の住宅から車で通う共稼ぎ夫婦は、一週間分の食料を買って冷蔵庫に詰め込みますから、スーパー、コンビニエンスストアが高速道路沿いにできてくる。これをアメリカン・ウエイ・オブ・ライフといいます。

この生活の中枢に自動車があるわけです。衣食住の生活様式から始まって生産や流通の在り方まで一変させた、このアメリカ型生活様式はまさに革命的な社会変化だと思います。これこそ社会的生産力の飛躍的変化を示しています。生産力が変わったらそれに対応する生産様式、社会的なシステムの在り方が変わるというのは唯物史観の公式です。これだけ生活様式、生産様式が変わったのに、マルクス主義者は何で今でも『帝国主義論』で現代分析をやろうとしているのか不思議で仕方がない。実際にはマルクス主義者も、『帝国主義論』では現代を分析できなかった。だから古典的帝国主義段階後は資本主義は一般的危機に陥ったと繰り返しているだけなのです。レーニンの『帝国主義論』によれば、資本主義は、帝国主義段階で最高の発展段階に達すると同時に、最終段階に達します。これ以上の生産力の発展は、この資本主義体制の崩壊と、社会主義体制の成立をとおしてしか実現されえないことになっていました。しかし現実の歴史は全然違った。第一次大戦で稼ぎまくったアメリカ資本主義は、戦後さらに自動車産業を中心とした新興産業で急速に生産力を拡大していきました。アメリカ自身大変な資金量を持った最強の資本主義国としてせり上がってきて、そのドルを外国、とくにヨーロッパに投下します。このドルのおかげで西欧社会は急速に復興してしまう。マルクス主義者はそれを相対的安定期と呼びましたが、この安定の基礎はアメリカの生産力と資金力とによって支えられていました。

いずれにしても資本主義社会が生産力的にてこ入れをされて不況から脱して発展しはじめたらもう危機ではなくなり、革命の展望はうしなわれる。実際スイスから始まってドイツ、オーストリアと次々と革命は破綻し、ロシア革命を契機とする世界革命への発展という予想は裏切られたのです。レーニンだけでなく、トロツキーもブハーリンも、みんなロシア革命でつくられたソヴィエト連邦が以後七〇年も一国社会主義として存続するなんて考えたこともなかった。ロシア革命はただちにヨーロッパに波及してヨーロッパ社会主義圏をつくりだし、それとの連係の中でしかソヴィエト社会主義は維持されえないであろうと繰り返し表明していたのです。そのプログラムは見事に裏切られたのですが、その根本的理由は、戦後アメリカに形成された新しい生産力を前提にした新しい生産関係が資本主義世界を再活性化することができたからです。

[3] 国家による経済の組織化

ただしフォーディズムやGM戦略の出現によって、直ちに資本主義は生産力を回復しながら新しい生産様式として順調に伸びていったかというとそうではなかった。二九年恐慌に陥り、三〇年代不況に突入してしまうわけです。この状況を見てマルクス主義者はいよいよ一般的危機が深化し、資本主義は解体過程に入ったと考えます。ところがこの時、ニュー・ディール政策が打出された。自動車産業を中軸にした新産業の展開は資本主義を活性化させたのですが、ただその場合でも国家が経済過程に積極的に介入しないかぎり、資本主義はその体制を維持しえないということが明確になってきたのです。ニュー・ディールの目標は完全雇用と景気回復でしたが、完全雇用の方が究極的に目ざされた目標とみてよいでしょう。一般的にはニュー・ディールは景気回復を目標としたとされますが、資本主義体制を維持するために完全雇用を達成するというのがルーズベルト政府にとっての死活の問題だったのです。よく言われるように、ニュー・ディールは最初から一貫した政策として提出されたわけではない。前期と後期に分けられ、その転換点は、労働者に労働基本権を与え、労働組合をつくらせてそれを育成していくことを目標とした全国産業復興法(NIRA)が最高裁で違憲判決を受けた時で、それからやや方向が変わって、ニュー・ディール政策がシステムとして一貫した形になってくるのです。

ＮＩＲＡに代って制定されたワグナー法によって、ルーズベルト政府は、労働者に労働基本権を認めて労働組合を作らせ、彼らの団結力によって賃金をアップさせ、有効需要を拡大するという政策をシステマティックに展開することになります。それからさらに独占を規制する。最初はむしろ景気回復のために独占カルテルをつくらせたりするんですが、後期では反対に非常に厳しく独占を規制していく。それから農業保護のために過剰農産物を買い上げ、農民に補助金を出す。この三つの柱が政策の基軸に入ってこないとアメリカの経済も回復しなかった。もっとも本当にこれだけで景気が回復したかどうかははっきりしない。というのは後期になると第二次大戦が勃発してしまうからです。第二次大戦になれば当然軍需産業が急速に拡大し戦争景気によって経済は好況に転じ、このようにして軍需景気の中に飲みこまれていくのがニュー・ディールの後期の現実でした。だからニュー・ディールの成果だけを検証することは実際にはできないのです。いずれにしてもニュー・ディール政策は、第二次大戦中もそれ以後も維持され、完全雇用と景気回復のためには国家が経済過程に介入してフィスカル・ポリシーによって有効需要をかきたてねばならないという方針は依然としてアメリカ政府に受け継がれていくわけです。ただ第二次大戦の過程で第一次大戦よりもっと高度な技術革新が行われる。その代表は石油化学で、第二次大戦中に飛躍的に発展するわけです。契機は日本から絹が輸入できなくなりますから絹に代わるものを化学繊維としてつくらなくてはならないため、ナイロンが発明され、さらにプラスチックがつくられるのです。ついで電子工学が発達した。真空管から、ダイオード、トランジスターへ、さらにＩＣやＬＳＩへと発展しますが、兵器の代表はレーダーでした。レーダーで敵の飛行機をキャッチし、それに正確に高射砲を当てるための弾道計算用にコンピューターが開発されます。それからオートメーション。戦争によって労働力が徹底的に払底してきますから、工場では女性や不熟練労働者を集め、できるだけオートメ化したラインで働かせる必要がある。

こうして第二次大戦で獲得された科学技術の成果をフォーディズムのシステムと結合して、一九五五年にデトロイト・オートメーションが完成されます。それまでのフォーディズムはベルトコンベヤーで材料を流しながら人間がそれを組立てるのですが、デトロイト・オートメーションでは、工作機械から工作機械への材料の移動や取りつけもトランスファー・マシンで行い、人手を数分の一に減少させました。人手やコンベアを全体としてシステム化するのですから、工場の空間も、単位生産量では、かなり縮小します。オートメーションがより完成されたシステムになってきたのです。自動車を中心として高度化された生産力がデトロイト・オートメーションにまでシステム化され、ニュー・ディールによって、国家が経済を積極的に組織化していくという動きと結びつき、ここに現代資本主義の一つの典型が形成されたとみていいと思います。そして戦後、このデトロイト・オートメイションを前提とした自動車産業が、アメリカからヨーロッパと日本に移植され、それぞれの国で高度成長を実現していくことになる。ヨーロッパも日本もモータリゼーションを中心としたアメリカ型生活様式に変えられてきたのです。

ヨーロッパでの自動車の普及というのはもっと早く、例えば第二次大戦初頭におけるナチの電撃戦の機動力は自動車にあった。「全てのドイツ国民はクルマを持とう！」が、ヒトラーのスローガンでした。このヒトラーに口説き落されたＦ・ポルシェ博士は、ＶＷビートルの原型であるタイプ60をつくります。そして北部ドイツの寒村ウォルフスブルクが一大自動車工場都市に変えられ、ここに年間一〇〇万台のフォルクスワーゲン生産工場がつくられます。ここではＫｄＦ号（喜びにより力号）がつくられるはずだったのですが、ヒトラーは突如計画を変更、またたく間に膨大な数のジープ、水陸両用車、トラクターがつくられるようになります。そして第二次大戦の開始とともに、この軍用車にのってドイツ軍はヨーロッパ各地に怒濤の進撃を開始したのです。

ナチスは国家社会主義ですから、初めは労働者にフォルクスワーゲンを買わせると宣伝していました。ＶＷは四人乗りですから夫婦と二人の子供が乗れ、非常に燃費効率が良く、頑丈でいい車なんです。労働者はそれで国内旅行ができる。そのためにドイツの国中にアウトバーンを造る。ナチスのスローガンは「喜びを通して労働を」でした。ナチス自身は社会主義を自称していましたから労働者が喜びながら働いてフォルクスワーゲンで旅行をするという新しい生活様式をつくりだそうと宣伝したわけです。これはもちろんアメリカ型生活様式のイミテーションです。そういう意味ではヨーロッパでは自動車の普及は戦前・戦中にもある程度はあったので、その点では日本とは違うのです。しかし本格的にモータリゼーションが市民生活に普及していくのはヨーロッパでも第二次大戦以後です。

[4] パックス・アメリカーナとＩＭＦ体制

第二次大戦が終わった段階で、アメリカは世界の鉱工業生産の六二パーセント、世界の総輸出の三五パーセント、世界の公的金保有の六六パーセント、世界の海外投資の七五パーセントを占める超大国として、パックス・アメリカーナ体制をつくりだします。いまのアメリカはＧＮＰも二五％ぐらいに落ちて、日本の一五パーセントと合わせて漸く四〇パーセントぐらいに達する状態です。この巨大な生産力をもつアメリカがアメリカ型生産力と生活様式を前提としてフル生産を開始しますと、これは到底アメリカだけでは賄い切れない。絶対に海外市場を必要とします。そこでアメリカは世界に資金をばらまいて経済を回復させ、アメリカ型の生活様式を普及することによって外国市場を拡大していかないとアメリカ自身が発展できないわけです。マーシャルプランがその代表です。日本と同じようにヨーロッパ世界も第二次大戦で崩壊していますから、そこを再建して市場をつくり出さなければならない。これは博愛心からではなく、そうしないとアメリカ資本主義自身が発展できない。もともと第二次大戦自体三〇年代の不況の結果、世界各国がブロック化していったためにひき起された。イギリスは英帝国ブロック、フランス、オランダ、スイス、ベルギーなどは金ブロック、ドイツはナチス広域経済圏、日本は大東亜共栄圏という形で次つぎとブロック化してゆきます。そうするとアメリカも、アメリカブロックをつくって閉じこもる。ニュー・ディールで経済を復興させてきましたがそれ以上発展できない。生産力を少し拡大してもブロック内部ではすぐ過剰になってしまう。結局それ以上の発展のためには、世界市場を必要としますが、そのためには先進諸国がアメリカ型重工業によるアメリカ型生活様式を形成し、自由な世界市場のもとで発展できる構造を保証する必要があります。そこで第二次大戦の終わるころ、ブレトン・ウッズ体制、つまりIMF＝GATT体制をつくります。

IMFという形で世界の通貨信用機構を、金本位制で一元化しているのと同じ構造につくりなおすわけです。もちろん世界各国を金本位制にするわけにはいかない。アメリカだけが世界の公的金保有総額の六六パーセントを独占していましたから、このドルと金をリンクさせ、このドルを基礎とした金為替本位制を確立したのです。各国通貨はアメリカのドルとリンクして固定平価制になります。日本の場合は一ドル三六〇円というレートでした。そのレートを維持させるためにIMFは必要に応じて各国にお金を貸しつけます。そのレートがあまりにも離れたら改定はできますが、できるだけ固定したレートを維持してゆくのがIMF体制でした。それから農産物をはじめとして商品の自由な世界市場をつくり出す。これがGATT体制です。この二本だてで世界市場を金融面でも通貨の面でも安定させ、商品流通の面でも自由化するというのがブレトン・ウッズ体制でした。アメリカはこの体制を膨大なドルで支え、しかも高い生産力によって巨額の貿易黒字をつみ上げますから、弱体化した資本主義諸国に援助資金をばら撒いていてもそのドルは結局またアメリカへ還流するのです。最初は復興援助のために資金をばら撒きますが、朝鮮戦争が始まると軍事費をばら撒く。そうしているうちに南北問題が生じますから、今度は南の国々を援助する。こうしてアメリカは方向は変えながらも絶えず膨大なドルを世界にばら撒き続ける。そのドルをばら撒く過程で、各国にアメリカ型の重化学工業を移植し、養成し、確立し、発展させるというのが基本政策になります。

[5] 日本経済の重工業化

日本の場合は戦前は軽工業で、生糸と綿で資本主義を発展させていたわけです。生糸を売り、その代金で綿花を買って、それを加工して売る紡績資本主義です。その頃の日本の重工業はだいたい武器生産を中心としていました。ところが第二次対戦後はこの構造を維持できなくなる。いわゆる途上国がみんな自立してしまい、これらの諸国は経済的自立のために一斉に軽工業を始めたからです。安い労働力でどしどし繊維製品を作って売り出すわけですから、日本は対抗できるはずがない。従って軽工業は次第に衰微し、重工業化をめざすことになる。この時の重工業はアメリカ型重工業、つまりその時の世界の最先端の重工業でなくてはいけない。

要するに、自動車産業を中軸とした重化学工業化を達成しないと第二次大戦後の日本資本主義は発展できないのであって、それを実現したのが高度成長の過程だった。ただしそのためには条件が必要で、その条件を戦後改革が準備したわけです。財閥解体、農地改革、労働の同権化（労働組合の育成）です。これはニュー・ディールの日本的変形とみてよい。日本では戦前、三井、三菱、住友という財閥が成立し、三井・三菱だけで主要企業における比重は、商事で七六パーセント、鉱業で五七パーセント、製紙で六五パーセント、金属・機械・食品などでも三〇数パーセントという圧倒的な高さでした（一九三〇年末）。このように財閥に集中された独占構造が第二次大戦の原因であったとアメリカは見たので、これを徹底的に解体することになったのです。まず持株会社を禁止し、財閥を構成していた人的な結合と持株による結合とを解体してしまいました。もっとも米ソ冷戦の進行とともにGHQの最初の厳しい姿勢は変化し、集中排除政策は骨抜きにされ、結局、日本製鉄・三菱重工など十八社を過度経済力集中と認定し、そのうち十一社に企業分割、四社に持株の処分、三社に一部工場の処分を指令したにとどまりました。それにしても戦後は日本のビジネス界はこれによって非常に激しい競争社会になり、これが高度成長の一つの重要な条件となりました。新しい機械を採用してコストダウンして、安い商品をたくさん作って売り出し、シェアーを拡大しなかったら生き残れない。戦前のように財閥系列でぴしっと市場が分割・支配されていたら、そんな競争はやる必要がないわけです。お互いに協定してカルテル価格を決めてなるべく高い値段を設定して、それを下げないのですから。

それから農地改革です。これも講座派的な認識なんですが、アメリカは、戦前の日本では小作農民が徹底的に収奪され、それが封建的な階級支配の基礎となり、天皇制を支えて戦争に導いたという認識をもっていた。従って農村の半封建的土地所有を全部解体しなくてはならない。小作農民に農地を与えて解放してしまう。半封建的な地主―彼らはこれを天皇制の基礎だと考えていましたが―を全部廃絶してしまう。それから労働組合をつくらせて近代的な労働権を主張させ、賃上げを側面から援助する。ニュー・ディールの日本版ということです。農民は、いまや生産物の半分を地主に差し出すというような犠牲を払う必要がないからお金をため、彼らはまずそれで、農業用のトラックを買う。日本の自動車産業はまず農業用のトラックの需要から始まるのです。トヨタも日産も、アスファルトの敷いていないガタガタの悪路に耐え、しかも燃費効率がよくて小回りが効く農業用トラックをつくり売り出していく。そのシャシの上に乗用車のボディをかぶせればマイカーができる。結局中身は同じなんです。日本の小型車はそこから始まります。したがって性能はいいんです。労働者にも労働の同権化が与えられ、戦前のような安い賃金で搾取するというわけにはいかなくなったから、朝鮮戦争が終わったころから少しずつ一般勤労者の中にもマイカーが入ってくる。

自動車産業は第一次大戦後、アメリカで発展した新しい重化学工業の中核であったということ、第二次大戦後、日本にそれが輸入されて日本の経済再建の基軸になってきたということ、高度成長とはこの自動車産業を中心とした日本経済の構造転換の過程であったということの歴史的意義が分かってもらえればいいわけです。あとはいかに日本で具体的に自動車産業が発展し、マイカーが普及して、日本経済と日本社会を組み変えてしまったかということの大雑把な見取り図です。

[6] 日本の自動車産業の発展

ＧＨＱは一九四九年に自動車の生産制限を解除しますが、当時はトラックが大半で、乗用車千台、バス二千台を加えて、年産二万八千七百台にすぎませんでした。市場は狭く、設備は老朽化し、過剰労働力をかかえ、例えば日産の争議が起こって日産がつぶれそうになり、トヨタが二か月の大ストライキをともなった千人の首切りを敢行したのが朝鮮戦争の直前です。日本では自動車産業は成り立たないと、一万田という有名な日銀総裁が言いました。総裁を長くやって法皇といわれていましたが、彼は徹底的な日本自動車産業否定論者だった。日本で自動車産業をつくるなんて夢みたいな話で、日本は二流の資本主義国でいけばいい、自動車は、アメリカで造ったものを買えばいいと言うのです。したがって自動車産業と連携して川崎製鉄がストリップミルという新しい鋼板を作る設備を導入して、自動車向けの技術革新を行ったときは一万田総裁は激怒して、川崎製鉄にぺんぺん草を生やしてやると叫んだ。それほど日本経済が自動車産業を中心として発達するようになるなどとは、支配階級さえ考えなかったというのが、当時の現実でした。日本経済をどう発展させるかという戦略はまだ揺れていたわけです。

ところが朝鮮戦争の特需が起こって、トラックや自動車の需要に火がつきました。アメリカから資材を持ってくると輸送費が高く、時間がかかるから日本に造らせたのです。これは日本資本主義にとっては神風であった。だから今でも朝鮮の人々には恨まれているんです。彼らから見ると、日本が重化学工業を中軸に復興して今の繁栄に至ったのは朝鮮戦争があったからであって、自力で発達したようにいっているのはおかしいということになる。確かにそういう面があります。朝鮮戦争によって自動車産業だけでなく、日本の工業界全体に膨大な需要が殺到し、いままでの規模では到底賄い切れないからここで臨時工制度が生まれた。臨時工は忙しいときは大量に使いますが、商品の注文がなくなったらすぐに解雇できる。もう一つは下請けです。大企業は中小零細企業を下請けとして抱え込んでいく。そこから多くの部品を集めこれを組立てる。下請けですから親会社が注文しなかったらそれで終わりです。内装化率が高いといいますが、フォード、ＧＭ、クライスラーなどでは企業の内部で多くの部品を作りそれを組み立てている。日本の場合は大企業は組み立てしかしないで、部品の大多数はみんな下請けにやらせます。そして中小企業、零細企業がつくって持ってきた部品を買いたたく。さらに景気が悪くなってきたら発注しなければいい。つまり労働者を直接首切る必要がないんです。その点で非常に合理的です。この臨時工のシステムと下請けのシステムが朝鮮戦争の時に確立します。これが以後日本の自動車産業を中心とした重工業を特色づける支配構造の根拠になる。これは日本の資本主義の強さの基礎になっているわけです。日本の経営の特色は終身雇用だといわれますが、これは割引して受けとる必要があります。本工は終身雇用ですが臨時工や社外工、それに下請け関係がある。これらの労働者は不況になるとすぐ切り捨てられるわけですから、かれらを前提にした上で本工の終身雇用制が保証されているというのが正確なとらえ方です。

この時に一万六〇〇〇ポンド以上の大型トラック、二〇〇〇cc以下の小型トラックが日本の特産になるわけです。つまりアメリカで造っていないような大型のトラックと小型のトラックです。小さなクルマは悪路に向き、もう一つの特色はディーゼル化でした。そのころ日本では外国との技術の差がありすぎ、自前の技術で自動車工業を発展させるのは不可能だということになって外国の自動車産業と提携を始めます。日産とオースチン、いすゞとルーツ・モーター、日野とルノー、新三菱とウィールズ・オーバーランドというように提携する。ただトヨタだけは提携しなかったというので、トヨタは純国産をめざし、それに成功したプライドの高い企業だといわれていまして、トヨタ自身もそういっていますが、これはややインチキで、トヨタはフォードと提携しようとした。二度機会がありまして、一度は朝鮮戦争のときでした。ところがその時は、アメリカのほうで、フォードの技術が日本に流れるのは軍事機密上問題があるというので政府からチェックされ、つぶれたんです。それ以後、トヨタとフォードの提携はトヨタのほうで画策して、かなり進みました。ところが一九五二年にメーデー事件が起こりました。宮城の広場を使わせないというのに対して、デモ隊が強引になだれ込み、そこで警察と衝突が起こり、そのさい外車の多くがひっくり返されて燃やされたんです。これがニュースで世界中に放映され、フォード側ではそれを見て、日本で反米的な空気が非常に強い、特にアメリカの自動車に対する反感が民衆の間に高まっていると判断し、それが契機になってトヨタ、フォードの提携は流れた。以後、トヨタはどことも提携しないで自前でやってきましたが、決してトヨタは最初からそれをめざしたわけではなかったのです。

六〇年代は、日本のクルマの売れ筋は日産のダットサンとトヨタのトヨペットが主流でした。日産、いすゞ、日野、三菱は提携車をつくりますが、多額のパテント料を取られたため、価格は意外と高くなったんです。それでダットサンとトヨペットが非常に売れた。ダットサンもトヨペットもシャシと機械部分はトラックのままで、上に乗用車のボディをかぶせるという形で乗用車とトラックの転換を行った。だから日本の車というのはもともとはトラックで、乗用車とトラックの間に互換性がきくのがその特色です。

そのころ政府は日本の自動車産業を保護するために外車に四五パーセントの税金をかけ、さらに外貨割り当て制をひいて、外車はなかなか買えなかった。政府の大臣の公用車だったら外貨割り当てがありますが、一般人は外貨割り当てがないからいくら金があっても外車は買えない。そういう政策で徹底的にクルマの国内生産を保護します。そこでトヨペットとダットサンが大衆車として支配的になっていき、同時に日産とトヨタが自動車産業の代表としてのし上がっていったのです。

こうして日野・ダイハツ工業はトヨタグループに入り、プリンス・富士重工が日産グループに入ります。いすゞがGMと資本提携し、東洋工業がフォードと資本提携する。日本の自動車産業の配置がここでだいたい決まったのです。五五年から六一年の間にデトロイト・オートメーションが導入されて五六年に年産一〇万台を突破しました。このころはまだ自家用車といっても一般市民が通勤やレジャーのために使うのではなく、商店や農家が使うビジネスカーでした。小型四輪トラックと軽四輪乗用車が全盛期で、マイカーの代用としてはオートバイが使われました。バイク産業はイギリスなどから輸入したものなんですが売れ行き好調でブームとなり、改良に改良を重ね、特に本田、川崎などが市場を席巻しました。七〇年代になると、日本のバイクはイギリス市場まで支配してしまいました。七三年に私がイギリスに行った頃は、イギリス人は非常に日本のバイク産業を恨んでいました。イギリスのバイク産業は伝統的な格調の高い製品をつくっていたんですが、日本バイクの流入でとうとう一社もなくなってしまった。そのころロンドンでは暴走族が走り回っていましたが、全部日本製のバイクに乗っていました。そのぐらい日本のバイクが世界市場を席巻してしまった。

六〇年代、貿易と資本の自由化があり、ここで自動車会社は設備を大型化します。同時に日本人のクルマ保有台数が五〇〇万台を突破します。さらに七〇年代にかけて年間生産二〇〇万台、保有台数一〇〇〇万台にはね上がります。ちなみに現在は保有台数が六五〇〇万台、そのうち乗用車は四五〇〇万台ぐらいでしょう。それにしても乗用車だけで三人に一台で、二人に一台に近づきつつあるわけです。同時に六〇年代から七〇年代にかけて交通戦争が激化してきます。今の趨勢としては年間死者一万人負傷者八〇万人が定着しました。それから欠陥車問題が出てくる。

七一年の生産台数はトラック二〇六万台、乗用車三七一万台、輸出台数はトラック四七万台、乗用車一三〇万台、バス一万台です。日本で作っている車の三〇パーセントを輸出する。つまりクルマも輸出向けの工業になってきた。現在は五〇パーセントを超えて完全な輸出産業です。七一年の乗用車の対米輸出が八一万三〇〇〇台、日本車はアメリカ自動車市場の四・六パーセントを占める。こうして七一年には世界のトップ・ファイブの自動車企業はGM、フォード、トヨタ、フォルクスワーゲン、日産で、トヨタ、日産という二つの日本の会社が世界五位のなかに入った。これ以後の発展もまたものすごいものですが、一応この頃日本の自動車産業が確立して、アメリカと肩を並べるような規模になってきたのです。そして八〇年、ついにアメリカを追い越してしまいます。

そもそも自動車産業はアメリカで、現代資本主義の中核産業として形成され、戦後それが輸入され、日本を経済構造としても社会構造としてもアメリカ型に変えてしまった。それが実は高度成長だった。この結果日本の社会構造は戦前のそれとは一変する。人間関係も家庭の在り方も全く変りますが、その変質の中心部分に自動車があるということです。自動車は現代資本主義の分析を行う場合には絶対に目を離せない焦点になります。

第6章　農業問題

――現代資本主義の構造的矛盾(1)

[1] 資本主義と農業

最近ウルグアイ・ラウンドの問題が連日新聞で報じられています。だいたいこれは九一年末までに決着をつけなければならないことになっています。本当は九〇年に決着をつけるということで始まったのですが、遅れに遅れて今でも解決がついていないのです。今日はそれと絡めて日本の農業問題を考えてみたいと思います。

先日の夕刊各紙の一面に大きく出ていましたが、自民党の小沢―金丸ラインが、日本もコメを一粒たりとも入れないとは言っていられない、として、これまでのスタンスを変えつつあるということです。これは当然予想されていたことです。金丸信はかつて、自動車はどしどしアメリカに売って、コメだけは入れないということを続けていていいのか、アメリカの米を全部買ったとしても三〇万トン程度で、もしコメが余ったらアフリカやインドに配ってもいいではないか、と言った。要するにコメの輸入に風穴を開けるべきだということです。こういう観測気球をブチ上げておいて、政府としてもコメを一粒たりとも入れないという政策を徐々に変え、最終的にはアメリカの要求を全面的に呑み、日本の農民への補償は手厚くするから我慢してくれというようなところへ持っていこうということだろうと思うんです。

ここでの課題は、なぜこんなことになってきたのかということと、こういう問題が持っている歴史的意味を探ることです。これは単に日本経済と対外関係というだけにとどまらず、現代資本主義が持っている根本的な問題と通じ合うような構造を持っています。それだけではなくて、実はこれは社会主義の問題とも通底しています。今日社会主義が抱えている問題は、ハイテク化・ME化という形で七〇年代以後資本主義が生産力を非常に上げてきたことに対して追いつけなくなってきたという点がありますが、これは工業部門にかかわります。だがもう一方で農業部門の問題も持っている。社会主義諸国は一時期だいたい農業の集団化を目指した。農業を機械化し、集団化し、大経営化することによって生産力を上げて、工業生産に匹敵するような高い農業生産力を確保するという考え方です。

このごろの社会主義圏の崩壊に対する批判ないし弁明における紋切り型は、スターリン体制だから駄目だというものです。あるいはスターリン体制というのは本来のマルクス主義じゃなかったんだ、だから失敗したんだという言い方です。ところが農業問題に関してはそんなことをいっていられるでしょうか。

農業集団化のやり方は、ソヴィエトではコルホーズですし、中国だと人民公社ですが、だいたいどこでも社会主義圏というのは農業の集団化、機械化、大型化、耕地の拡大を図ってきました。ところがそういう意味では資本主義のほうが先端的に、いわゆるアメリカ型農業でそれを実現しました。何百ヘクタールもある耕地に大型のトラクターやコンバインを入れてヘリコプターで種や農薬を撒き散らすというやり方は、社会主義国でも資本主義国でも同様にすすめられたのです。つまり資本主義社会での先端的な農業と社会主義が目指す農業は、同じ構造を持っていたのではないか。しかもそれはスターリン時代から始まったのではなくて、マルクス、エンゲルスの時代からそう考えられていたのではないか。協同組合化、集団化、機械化を通して農業生産力を拡大していくというのはエンゲルスの持論でした。資本主義社会では、非常に小さな土地所有を前提とした小農ないし過小農―リリパット的農民なんていいますが―が支配的なために生産力があがらない。それは資本主義的農業の重大な欠陥だった。社会主義になると農民の小土地所有を取り払って、国有化された土地所有の上に協同組合的な大集団的農業を経営し、ここに機械や化学肥料を導入して生産力を上げていくことができる。この考え方はスターリンから始まったのではなくて、マルクス主義の基本的な考え方だったのではないかと思うんです。

さらにさかのぼって考えますと、例えば『資本論』では、資本が経済過程を完全に把握した社会の地代を扱うということになっています。農業では、土地は完全に地主によって所有され、農業資本家がこの土地を借りて、そこに資本を投下し、プロレタリアを雇って資本主義的農業を経営すると想定されています。マルクスも、こういう農業が世界でそんなに多くあるわけではないが、イギリスではそういう農業が発展しつつある。したがって我々は農業も工業も完全に資本主義化されたということを想定して資本主義の純粋な理論を取扱うのだと『資本論』でいっているわけです。マルクスの経済学では、歴史自身が純粋な資本主義への発展の傾向をもっているということを基礎にして、理論的想定がなされているわけです。

〔2〕社会主義と農業

資本主義はもともと工業部門になじむ生産様式でした。産業革命を通して綿工業が資本主義化したというところから資本主義の歴史は始まるわけですから。そういう点からみると農業は最も資本主義化されにくい部門です。しかしそういう農業もイギリスのような最も発展した資本主義国ではやはり資本主義化されていった。農地は大土地所有者の手に移って、農業資本家がそれを借地して大農経営をやるという生産様式が発達してきている。もちろんそれで農業部門が完全に覆い尽くされたわけではないが、実際この農業の資本主義化の傾向はイギリスの一九世紀の現実だったわけです。この傾向を延長して考えれば、資本主義が発達すると工業だけではなくて農業までも全面的に資本主義化されるとみるべきだろう。この発展した資本主義社会で社会主義革命が起こった場合、社会主義社会は、この大農経営を引き継ぐことになる。発達した資本主義社会では工業も大工業になっているのに対応して農業も大農経営になっているから、それを引き継げば社会主義的農業は比較的簡単に形成されうる。農民が協同組合的な集団をつくって大農場で機械や農薬、化学肥料をふんだんに使いながら生産力を順調に高めていくのが社会主義的農業だというイメージを、マルクスはもっていたと思います。

そういう考え方をスターリンにしても毛沢東にしても受け継いだだけではないか。こうして農業の集団化をやってみたが、ソヴィエトの場合半世紀ほどたって、それが凄まじい勢いで崩壊してしまった。生産力は全然上がっていない。いまやソヴィエト・ロシアは大変な農業国となってしまった。資本主義時代にはヨーロッパに大量の穀物を輸出していた農業国が、今では大量の穀物を絶えずアメリカから買い入れなければ生活できないという状態になったのですから、これは明らかな政策的失敗とみるべきでしょう。同じように中国も人民公社が急速に解体して、家族労働を前提にした小農的な形に変わりつつある。個人が責任を持ちながら小農経営をしていくという形は、集団化と逆の方向に向っているわけでしょう。一方資本主義のほうも、アメリカ型大農経営がいろんな面で問題を露呈してきている。確かに農業生産力は上がるんですが、化学肥料によって凄まじい勢いで土壌が崩壊し、砂漠化しつつある。有機的なたい肥をすき込んで長時間かけて土を豊かにしていくという形で行われていた農業は、化学肥料や農薬を前提にして一時的には生産力は上がるけれども長期的にみると崩壊しつつある。そうなると今日の農業は資本主義の側でも、それを克服すると称する社会主義の側でも根本的なところで何か誤算を犯し、それが今や露呈しつつあるとみるべきではないか。

私はマルクスの理論は資本主義の原理としては基本的に正しいと思うが、それを直接現在に適用しようとすると適用できない部分もいくつか持っていると思う。その場合は現代の資本主義の構造を前提にしながら、理論システムをつくり直していくなり、あるいは新しくつくりだすなりすればいいと考えているんですが、農業部門に関してはそういった単純な手続きではすまない問題をかかえこんでいると考えます。もう一つ難問をかかえているのはフェミニズムの領域でしょうね。そういう意味ではマルクス主義の根本的な弱点は農業問題にあると思います。その点を今日は少し立ち入って考えてみましょう。

[3] 現代日本の農業

まず、日本の農業の現況を確認するところから始めましょう。日本の総人口は一億二四〇〇万人程度です。就業者は五八〇〇万人、世帯数が三八〇〇万世帯、これが最近のデータです。それにたいして農家人口は一九〇〇万人で割合に多い。十数パーセントになります。もちろん終戦後の調査では農家人口は日本の総人口のだいたい四五パーセントでした。農家人口と農業人口は違うんです。農家人口は農家と称する人口を全部総括していますから、子どもや赤ん坊も含まれます。最近の映画で山田洋次監督の『息子』というのがこの問題を扱っていました。東北の農村と東京とを対比し、東北の農村ではおじいさんやおばあさんしかいない。子どもは成年に達するとみんな東京に出てきてしまう。あの映画では頭のいい兄は大学を出てコンピューター会社に入り、あまり成績の良くない弟は高校を出て「村さ来」「つぼ八」といったところでいらっしゃいませとやっている。そのうちに小さな鉄材の運送会社にかわるのですが、田舎にはかれらのおとうさんしか残っていない。農家人口は割と多いのですが農家の子どもは二十歳ぐらいになると皆いなくなってしまうから農業人口は急速に減ってくるわけです。それでも五八〇〇万に対して六〇〇万ですからまだそれほどの減り方ではない。一〇パーセントちょっとあるわけです。農業戸数にしても四二〇万戸ですから一一パーセントになるわけです。

問題なのは、そのほとんどが兼業農家になっているということです。つまり農家といっても農業だけでは食っていけない。実際に農業をやっているのはおかみさんで、亭主は近くの町の工場に働きにいくとか大都会に出稼ぎに行っているというケースが圧倒的です。純粋に農業だけで食っているとなると一・六パーセントになってしまう。専業農家は二パーセントを割っているのです。勤労者平均年収は一昨年の統計では四九六万円です。それに対して農家平均年収は六二〇万円ですからそれよりやや多い。しかしこれは農業から入ってくる収入と農業外収入とが合算されていますから、農業だけの所得ではない。しかし農外収入を含めると農家収入は数年前から都市勤労者の所帯の収入を追い越しています。

自給率はコメについては一〇〇パーセントです。それに対して小麦は一六パーセント、大豆に至っては四パーセント、野菜九二パーセント、果実六七パーセント、肉類七二パーセント、乳製品八〇パーセント、というところです。政府の側ではこれらをトータルして総合自給率七〇パーセントと称しています。日本は食い物は七〇パーセント自給できると言うのです。ところが問題なのは粗粒穀物です。野菜や果物も必要ですがいちばん重要なのはコメ、麦、大豆という粗粒穀物でしょう。この粗粒穀物でいうと自給率は三〇パーセントを割り込んでしまっている。その点を考えると肉類七二パーセント、乳製品八〇パーセントというのもかなり怪しい数字と見なければならない。家畜用の飼料、トウモロコシなどはほとんど一〇〇パーセント輸入している。それを鶏や牛に食わせ肉や卵を生産しているのですから、これは間接的には完全に輸入に依存しているとみるべきでしょう。

一番重要な粗粒穀物の自給率は約三〇パーセントで、先進国の中で最低です。資本主義が発達してきますと、先進国のイギリスが典型的に示したように農業はだんだん縮小されてくる。第一次大戦直前になりますと、イギリスは農産物のほとんどを外国から輸入して、工業製品を輸出するといういまの日本のような形になってしまっていました。ところが第一次大戦で大変なことになった。イギリスはドイツ海軍に輸送路を封鎖され食い物で危機的状況に追いつめられた。それで第一次大戦以後、政策を変えてできるだけ食料を自給することをめざした。第二次大戦でも同じことを味わって、イギリスばかりでなく他の資本主義国にも農産物を自給するという傾向が広がっていった。EC諸国の穀物自給率を見ますと、一九七四年から八四年の一〇年間に、イギリスが六九パーセントから一〇〇パーセント、西ドイツが八二パーセントから八九パーセント、フランスが一五三パーセントから一七八パーセント、イタリアが六九パーセントから七九パーセントというように軒なみに上昇しています。アメリカは、いうまでもなく世界の穀倉地帯で自給率一七二％の最大の穀物輸出国です。先進国中、日本に近いのはスイスですが、それでもまだ自給率四七パーセントです。結局日本だけが三〇パーセントというひどい状態になっている。日本は工業部門で自動車を中心として、電機、ハイテクなどをものすごい勢いで生産して大量に輸出していくという構造で高度成長を維持してきたわけですが、その裏側で農業部門を徹底的に縮小して、そこから労働人口を吸収し、工業部門に送りこむという形で、GNPの上昇を実現したのです。ヨーロッパ諸国のGNPの上昇率はこの時期つねに日本の半分ぐらいにとどまりました。農業部門を手厚く保護しているのですから当然そうならざるをえない。日本が高度成長で世界にまれにみるような成功を収めたということは、逆の面からみれば農業、林業、漁業、鉱業といった部門を全部捨て去り、資源・エネルギーを世界各地から安く買いたたいて集めてくるという形で効率化を実現した、その結果だということになるわけです。

第二次大戦後は先進国はどこでも農業保護を政策目標とし、農産物の価格支持、農民の所得維持のための費用を支出しています。アメリカでは一兆六〇〇億円、ＥＣでは四兆二〇〇〇億円、日本では四〇〇〇億円に達します。農民数では、日本の農民を一〇〇としますとアメリカは七〇で、ＥＣは一五〇ですから、これで割ってみればすぐ分かりますが、一人当りの価格支持費、所得維持費という点からいっても日本はまだ最低です。

〔4〕農業保護政策の根拠

では何故第一次大戦後、特に第二次大戦後になってくるとどこの国でも農業保護、農民保護を手厚くやるようになってきたのか。

それは整理しますと以下のような論点が浮かび上がってきます。第一は食糧安保論です。今日でも国際関係は不安定で、いつ湾岸戦争のような事態が勃発するか分からない。そして海上輸送が混乱した場合にやはり島国日本としては食糧確保がいちばん大きな問題になるというのです。

これに対しては食糧だけ自給したところで石油が手にはいらなければどうしようもないじゃないかという反論がよくあります。確かにそういう面はありますが、やはり食糧がなくなるのと石油がなくなるのとではかなりウエートが違う。どこの国でも食糧危機が起こったら、すぐに政治不安が急速にたかまる引き金になります。石油もそういう性格を持っていますが、石油はかなり備蓄されており、さらにまた価格が上がっていく一方で、節約が徹底化され、何れはコストの犠牲さえしのべば買えるようになります。

一九七二年に世界中の農業が大不作に見舞われまして、それまで食糧が余っていたのが一転して食料不足と風向きが変わってきた。そのときに日本でいちばん問題になったのは大豆でした。大豆は自由化されたらたちまち国内生産量が激減してきた。それまでの農村では水田を作っていると大体水田の畦に大豆を撒いていたのです。

それで枝豆を採ったり、その大豆で味噌や醤油をつくるという形で自給していましたから大豆の自給率は割に高かった。ところが自由化されると国内産大豆とは比較にならないくらい安い大豆が特に中国などから入ってきました。それで忽ち大豆生産は縮小し、自給率四パーセントに落ちてしまった。そこへ凶作が起こったのです。その時アメリカで日本へ大豆を輸出しないという決定がされた。それで大混乱が起こりまして、日本の豆腐業者代表などがアメリカに乗り込んで交渉してようやく大豆を売ってもらうことになった。そういうこともあり得るわけです。食糧は天然の作物ですから、凶作で世界の生産量が極端に縮小した時は食糧不安から社会不安へ、さらに政治不安へと連鎖的に動揺が起こるという問題性を持っているわけです。

第二は、これは日本の場合はあまり問題にならないのですが、外貨負担の軽減です。今の日本のように黒字がたまって困るという国は例外で、どこの国もだいたい国際収支は赤字で、外貨が足りない。したがってできれば自分の国で食糧をつくり自給を基本的な方針にして外貨節約をはかりたい。

もう一つは食品の安全性です。これはこのごろ急速に問題になってきました。日本のように自給度を急速に下げていくと、穀物から始まって野菜に至るまで地球の裏側から運んでこざるをえないことになる。数カ月かかって船で運んでくるとナマ物ですから当然ばい菌がついたり腐ったりします。だからそうならないように徹底的に消毒してしまう。ポストハーベストという問題です。アメリカなどでは農産物を作っているときに農薬を撒くことは非常に厳重に規制されています。しかし輸出する場合は別ですから、もう一度農薬をかけて徹底的に消毒してしまう。すると輸入された農産物に農薬がかなり残ってしまう。

日本では神戸や横浜で検査官がそれを調べます。ところが検査官は日本全体で現在八十数人しかいないそうです。なぜそういうところで節約するのか分かりませんが、膨大な食糧が入ってきますから、この人数ではいちいち検査できるはずがない。わずかなサンプル調査をしているだけです。あとの大半は商社などの自己申告ですませていますが、自分のところで輸入した食糧はちょっと怪しいです、なんて自己申告する者はいません。誰だって安全ですと申告しますが、本当に安全かどうかは全く分からない。

商店の店先で千葉産のピーナツとアフリカ産のピーナツを較べたら、アフリカのピーナツのほうが断然安い。三里塚産ピーナツなんて非常に高いんですが、こちらのほうはどういう作り方をしているか見ようとすれば見ることができます。アフリカで作って送られてきたピーナツの方は何が何だか訳が分からない。往々にしてかなり有害な薬品が付着していたということが後で分かることがあります。

なかなか面倒な問題でして、食べてすぐ反応が出て下痢をしたとか病気になったという場合はまだいい。食い物の面倒な問題は体内に有害物質が蓄積していく点です。自然界にたれ流された有害物質が植物や生物をとおして、魚や鶏、牛、豚に吸収されて、最終的には全部人間のところに集まって来るわけです。今日では人間は自然を支配していますから、バクテリアから始まって植物から動物という形で流れてゆく毒物の連鎖が、最終的にはみんな人間のところに集約される。そして人間がこれを世代的に蓄積する。母体から子供へと三世代、四世代にわたって蓄積されていたら訳が分からないことになる。祖父母や曽祖父母のときから蓄積されきた毒物が三代、四代かかって症状をあらわしたといっても対応のしようがないでしょう。その結果は科学実験でもまだ分かっていない。

そういう訳の分からない毒物が農薬や科学肥料としてめちゃくちゃに使われるようになったというのは第二次大戦以後の農業構造ですから、農産物が遠方から来れば来るほどその危険性は増してくるとみなければいけない。これが第三の問題です。

第四は、学者によっていろんな推測がされていますが、アフリカや東南アジアなど南の側で人口が爆発的に増え、いまは五〇億人といわれていますが、二〇一〇年ぐらいには七五億ぐらいになり、またその一〇年後には一〇〇億を突破するだろうといわれています。事実そういった高いパーセンテージで南の人口は増え、平均寿命もだんだん延びている。それに対して穀物の生産はそんなに増えていない。今は過剰気味ですが、飢えているところもあるものの全体としてはカバーしている。世界市場では絶えず過剰傾向がつづき、だから価格は安いのですが、それは今後一〇年、二〇年、三〇年と同じように続くとは限らない。かなり世界全体としては食糧が逼迫してくる可能性はあるんじゃないかといわれています。すると長期歴史的にみると、やはり自給を放棄してしまうというのは問題だ。

しかも農業はいったん放棄して田畑を荒廃させてしまうと、再開発はなかなか難しい。工業のように新しい機械を入れてある程度労働者を熟練させてやれば同じ生産力になるというものではなくて、歴史的に蓄積されてきた経験や技術が家族、村落といった集団と結びついて一つの農業生産力を構成しているわけです。これを破壊した場合に新しく作るというのは大変な問題になってきます。社会主義圏の中国とソヴィエトでいまその問題が出てきている。両方とも一定期間集団化をやり、その集団化には限界があるというのでストップし、個人的農業経営へと分散してきています。すると中国では急速に生産力が上がってきて、いろんな穀物を輸出し始めています。

ところがソヴィエトのほうは一向に生産力が上がらない。なぜかというと一九二〇年代から個人的農業経営は解体させられたわけですから、自分が田や畑を持っていて農業経営を自己責任で行ったことがあるという者は全くいないわけです。突然自己責任で農業を経営しろといわれても、不可能です。このように自立した農民が育つということはなかなか大変です。こういう問題がいったん農業を崩壊させると資本主義の場合でも出てくるのではないかということです。

[5] 農業と自然環境

次は環境保全の問題です。だいたい農業経営は一般に林業、酪農などと結びついているのが普通です。そして村落というひとつの有機的な共同体的秩序をつくっていたわけです。ところが先ほどの映画『息子』の岩手の山の中のように今では子どもが全部いなくなってしまう。家だけがあって老人が一人で畑を守っているということになると手がつけられない。村落は環境としても共同体としても崩壊してしまうわけです。

もちろん休耕田などは急速に荒れていきますが、さらに問題なのは林業です。山を所有し、それに木を植えて育てていくというのは大変な仕事です。絶えず下草を刈り、枝を払ってきれな環境にしておかないと立派な樹木は育たない。杉やひのきの苗を山に植えておいたらそのまま育つというものじゃない。徹底的に手を加えないと、山は荒れてきて樹木は育たないのです。亜熱帯ですからいろんな植物が生え、いったん藪になると樹木の生育が悪くなってきて危機状況になる。植物が危機状況になると異常に繁殖をしようとする。例えばサザンカやツバキなどは手入れや肥料が悪くて樹の勢いが衰えると花をいっぱい付けるようになる。種を絶やさないためにそうなるわけです。

これが具体的に問題になってきたのが杉花粉症です。杉の木があって花粉をまき散らすのは何千年来あるわけですが、なぜ最近、杉花粉症が流行って、みんなくしゃみをしながらマスクをして歩いているのか。それは杉の林が手入れをされずに荒れてきたため、杉がものすごい勢いで花粉をまき散らすようになったためです。さらに松の木の芯を食う虫が繁殖して松が枯れてくるということが問題になっています。あれも同じで松の木の芯を食う虫は大昔からいた。しかし、昔は松の木が枯れると切り倒して薪にして処理してしまった。ところが今は放置されています。するとどんどん虫が繁殖して次々に松が立ち枯れしてますます広がっていく。要するに森林に対する手入れが足りないことの結果としての花粉症であり、松食い虫の繁殖であるということです。こうして日本の森林は崩壊し始めましたが、一旦崩壊し始めると衰亡は急速にすすみます。

よく誤解されていますが、自然に人工を加えず自然状態にしておいたら自然は成り立たない。何千年来、人間と自然との交流を通して今日の自然らしい自然が出来てきたのです。絶えず手入れをしなければ、杉の林や、ひのきの林なんかできはしない。農地も同じことで徹底的に手を加えることによって、今日までの日本の農地は維持されてきました。エコロジストの中には、もう弥生式も駄目で縄文式まで返らなければ自然は回復しないと言う人もいますが、そんな馬鹿なことはない。農村の自然は数千年来の農業によって、田園を徹底的に人間が手入れをしてきた結果で、農業とは人間と自然との有機的な交流でしょう。人間の排せつ物も土の中に還元され、土地を豊かにするという交流の中で豊饒な土地ができる。ところが現在は、工業に始って農業に至るまで、専門化して徹底的に対象を限定していくわけです。工業の大量生産方式では全てを部品化して非常に精密化し規格化して、それをスピーディーに組み立てていく。それを農業のほうに応用したら、やはり専門化の論理になる。野菜なら野菜を徹底的に専門的に作る。管理のむつかしい有機的な土は排除して水と薬品だけで野菜を作ってしまう。

鶏や豚も工場のような人工的畜舎で大変な量を飼って、夜もと電気をつけて床をガタガタ揺すらせて眠らせず、その間餌を口から突っ込んでやる。すると早く太ってたくさんの卵を生むというかたちで合理化されていく。大量の排泄物は人間の排泄物と同じように捨ててしまう。すると田や畑には有機物が入ってこないから、ここには化学肥料を撒き散らすことになる。これを繰り返しやっていくと土壌がだんだん固くなって痩せていき、無機質化してくる。豚の肉や鶏の卵はものすごい勢いで生産されますが、その排泄物は捨てられ自然は荒廃してゆくわけです。

こういう形で生産が分化しますから自然は有機的な循環ができなくなる。有機的な循環構造を持っていないと農業も林業も長期的には維持できない。結局家族を単位とした小農的経営で、豚を飼ったり牛を飼ったり鶏を飼い、田があり畑があり、林がある。このような構造の中で有機的に労働や排泄物を回転させていたというのが、長期的にみるといちばん合理的な農業の在り方だったんじゃないかという反省が、資本主義・社会主義という体制をこえて起こってきた、これが今日の状況だろうと思うのです。

資本主義でも社会主義でも農業の発展に対しては同じようなイメージが抱かれてきました。近代社会では、あらゆる産業分野で科学が生み出す技術をストレートに使って生産力を上げてきた。その成果を我々は享受して生活している。ところが農業はそれに大巾に立ち遅れている。だから農業でも同じように科学技術を使って生産力を拡大して大農経営にして機械化していかなくてはならないし、そうすれば農業も工業と同じように発展できる。集約すれば結局そういう論理になるだろうと思います。

ところがそう単純にはいかないいろいろな事情がある。一つは、農業は工業と違って自然的条件に制約されて外国の技術を直接導入できないということです。日本にトラクターやヘリコプター、コンバインを持ってきて、アメリカ型農業をやろうとしたってできるはずがない。日本の中の平地は全体の一四パーセントしかなく、非常に高い山や谷間が多い。水の流れ方からしてアメリカやヨーロッパとは全く違っている。そういうところでは何千年来農業をつづけてきた伝統と技術があり、農業はそういう地勢的・歴史的事情と固く結びつきながら、独自の家族構成や村落構成で営まれてきた産業分野です。

そしてまた、いわゆる比較生産費説からみても、国際分業を徹底して考えれば、各国は最も生産力の高い産業分野に集中的に専門化した場合に最も合理的となるのであって、日本でどんなに農業生産力をあげても、自動車や電機の生産力の上昇に追いつかないかぎり、後者に専門化した方が有利だということになるわけです。

大内力教授が『農業の基本的価値』（家の光協会）という本をお書きになっています。これは大内教授の書いたものの中でも非常に力作です。これまで述べてきた農業問題の指摘も多くこの本に依っています。『国家独占資本主義』などは世評は高かったが、つまらない本です。しかし、この『農業の基本的価値』で大内教授の展開されている主張は、これまでの教授の理論体系とは全く異質です。マルクス、エンゲルスに始まり、レーニンに至る一連の農業問題に対する考え方も、「科学にたいする過大な信仰」を背景としており、「規模拡大すれば農業生産性は高まるし、それこそが農業の近代化であるという考え方」で貫かれていた、と批判するのです。しかし、これはまた農業理論を中核とするこれまで大内理論全体に対する批判とならざるをえません。これに対して、大内教授は、この本の終りの部分で「私も農業基本法の立案にあたった農林漁業基本問題調査会の委員として多少農業基本法をつくるのに関係をもっていたから」「私自身も反省しなければならない」と述べているだけです。

しかし私は、そんなことよりも、農業の近代化を説くことが本質的に誤りであるとすると、教授の農業理論はもとより、社会主義論に至るまですっかり体系的に変らざるをえないと思うのですが、その点に全くふれておられないのは何故かという疑問の方が大きいのです。

それはともかく、この教授の『基本的価値』は、マルクス派から近代派に至るまでの農業問題把握の誤りを適確に批判しつつ、自然と人間との関係の基本を規定する農業の在り方について簡明に要約していますので、これまでの説明についても多くの点で利用させていただきましたが、もう少しこの本のエッセンスを抜きだしつつ、説明をつづけたいと思います。

[6] 農業の基本的価値

大内教授は農業の基本的価値を結論的に四つに集約しています。

一つは、食糧の供給ということです。その食糧の供給ということは、ほかの生産物の供給と比べて格段に重要性をもっているということです。これからもいろんな面で危機状況が発生することはさけられない。人為的な戦争のような場合もあるし、自然的な凶作が続くということもあるだろうが、その危機状況のときに国家が食糧を確保していくということは、そのほかの燃料や衣料を確保しているということとは違った格段の重要性を持っているということです。

第二は、食品の安全性です。食品の安全性を保証するというのはなかなか難しい。できるだけ食糧は近郊から供給される方が安全だし、少なくとも日本の食糧は日本の中で生産され、供給されることが望ましい。今は日本の食糧の多くが北アメリカやアフリカやラテンアメリカから供給されていますが、食糧がこんなに遠距離で生産され、供給されるというのは不健全じゃないか。もちろんやろうと思えば大量輸送手段や腐らせないためのいろいろな薬品がつくられているからできないことはないけれど、それがまた問題をひき起こす。だから食糧はできるだけ近い地域の中で自給的に行われるというのが、むしろ合理的じゃないか。さらにそれに栄養、味という問題も入ってくる。当然、今のように機械化されて、化学肥料と農薬をふんだんに撒いて、大量生産するということになると味はどんどん落ち、栄養面でも問題が生じてくる。昔どおりの堆肥を使って近郊農家が作っていた旬の野菜と比べると味も栄養も格段の違いがあります。

第三は農業をやることによって自然的環境が保たれている。これは当然のことです。これはECでも、その農業保護の基本的目的の一つになっています。資本主義の論理は生産者に自由に競争させて、生産力をあげた資本が生き残る、これが社会的にみてもっとも合理的な仕組みだということでしょう。敗れた資本は生産力で劣るのですからこれは切り捨て、生き残った資本が次の生産力を担って発展していく、これが社会にとってもっとも合理的なシステムだという考え方です。これは工業の場合には確かに基本的に妥当する。ところが農業の場合には、生産力も土地や気候風土と結びついている。これは第二次大戦後、イギリスで出てきた考え方ですが、例えば競争による生産力の上昇にしても、自然的条件のいい、例えば南の暖かい地味の肥えた所は生産力は上がります。それにたいして岩手の山の中の農地では生産力はなかなか上がらない。自由競争にまかせておけば、そういう山村は人がいなくなって無人の村になり、自然環境も崩壊してしまう。

だから農業生産については、生産力とか経済的な合理性という点だけではなくて、広範な国土の保全、自然環境の維持という点からも配慮する必要があるのではないか。山の中の小さな村で、気候が悪くて農業環境が良くない所では、いかに努力しても温暖で土地が豊かなところとは競争にならないのは当たり前です。自由競争に任せておけば、前者は自然環境まで崩壊して無人になって急速に荒れ果ててきます。イギリス人の多くは、そういう事態の進行はまずいと考えた。すると当然その劣等な生産条件、あるいは生活条件の地域に対しては、国家が大量の補助金を与える必要がある。もともと住みにくい所ですから、そこで農業をやる場合に採算が取れなくても仕方がない。その村落を維持するためには、経済的に採算が取れて住民が生活できるよう補助金を手厚くし、豊かなところは競争しても生き残っていけるわけですから、補助金をやる必要はない。結局、農業部門では、地域によってかなり財政的な援助をして、人為的、政治的に国土を保全し、自然環境を維持することを目標にして農業政策を展開せざるをえないということになります。

イギリスではこのように農業政策の重要な目標を、自然環境や村落共同体の維持におきましたから、そのためにはもちろん財政負担は大きくなります。そしてこの傾向はだんだんイギリスからドイツやフランスにも伝播していって、現在ではＥＣの基本的な考え方になっています。自然条件からいってまずしい、人間が住みにくい、農業がやりにくい所にかなりお金を与えながら農業を維持し、農民の生活ができるようにすると、そこでつくられる野菜や穀物はかなり割高になる。割高でもいいかという世論調査をしたら、五〇パーセントの人間が割高でもいいと答えた。各国政府はこの世論動向にもとづいて一様に農業・農民・農村保護を展開しているのです。

つまり国土の自然はきちんと保全しておきたい、しかし食糧はできるだけ安いほうがいい、しかも安全でなければ困る。そういう要求を全て充たすことはできないわけです。国家はある程度財政的な負担を負い、かつ消費者もある程度高い食糧を買い、その見返りとして国土は全体としてバランスがとれた形で保全される。しかも七〇～八〇パーセント程度の自給度は維持するということになると、当然重い経済的負担に耐えなければならないということになる。高い経済的負担と国土の自然の維持、その中における農業生産のサバイバルは一体化しているわけで、それら全体を評価して採用するか、拒否するかを決めなければならない。農業の問題は、単純な商品経済的合理性の問題だけではないということです。

さらに社会的環境保全という問題があります。農業は工業と違って、その国々の自然条件に支えられた長い歴史的伝統のもとに、技術的に伝承されてきた特殊な生産部門です。日本語では「生業」といいますが、一種の天職としての農業という意味をになっています。例えば山岳地帯の多い日本の場合だと水田は上から下へと並ぶ。水田の管理というのは難しく、水を引いてためておいたら水田となるという簡単なものではない。上から下へと並ぶ日本の水田はさらに非常に細かく区分されて、地域的にも散在している。一軒の農家でもあちらに一反歩、こちらに二反歩というようにバラバラに所有している。農民は、この土地の水田はだいたい気温がこのぐらいになってきたら水温が上がり過ぎるので、水を入れ替えなければならないとか、あの土地の水田は長期にわたって水を保持していないと水温が落ちてしまうなどという微妙な状況の差異を全部知っているわけです。そういうさまざまな田や畑の条件の差異に対する農民の細かな知識と結びついて農業生産力は維持されているのです。

家庭菜園をやられたかたはすぐに分かると思いますが、野菜の苗を買ってきて育てるとか、種を撒くというのは、三日とか四日という時間のずれでも随分結果が違ってしまう。つまり農業の場合には適当な温度と湿度の時期があり、しかも各土地によってその時期が違う。最も適当な時期を狙って種をまいたり、植付けをしなくてはならない。収穫の場合もそうで非常に微妙なタイミングに依存している。

こういったキメの細かい作業が、例えば社会主義的集団農場ではできなくなる。全体が大変な広大な農地になって、そこに五人なり一〇人なりで組を作って作業をやり、しかもその作業は上のほうからの命令です。何月何日の何時までに耕せとか収穫せよという命令がくる。工業の場合だったらそれでもいいんですが、農業でそんなやり方をしたら、絶えず農作業は気候や環境とずれをもってしまう。しかも農民は作物に対して愛情をもたなくなる。誰が撒いて誰が育ててどういう形で処理されるか、何にも分からないまま、きょうはたまたまこの畑を耕せとか、この農産物を収穫せよという命令で動いている場合には、非常にいいかげんなことになります。

こういう問題は、ゴルバチョフ体制ができる前から取りざたされていたんですが、集団農場や国営農場だけでは農業は維持できなくなり、農家に自分で耕す家庭菜園のような土地を分与することになる。これはパーセンテージとしては非常に小さいが、そっちの生産力はどんどん上がってソ連の農産物の中で、六〇年代には、肉、牛乳、野菜などは個人副業の産物が四〇～六〇パーセントを占めるほどになります。社会主義社会だから自分のためより社会のために働くという意識をもった社会主義的人間が支配的となるというのは建前ではあっても、実際にはそうはならないということです。

ソ連では、農村人口が全人口の五〇パーセントを割るようになったのは漸く一九六〇年代ですから、最近までまだ農業国といってよい状態でした。実際一九七〇年の農業依存人口（経済活動人口に対する農業就業人口の比率）は、アメリカ四パーセント、フランス一四パーセント、日本二一パーセントに対して、ソ連三二パーセントでした。日単位で給与が出れば、コルホーズに出ていればよいということで、たいていの国営農場の生産力はがた落ちになっていく。そしてわずかな個人副業部分のほうが生産力が上がっていく。そこの生産物が市場で自由に取引される。値段は高いけれど非常に質のいい商品が集まるということになる。このように農業は集団化や機械化になじまない生産部門なのです。

農業では単なる自然的環境ばかりではなく社会的な環境が重要性をもつということは恐らくもっと深い意味を持っている。人間はもともと自然の中で自然を対象にしながら生産し、それによって自分自身を再生産していく特有な動物ですが、このような自然との交流が人間に及ぼす影響、教育的効果などが、近代的工業の発展とともにだんだん失われてきた。穀物にしろ、野菜にしろ、水栽培で人工照明を当て化学肥料で作って作れないことはないかもしれません。完全に人工的に管理された環境の中で農業生産を行い一つの社会ができるというのも考えられないことはない。しかし恐らくその場合には、人間社会において歴史的に伝えられていく精神文化ないし社会的歴史的な人間の在り方というものに対して根本的なマイナスの影響を与えるだろうと思います。いまでもすでに出てきていますが、大都市の中での子どもの在り方や、高層住宅の中での子どもの遊び方などから出てくる子どものものの考え方、気質、さらには肉体的問題など危機的な兆候はあらわれています。オタク族がその代表です。やはり人間は根本的には自然と切り離すことができないという構造を持っており、それを、農業を通して人間は維持してきていたのです。

もともと人間のこれまでの歴史においては農業、漁業、林業という一次産業が基本的であって、工業はそこの上にそびえ立つ増補的な部門にすぎなかった。資本主義はそれを逆転したわけです。産業革命以後工業を中心として農業、林業などは急速に小さくなったのですが、その極点が今の日本と見てよいでしょう。

問題なのはマルクス主義もそういう傾向に対する批判的視点を持っていなかったのではないかということです。だとするとそれは今日ではマルクス主義の重要な欠陥と見てよい。それは今までマルクス主義の中でも根本的に問われることがなく、それこそが社会主義の崩壊という現象の基本的因子の一つをなしていると考えられます。農業が現代、どういう意味を持って社会や経済の中に位置づけられるべきか、というのが根本的問題ですが、それが時事的な課題として先鋭な形で出てきたのが、ウルグアイ・ラウンド問題です。

[7] GATTのしくみ

GATTという機構は一九四七年にできました。「関税及び貿易に関する一般的協定」といいますが、これは最初から非常に問題をもった機構でした。

第一次大戦以後、資本主義はアメリカ型生産様式を一方でつくり出しながら、それを世界的に拡大していけるような構造を持っていなかった。そこで一九三〇年代、世界不況の中で経済のブロック化が始まった。これはドイツを中心としたナチス広域経済圏とか、それに対立するイギリスのスターリング・ブロック、さらにそれらに対峙するフランスやスイスの金ブロックなどですが、そうなってくるとアメリカもラテンアメリカを巻き込みながらアメリカ大陸的なブロックを作らざるを得なくなった。そうなってくると日本はあらゆるブロックから締め出されますから当然満洲や中国、東南アジアをまきこんだ大東亜共栄圏構想を打出してくるわけです。そういう形で世界が分断され、いくつかのブロックになってくるところから第二次大戦が始まるわけです。しかもそこに、ソヴィエト社会主義圏とナチスとの戦争、ソヴィエトと米英勢力との協力という因子も加わりますから、単純に第一次大戦のように帝国主義的な侵略と帝国主義国の支配圏争いの結果始まったというのとは違う。ですから第二次大戦はすでに単純に帝国主義戦争とはいえない面を持っています。

いずれにしても、第二次大戦はブロック化して国際経済が分断されてきたために火がついたということはどこの国でも共通の認識となりましたから、第二次大戦以後は資本主義世界は経済領域を分断させるべきではない。つまり、世界的に商品や資本の自由な流通を維持しなかったら資本主義はもたないというのが基本的な認識になってくるわけです。そのためにはまず通貨、金融、信用という面で世界的に自由な構造を持たなければいけないということで、これがＩＭＦ体制となる。金と兌換されるドルを中心にして、円を三六〇円＝一ドルという形でリンクして、固定させてしまう。そういう形で世界のあらゆる通貨がドルを中心として固定的に有機的に編成されますから、その中で自由な取引が保証される。これがＩＭＦです。

この通貨・金融・為替の裏側の問題として、ＩＴＯ（International Trade Organization）、国際貿易機構と訳されますが、これがセットになって考えられていた。つまり金融通貨の面ではＩＭＦ、商品が輸出されたり輸入されたりして自由に動き回れるという面ではＩＴＯが機構的に保証する。戦後の資本主義世界ではＩＭＦで金融通貨面、ＩＴＯで物の面の自由化が保証されて経済は順調に発達していくことができると考えられていたのです。

ところがＩＭＦのほうは成立しましたが、ＩＴＯは反対が起こって失敗します。日本ならコメが自由化されたら困るという問題をもっていますが、各国とも同じような問題をそれぞれかかえていましたから、通貨の面ではうまくいったんですが、物の面では失敗してしまったんです。ＩＴＯができないとすれば暫定的な協定を結ぶ以外にないというのでＧＡＴＴができた。ＩＭＦは本部、事務局をもつ組織になっています。ところがＧＡＴＴはそうじゃない。たんなる条約のかたまりであって組織ではないんです。ところが実際には組織的に動かなかったらどうしようもないから間にあわせ的組織でやりくりしているわけです。

重要な問題については、そのつど条約を結んだ国がみんな集まって、一緒に全体会議を開いて決定しなければならない。つまり条約というのはＡ国とＢ国とで結ぶものですが、ＧＡＴＴの場合は集団の約束です。といってきちんとした組織じゃないから、事務局に集まって協議するということはできない。ジュネーブに事務局に代わるようなものがありますが、これは暫定的なもので本当の事務局ではない。仕方がないからみんなで必要に応じて集まりテーブルを囲んで協議する。だからラウンドといいます。

ラウンドは土地の名前をつける場合と人の名前をつける場合があります。例えば東京ラウンド。ウルグアイ・ラウンドはウルグアイに集まった会議です。人の名前をつけたもので有名なのにケネディ・ラウンドがありました。ウルグアイ・ラウンドは八回目のラウンドであり、いまも続いています。中身は第一に貿易制限をしない。次に関税障壁をなるべく低くし、できたらなくす。それから差別待遇をやらない。つまり協定を結ぶと、それは全体に拡大される。そういう形を通して貿易の制限と差別を撤廃するというのが主旨です。

ところがいくつか問題が起こってきました。最初GATTに入った国は二十数カ国でした。waiveという言葉があります。権利を留保するという意味です。GATTはアメリカがイニシアチブをとっていましたから、アメリカが自由化しなくてもいい一四品目を除外するということをGATTに認めさせてしまった。これがウェーバー条項ですが、三分の二の国が同意しないとウェーバー条項は決定されないことになっている。ところがGATT全体で二十数カ国のときアメリカがイニシアチブをとってこのウェーバー条項を認めさせてしまったんです。それが今まで残っている。以後どんどんGATT加盟国が増えていまは九六カ国です。ですから今ではもはや三分の二の国に同意させてウェーバー条項を認めさせるというわけにはいかない。

ウェーバー条項を持っているのはアメリカだけだということに問題があるわけですが、しかしアメリカは初期GATTで決められたウェーバー条項を今でも正々堂々と主張しているのです。この点はかなりインチキなやり方だと言えないこともない。

もう一つ決定的に奇妙な点は、アメリカ自身はGATTに対して批准していないことです。もちろん日本は批准しています。アメリカはGATTで大きな口をたたいているんですが、国としては条約を批准していない。ですから開き直れば、批准していないからアメリカはGATTにとらわれないと言い切ることもできるんです。GATTはもともとこうした矛盾した難点を持っていたんですが、さらに問題なのは七〇年代から八〇年代にかけて、アメリカ経済が急速に沈没してしまったことです。

まず経済が空洞化していった。アメリカの重要産業部門が競争力を失って衰退して、いま残っている競争力の強い部門は武器生産部門と農業部門ぐらいです。もっとも証券、金融、保険などのサービス業もかなり強い国際競争力をもち、この三つの部門が絶えず日米間にとって係争領域として浮び上がってくる。

そしてアメリカの財政は永続的に赤字で、九二年度の財政赤字は二九〇〇億ドル、国債残高は四兆ドルをこえてしまいました。国際収支も毎年一〇〇〇億前後の膨大な赤字で、とうとう世界最大の債務国になってしまった。九二年度の日本の経常黒字千百億ドル、貿易黒字千二百億ドルで、そのうち対米黒字が最大でした。対米貿易黒字は二百億ドルをこえますから、アメリカとしては強い商品、武器、農産物、金融・証券・生命保険などのサービス、この三つを死に物狂いで日本に買わせる以外にないことになります。

武器という点では、日本が防衛費についてのGNPの一パーセント枠を撤廃せざるを得なくなったのも、アメリカ側の強い要請からです。アメリカ政府は財政負担に耐えかねてついに軍事費を縮小しなければならなくなったが、差し当たり前方展開戦力の大きな部分はアジアに投下されていますから、まずこれを縮小しなくてはならない。実際「東アジア戦略兵力削減計画」にしたがって、すでにフィリピン、韓国から駐留軍が撤退を始めています。アジアは平穏になってきているということではなくて、今でもいつ火を噴くことになるか分からない非常に危険な構造を持っています。韓国、フィリピンからインドネシア、タイに至るまで。もしも社会的・政治的激動が起こるとそこを武力的に制圧しなければならない。にもかかわらず財政的必要からアメリカの軍事力は急速に縮小してきている。日本に肩代わりさせるしかないということです。

その際いちばん制約となるのは日本国憲法です。いかに日本の軍備が充実し、防衛費が世界第三位になったとしても、自衛隊は日本から一歩も外に出られないというのではどうしようもない。自衛隊を国外に派遣するためには本当は憲法を改正しなければならない。しかし何回世論調査をしても七〇パーセントから八〇パーセントは憲法擁護ですから、国民投票にかけたら駄目です。となると現行憲法のままで自衛隊が出ていけるための風穴を開けることが至上命令となる。湾岸戦争、機雷の除去、ＰＫＯ派遣などといった状況を利用して、繰り返し自衛隊が出て行くべきだという世論操作が行われ、国会で自衛隊派遣が提案されたのは、この理由からです。

何が何でも自衛隊が外に出ていけるという実績だけはつくらなければならない。そのためにはどんな論理的矛盾でも犯さざるをえない。ついに武器を使うのは武力の行使ではないとまで言いだした。戦争では自衛隊員の個人個人が進むか退くかを判断する。その全体を束ねて司令官が判断するが、しかしそれは組織的に動いていることを意味しない、と言うのです。全体の意見を束ねるのと組織するというのとは違うというのは、まさに三百代言でしょう。それから自衛のための武器は持ちうるというのですが、携帯用の武器の中にはミサイルもはいります。『ダイハード』で犯人が手で抱えて発射して戦車を爆破したミサイルも携帯用武器です。どんな論理的矛盾を犯しても、とにかく自衛隊が外国に出られるという実績だけはつくらなければならないのです。

もう一つの証券問題もアメリカの証券・金融業の日本への進出が契機となっています。野村証券などの補塡問題が一せいに噴出してきたのはそれと絡んでいます。日本の証券・金融業界は徹底的に系列化され、あるいは護送船団方式で護られて、相対取引で緊密に結びつき合っている。普通の人間が株式市場に入っていった場合、証券会社ではこれを〝ゴミ〟と称して、適当に泳がせて絞りとってしまう。証券会社の顧客リストは厳密にグレードがつけられて社員の対応の仕方に区別がつけられているんです。だから証券界の中身は外部の人間にはよく分からない。

しかしそういうことになれば、アメリカの証券会社が日本の証券業に参入するわけにはいかない。野村であれ、山一であれ、大口の顧客に対しては必ず儲かる情報を流しており、万一儲からなかったら利益を補塡してやっています。そこへアメリカの証券会社が入ってきたって勝負にならない。アメリカの証券会社に対してあんたのとこ補塡してくれるかと言ったって、補塡て何だと聞きかえされるでしょう。だからこんな閉鎖的な業界はたたき潰さなければならないということになる。こうして証券業界でも火が噴いてきたということです。

だから最近の経済や政治に発生しためぼしい事件は全部アメリカとの関係でひき起こされたとみてよい。さてガット・ウルグアイ・ラウンドがゆきづまっていますが、本来は自由な取引を資本主義社会の中で保証する商面からの組織としてつくられたGATTが、今やアメリカ経済の生き残りのための戦術として使われ出したという点に問題があるのです。

[8] コメ問題の背景

一九九一年以降の残存輸入制限品目は、日本は一一です。それに対してアメリカは一四のウェーバーを加えますから一九品目もある。ECは二三です。しかしECの場合は過懲金制度があり、外国の商品のほうがEC内部の商品より安いときには、外国の商品とECの商品との価格の差に過懲金を課し、そうして徴収した金を輸出するときに奨励金に加える。外国から来る輸入品から罰金を取って、自国商品を輸出するときにそれを奨励金として加えるわけですから、ものすごく競争力が強くなります。それでアメリカとECがもめている。もめているから日本のコメ問題に及んでこないというので日本は安心していたが、数日前に妥協が成立して、とうとうコメ問題に議論が集中する形勢になってきました。

コメの場合は価格の差を関税化することが提案されています。だいたいコメ一〇キロは日本国内では五〇〇〇円～六〇〇〇円程度ですが、ヨーロッパやアメリカではせいぜい一五〇〇円程度でしょう。例えば外米が二〇〇〇円で売られるとすると日本のコメのほうが三〜四〇〇〇円高いわけですから、ただちに売れなくなる。そこで一年目は三〜四〇〇〇円の関税をかけ、同じ価格にする。こうして一年毎に関税を低くし一〇年間でゼロにする。こうして一〇年後は裸で競争させる。これが関税化です。関税化をのむか、あるいはそれを拒否して非常にわずかなパーセンテージで自由化していくか、どっちかを選択しなければならない。食管制度に触れてきますから、関税化はその面からも難しいといわれています。

商品の自由な流通を保証するためのGATTがアメリカの経済を救済するための戦術として使われるということが非常に不自然なのですが、現実にこの戦術がとられている。そして、オーストラリア、ニュージーランド、カナダ、タイがだいたい同一の利害関係でアメリカと協調して関税化提案をしています。それに対して日本やスイス、スウェーデン、デンマーク、韓国などが同調して反対していますが、これら諸国は政治的には力が弱くあまり頼りにならない。こうして日本が世界の中で孤立化し、関税化か、あるいはコメ輸入の風穴を開けられるかを迫られているというのが現在の状況です。

いまそういうかたちで日本のコメ問題が国際的批判にさらされているけれど、本当の難問はそんなところではなく、もっと深いところにあるのではないか。今日の日本は自動車、電機、ハイテクを中心にした重化学工業を極度に発展させ、農業、漁業、林業という一次産業を徹底的に切り捨てた奇形的発展をたどっている。このことが、世界の中で大きな攪乱要因をつくりだし、かつ日本自身にとってもその健全な社会的発展を阻止する要因となっている。

政治家金丸某が言っているように、経済的にみるとコメは総量でもたいした比重をもっていない、それを全部譲り渡して輸入にまわし、ハイテク、自動車、電機部門で輸出を伸ばして金を稼ぎ、その稼いだ金の一部を農民の保護に充てればどうってことはないという意見もあります。しかしこれは小手先の処理であって、本当に存在しているのはそんな単純な問題ではないんじゃないか。これは日本だけではないと思いますが、今日のように発展した工業と、農業・漁業・林業などの伝統的な一次産業とをバランスをとった経済構造として維持し、生活環境や地域、風土、伝統的自然などを調和のとれた状態で確保するという作業はもはや資本の利害関係を前提にした合理性では不可能となっているのではないか。つまりどんな政策を選べば日本は儲かるかを考え、その儲かった金で問題を買い取れば済むという高度成長期の処理の仕方がもはや限界にきているのではないか。

資本の支配を前提とした経済的合理性を、工業から農業に至るまで貫ぬこうとすると、国土とその上にたつ人間、つまり歴史的な自然構造自身が崩壊してしまうというぎりぎりの臨界点に達しているんじゃないか。経済過程を資本によって合理化し、それによって生産力を上げていく近代社会の限界が、農業問題、環境問題、資源問題という形で露呈してきているとみるべきではないか。そのような問題を踏まえたうえで日本の経済と風土、地域、人間とのかかわりをどうすべきかを構想することが今日の社会主義の主要な内容をなすのではないかということになります。

そのことを離れて、プロレタリアートが権力を握るとか握らないとか議論するのは、非常に些末なことをいっているような気がします。政治権力の在り方がどうあるべきかという問題以前に、我々の足元で既に火がついている。

三里塚問題というのがあります。農民が土地を失い農業ができなくなってきて、大変なダメージを受けているとしても、これを経済計算によってきちんと確定するべきだ。この家は何千万円の損失、この畑や林は何千何百万円の損失、さらに騒音公害や危険の度合いなどもきちんと算定する。成田を国際空港にすると世界中から人や物が集まってきて繁盛しますからお金が取れ、航空会社も国も儲かる。するとその儲かるところからマイナスになったところを埋め合わせればいい。このような社会的費用の計算と補塡をちゃんとやっていないから農民から文句がでるんだ、という主張が、宇沢弘文氏の立場でしょう。ところが農民側が言っているのはそういう次元の問題ではない。空港建設によって、畑や林が失われるだけでなく、歴史的につくられてきたムラ（共同体）が解体され、それによって支えられてきた仕事と生活が一体化した家が崩壊する。家族の在り方から個人の生活の仕方、労働のあり方まで、全面的に否定されるのです。そのうえ、都市近郊の緑地が失われ、近郊農業として経営されてきた生鮮食料品の供給基地がなくなる。国家政策的レベルでも、尚一層高度成長をつづけ、第一次産業を絶滅させ、巨大都市をつくり、一極集中の経済・政治・社会構造をさらに高度化するのか、もはや一極集中の高度化はやめて、一次・二次・三次産業のバランスのとれた、中・小都市分散型の社会にするかが、根本的に争われている段階です。このとき近郊農地を保存し、一極集中を阻止するためにも、交通や都市の地方分散をはかるべきではないか、というのが三里塚農民の主張なのです。私も千葉の裁判所でそれを繰り返して証言しましたが分かってもらえませんでした。

宇沢弘文氏の『自動車の社会的費用』(一九七四年)という本は、この問題を近代経済学の立場から扱っていました。一九七二年には日本の乗用車は九九七万台、四・七人に一台になっている。これに貨物輸送の四パーセントをになうトラックを加えると膨大な量の車が走っており、歩行・健康・住居などにかんする市民の基本的権利を侵害している。自動車によるこの市民的権利の侵害を防ごうとすると、道路の建設・維持や自動車の無公害化のために巨額な投資を行わなければならない。宇沢氏は、東京都の場合を計算して、道路について二四兆円の投資、自動車一台当り一二〇〇万円という数字を導き出します。そしてこの一二〇〇万円の投資額に対する利息分として、自動車一台当り年間賦課額約二〇〇万円という数字を計上しています。しかし、実際にはこんな計算は不可能です。宇沢氏自身言っているように、日本の多くの都市では、市民の基本的権利を侵害しないような道路をつくることは物理的に不可能に近く、現存する住居を移動させることもきわめて困難だからです。

農業問題においては、この社会的費用の内部化というのは、ほぼ完全に不可能となります。何故なら、農村がやっていたような、水の保全とか、緑の確保、それによる空気の浄化といった作用を他の手段で行おうとするとおそらく天文学的数字が計上されねばならないからです。マルクス主義にも、この問題を扱う論理は準備されていなかったのではないでしょうか。マルクスの時代には、自動車はもちろん電気さえ使われていなかった。マルクスにこの問題の解決を求めるのは無理なのです。マルクスにも、エコロジー的視点があったと強調する論者がいますし、それもたしかに否定できません。しかしその点でマルクスを買い被るのはひいきのひき倒しになるおそれがあります。マルクスの時代に制約されたマルクスの思想の守備範囲をきちんと確認しておき、マルクスより後に出てきた問題についてはマルクスの考えを前提にしながら我々が考えていかなければならない。フォーディズムや自動車のもたらす社会的問題についてマルクスもレーニンも言及していないと言っても意味がない。それは当然のことです。農業の持っている歴史的意味とそこに露呈した資本主義の限界はやはり現代に至らないとはっきりしなかったのです。カウツキーやレーニンの時代ではまだ出てこなかったんですからその理論がないのは当たり前のことでしょう。工業的生産力の発展に対して農業はいかにあるべきかを、本来のマルクスの考え方に従ったらどういうふうに考えるべきか。これは我々が考えざるを得ない。この問題は非常に深いところで、現代の社会主義圏の崩壊とも結びついていると考えられる。社会主義圏で農業を再建するにはどうしたらよいかという局面で緊急に具体的な解決が要求されているのですから。

ウルグアイ・ラウンドや日本農業のゆきづまりといった現代的な問題を手掛かりにして、農業の持っている人類の歴史の中における非常に深い意味を酌み取らなくてはならない段階にきているように思われます。

第7章　南北問題

——現代資本主義の構造的矛盾(2)

[1] マルクス主義と農業問題

南北問題は非常に複雑で込み入っていまして、細かく立ち入ることはできませんが、ここでは現在の資本主義的なシステムにとって持っている意味をはっきりさせればいいでしょう。現代資本主義が解決を迫られている問題ですが、結局は解決できない問題なのではないかということです。マルクス主義の用語でいえば「根本的矛盾」、その一つが現代では南北問題に現れている。レーニンの「帝国主義論」ではまだこの問題はでてきません。レーニンの場合は帝国主義国の植民地支配をめぐる闘争、それから世界戦争＝帝国主義戦争という構図で世界をとらえています。今でもそういう構図でとらえている左翼やセクトがありますが、それは非常に問題で、こういうとらえ方では南北問題の本当の意味が分からなくなるのではないかと思います。

もともとマルクス主義ないしマルクスが資本主義と農業との関係をどういうふうに押さえていたかと考えてみますとこうなります。資本主義はもともと農業生産を主体とする封建社会の解体から始まりました。世界商業と結びついた市場経済が共同体を解体してゆき、商品経済の中枢に産業革命を通して成立した機械制大工業を包摂するということです。その意味では資本主義はもともと工業に適合的な生産様式なんです。農業的じゃない。そういう資本主義が一つの完成した体制になるということは、当然農業をも資本主義化するということを意味します。ところがそこに面倒な問題が起こった。マルクスが対象にしていた資本主義はいうまでもなく先進資本主義国であり、具体的にはイギリス資本主義です。当時イギリス資本主義が農業をどう処理したかといいますと、比較生産費説的処理といってよいでしょう。機械制大工業、とくに綿工業を中心とした機械制大工業が世界のトップの生産力を保持していますから、当然綿工業を拡大し、そのための原料や労働者の食料はむしろ外国から輸入する方が合理的だ、つまり後進国から綿花や穀物を買って、最強力な綿工業製品を売った代金でこの輸入商品の代価を支払うというのが一番合理的なわけです。現実にそうなってきて、イギリスの農業は相対的に縮小してくる。それまではイギリスは農産物の輸出国だったんですが、だんだん輸入のほうが多くなって基本的に穀物、綿花などの原料を外国から輸入することになる。とくにアメリカやインドなどからの輸入を増大しつつ、農業部門を縮小していく。その縮小した農業部門はマルクスもいっているように資本主義的農業に変わっていった。小農民は急速に没落し、大農経営、しかも資本主義的大農経営になってくる。こういう傾向は歴史的に実際に存在しました。ですから、マルクスは『資本論』では一つの国が完全に農業も工業も、もちろん商業や金融は当然ですが、すべて資本主義的生産様式によって支配されるということを理論的に想定しましたが、同時に歴史的にも資本主義はそのように発展すると考えていました。近代的国家は工業を中心としながら急速に資本主義化し、農業は外部へ、後進国へと押しやってゆく。農業はいちばん資本主義化しにくい部分だからです。しかし結局そういう農業も終局的には資本主義化されるという見通しをもっていました。その意味でいうとマルクスの場合には本来的な農業問題というのはないわけです。

本来的な農業問題が出てきたのは、マルクスの死後、厳密にいうとマルクスの晩年と重なっていますが、一八七〇年代から八〇年代にかけてです。これは世界農業問題といわれた。これは当時の交通手段のものすごい発展によってひき起こされました。陸では鉄道がひろがり、海では大型の鉄鋼の船ができ、運輸コストが非常に安くなった。従ってアメリカの内陸部の大量の穀物が鉄道を通して大西洋岸まで運ばれ、タンカーに積み込まれ、ヨーロッパに輸出される。ヨーロッパ内部ではロシアの穀物が鉄道でドイツ、フランスなどへ運ばれてくる。ここで穀価の大変動が起こった。ヨーロッパの農業がアメリカやロシアの農業と競争することになったのです。アメリカではほとんど地代も要らないような広い豊かな農地が開かれていて、そこで大量に生産された穀物が安い運賃でヨーロッパへ入ってくる。ロシアの場合には農奴が作り出した穀物が非常に収奪的な価格で召し上げられて大量に送られてくる。いずれにしてもそれまでは考えられなかった安い穀物がヨーロッパに氾濫し、ヨーロッパ各国の農業は永続的な危機状態に陥ったのです。

これはマルクス理論にとっては重大な試金石になった。マルクス主義の理論で農業問題を、しかもそれを世界的関連においてどう解くかということが問題になってきた。いろんな理論家が出ましたが、例のパルブスもその時活躍した代表的な人物です。ところがこの農業危機はだんだんと終息し、あまり永続しませんでした。いわゆる帝国主義が古典的に確立する一九世紀の末から二〇世紀にかけて、今までのような軽工業ではなくて、重工業を中心とした経済的発展が、とくにドイツを中心に展開していきます。そうすると大都市を中心として農産物に対する需要が高まってきますから、イギリスでもドイツでも農業は大都市圏の近郊農業という形で編成替えされてゆきます。アメリカ国内の需要の増大によって、穀物輸出圧力は減少し、ドイツ等では農業保護関税が設定され、野菜や酪農製品などは近郊農業が大都市に提供することになるというふうに、新しく農業と工業とが編成替えされて、重工業の発展と結合した近郊農業の安定した発展という形でうまく回転していくようになった。農業問題がなくなってくるわけです。

レーニンの『帝国主義論』では、農業問題はとり上げられていません。レーニンは帝国主義段階の基本的問題は、農業問題を抜きにして処理できると考えていたのです。つまり工業における重工業の発展、固定資本の巨大化、株式会社、カルテル、トラスト、金融寡占体制、それを前提にした過剰資本の形成、資本輸出、植民地支配という一連の文脈で帝国主義の基本構造を押さえていた。先進国のなかにおける農業問題はそこでは出てきていない。帝国主義段階では農業問題は消えていくと考えていたのです。この農業問題が新しく世界的規模で出てきたのは第一次大戦後です。これが現在の南北問題につながるような世界農業問題の出発点をなしたのです。

[2] 第一次大戦後の世界農業問題

第一次大戦は先進諸国の帝国主義的な蓄積が世界的にぶつかり合って、ドイツとイギリスを中心とする世界戦争になり、ドイツの敗北で終わった。大戦後、ヨーロッパに関していえば同じように金融資本が復活してくるのですが、アメリカでは、全く新しい資本主義的蓄積があらわれました。フォードシステムを代表とした耐久消費財産業です。ヨーロッパでは、イギリスでもフランスでもドイツでも、戦前のような重工業中心の金融資本が復活してきますが、これはただちに行きづまります。その行きづまりは、まず対外関係に出てきます。金融資本的蓄積では、植民地を獲得してそこに過剰資本を輸出し、それによって経済的領域を拡大するというのが帝国主義的な発展です。ところが大戦後は帝国主義的な膨張は不可能となりました。しかし復興した資本は相変わらず金融資本的な蓄積をつづけますからすぐに行きづまるわけです。そこで一九二〇年代半ばにどこの国でも急速に構造的過剰人口が発生します。二〇年代をつうじて、ヨーロッパ諸国は少ないところでも七、八パーセント、多いところでは一〇パーセント前後の失業者を抱えている。第一次大戦以後はどこの国も構造的過剰人口をどうするかという問題を抱えこんだのです。景気循環に従って出てくる不況や失業は資本主義は必ず持っています。資本主義には景気のサイクルがありますから、恐慌や不況のときには失業者が出ますが、好況のときにはだんだん吸収されて、ブームのときには労働力は払底してくる。そしてまた恐慌をとおして大量の産業予備群が形成される。これは資本主義のノーマルな発展です。ところが第一次大戦後の失業はそうではない。景気変動にかかわらず、資本主義諸国は絶えず過剰人口を抱えており、これをどうにか処理しなければならなくなった。

そこで出てきたのが先進国の農産物自給化政策です。まず第一次大戦後資本主義諸国は、アメリカを除き、一様に外貨の不足に陥りました。外貨が不足すると外国からの穀物や原料の輸入ができない。そのうえ構造的過剰人口が発生した。そのために農業保護政策が出てきます。それによって農民の解体を阻止し、中農を育成する。農業部門が拡大すれば、それは過剰人口を吸収するスポンジの役割を果たす。こういう関係で第一次大戦後、資本主義諸国は農産物自給化と農民保護政策を一斉にやり出しました。

そこでさらに問題が出てきた。今まで植民地や従属国だった地域は主として原料や穀物という一次産品の生産国だった。そして、第一次大戦中や大戦直後は食料や原料が払底しましたから、そういうところでは耕地を拡大し、資本を投下して増産を行いました。ところが二〇年代の半ばになりますと、それが溢れてしまう。つまり先進国が自給化しあまり買わないうえに、生産量はますます大きくなるのですから植民地や後進国から輸出される穀物や資源が余ってしまう。一九二〇年代、とくにその後半は永続的な一次産品低落の時代になります。これが世界農業問題ないし世界農業危機の原因です。

大正末から昭和にかけて日本でも農村に深刻な不況が起こりました。当時の東北農村の窮乏化情況は、娘の身売りなどで語られていますが、あれは本当は世界農業問題の一環として考えられなくてはならない。日本資本主義の遅れとか、農村の封建性から説明する論者がときどきいますが、それは間違いです。なぜなら明治維新以後、あんなに農村が窮乏したのはこの時が初めてだからです。それまでは農村内部も、市場経済が拡大されながらだんだん生活水準は上がってきていました。欠食児童の続出とか、娘の身売り、中農・貧農の高利貸による差押えの続出という惨状になったのは、大正末から昭和にかけて出てきたもので、一九二五年からの米価の低下に、大恐慌によるマユの暴落が加わったのがその原因でした。これは資本主義の世界市場的な関連の中で見なくてはならない問題でした。もちろんこの窮乏化は大変な社会的圧力になって右翼的なナショナリズムや農本主義を呼び起こして、さらに軍部の革新運動と結びつきながらファシズム化を促進しますが、その根源は、日本の内部だけの問題ではなく、一九二〇年代以後の世界農業問題だったという点をきちんと押さえておくべきです。

ここで注意しておくべきは、農業問題は資本主義にあっては世界農業問題として出てくるという点です。一九世紀の末葉にもそういう現象は起こりましたが、金融資本の発展とともに消滅しました。それに対して第一次大戦後発生した世界農業危機が現代にまでつながるような農業問題の根源になりました。第一次大戦後、資本主義は世界的なシステムとして農業をコントロールすることができなくなり、そこにこの体制の限界が現れたということです。農業問題は単に一国内部の問題ではなく、世界的な問題で、資本主義が体制として自己を維持できるとすれば、そういう農業問題を処理できなければならない。ところがこの体制が農業問題を処理できないということが第一次大戦後二〇年代にはっきりし、これが形を変えて第二次大戦後に南北問題が現れてくる伏線になるのです。

[3] 南北問題の原因

南北問題とは何か。第二次大戦後、ほとんどの植民地が自立化します。これは第二次大戦が総力戦だったからです。日本ではこのごろとくに問題になっていますが、戦争中朝鮮の若い人たちを動員し、ひどい場合には女性まで戦場に動員しました。多くの交戦国が植民地の人びとを動員しましたが、日本ほどむちゃくちゃな形をとったのは珍しい。しかも大抵の国では、植民地を戦争後独立させるという約束と引き替えに、そこの住民を戦争に動員するというのが普通でした。宗主国の戦争に協力してくれたら、その代償として戦後の自立を約束しましたから、世界中の植民地は戦後急速に自立化していく。もちろんそれを宗主国が押さえつける場合もありますが、その場合には独立戦争になったり、反体制の紛争になったりします。先進国の側でも、また別の事情があります。世界的に社会主義圏が拡大し、そのイデオロギー的影響が国内に浸透し、労働運動や社会主義運動が激化し、これによって体制の危機が深まります。それをどういう形で克服するかというと、だいたいどこの国でも福祉国家化という形でその反体制エネルギーを吸収していった。社会保障を手厚くし、失業手当を与え、公共事業を拡大して失業者を吸収し、完全雇用政策をとる。その福祉国家政策のためには、むしろ今までの植民地や従属国を切り離して独立させた方がコストがかからず有利です。ですから第二次大戦後、だいたい六〇年代まで、植民地独立運動は世界的に拡大します。アジアから始まって、中東、アフリカ、ラテンアメリカなど一斉に九〇パーセント以上の植民地が独立してしまった。これが第一段階です。

そして次はこれらの国ぐにの経済的自立が問題になります。政治的に独立しても経済的に自立しなかったら独立国たり得ないからです。しかしこれは非常に困難です。植民地自立化を受けて、まず最初に世界的な運動としてはっきりとした形をとったのは五五年のバンドン会議でした。ビルマ、スリランカ、インド、インドネシア、パキスタンが呼び掛けて、二九カ国が参加して開かれ、スローガンは反植民地でした。民族自立、平和、アジア・アラブ（ＡＡ）の連帯です。これをＡＡ会議と呼び、途上国が団結した最初の政治的運動とみてよいでしょう。そして五九年に初めて南北問題という言葉が現れます。これはイギリスのロイズ銀行の頭取のオリバー・フランクスが演説のときに、北の先進工業諸国と南の低開発地域との関連は南北問題として、東西対立とともに現代世界の当面する二大問題の一つであると言ったことによります。

帝国主義的支配は一つの帝国主義国家と一つの植民地との関係です。つまり帝国主義国家日本が朝鮮を植民地として支配するという構造です。第二次大戦後、途上国はほとんどみな政治的には自立をとげます。ところがこれらの国ぐにには経済的自立が達成できない。そこから南北問題が起きてくるのですが、その理由は、南の国ぐにが個別政治的に帝国主義国に支配されているからというのではない。戦後北側は経済秩序を回復し、アメリカ型重工業化を通して急速に高度成長を遂げていきますが、そういう北を主導国とする資本主義的経済の世界システムの中で、南は全体として経済的に支配され、収奪されることになります。南北問題とはそういう問題で、これは第二次大戦後の先進国と途上国との関係を的確に表しています。直接的な帝国主義的支配というわけじゃないんですが、ある意味ではそれよりも巧妙な支配です。従って南の側では団結して北の支配に対応すべく、南北問題というスローガンのもとで結集したわけです。第二次大戦後の世界の体制問題は、いうまでもなく東西問題、社会主義圏対資本主義圏の問題であり、冷戦構造です。しかしそれと並んで南北問題が五〇年代末に強く意識されだしたのです。

［4］国連と南北問題

国連のなかに国連貿易開発会議、頭文字をとってＵＮＣＴＡＤという機関があります。これは国連の中で途上国が先進国と集団的に取引をするためのものですが、その開催の決議があったのは六二年です。先進国の高度成長が軌道に乗っていく五〇年代から六〇年代にかけて、その裏側で途上国が先進国によって、政治的にではなく経済的に収奪されるという問題が意識され、それへの対応が模索され出したのが六〇年代だということになります。ＵＮＣＴＡＤの第一回総会は六四年に開かれ、先進国は経済援助だけではなくて、市場の開放、貿易の増進によって国際経済を拡大すべきだという決議がなされました。途上国側の商品は一次産品や農産物を主体としますが、これがなかなか先進国に入っていかない。その理由は、先進国の側で、農産物自給化が第一次大戦後よりもますます強くなってきたからです。イギリスでもフランスでもドイツでも、ほとんど一〇〇パーセントに近いか、あるいはそれを上まわる自給率です。日本だけが例外で三〇パーセントです。アメリカでもフランスでも農産物は非常に重要な輸出品目となっている。先進国の側が農業を自給化し、かつそれ以上に輸出する体制になってきたことが途上国の生産物の売れなくなってきた第一の理由です。

もう一つは、高度成長の中心となった重化学工業の中で非常に重要な部分が有機合成化学になった。ナイロン、テトロン、プラスチックなど、石油や石炭から合成した新しい物質で今までのゴム、鉄、綿、毛などに代わるものを作り出してしまった。これをやられますと石炭と石油以外は先進国は輸入しなくなる。鉱物性資源が非常に重要になりますが、ほかの綿、毛、ゴムなど今まで南の側の主力商品になっていた一次産品の大部分が売れなくなってしまった。これがさきの第一の理由と複合してしまいました。

南の側から入っていく商品はほとんど全部阻止されて、むしろ北側からそれにかわる商品が南側にながれ出してきた。綿や毛に代わるものとしての化学繊維であり、人造ゴムなどです。それに対して南側は北側に市場の開放を迫ったのですが、これがなかなか難しい。原因は貿易構造の変化なのですから。南側は北側に対して市場開放、貿易拡大によって経済を改めろと迫りつつ、同時に途上国に対する経済援助をせよと要求することになります。もはや市場経済だけに任せておいたら北側はほとんど商品を買わないわけですから、市場経済を超えた力です。

買わせなければいけないというのです。一九七一年末、南側九六カ国がペルーの首都リマで閣僚会議を開き、「リマ宣言」をまとめて、北への要求を明らかにしたのがそれです。

この宣言では、途上国は自国の内部の経済活動や資源を全部支配しうる力を持つべきであると主張します。これは当たり前じゃないかと思われるかもしれませんが、実際はそうではなかった。途上国の資源はほとんど先進国の多国籍企業によって開発され、支配され、精製され、輸出されている。多国籍企業はその国の支配者に非常にわずかなお金を支払うだけでそういう権利を獲得している。そういう権利関係をひっくり返してしまい、自国の中の経済活動、工場、鉱山、油田などを今までのいきさつはともかく、すべて自国の所有だといい、それを認めろというのです。それが新しい経済秩序であり、いままでの世界の経済秩序はフェアでなかった。歴史的な事情によって途上国は自分の国の資源を先進国によって収奪されていたが、それを今こそ取り戻すべきだと宣言したのです。

このような運動の具体的成果が第一次石油危機として現れます。これはOPECが主役でアラブのOAPECとともに石油戦略を展開をしますが、産油国における石油の生産、販売権を全部獲得し、原油の価格を決めてしまう。さらに重要な点はそういう政策に協力的でない国、アメリカなどには石油を売らないというのです。これは全く新しい南北関係の展開です。このOPECは、南側に非常に刺激を与えまして、一九七四年から七五年の間に七つの一次産品生産国同盟ができます。バナナを輸出したり、ボーキサイトを輸出したりする国々が国際カルテルをつくり、値段を一方的に決めて下げないと宣言したのです。もっともOPECを除いて、ほとんど成功しませんでしたが。

そして一九七四年、南側諸国の要請でNIEO、新国際経済秩序の樹立に関する宣言が国連特別総会で投票なしで採択されます。これにつづいて、NIEO実行のための加盟国の権利と義務を定めた「国家間経済権利義務憲章」(エチェベリア憲章)が国連総会で採択されますが、この投票の内訳は賛成一二〇、反対が六、アメリカ、イギリスなど先進国は反対、棄権が一〇で日本は棄権しています。日本は本当はアメリカに追随して反対にまわりたかったんでしょうが、それも具合が悪いというので棄権したのです。

さて湾岸戦争が終わって国連がほぼアメリカの支配下に置かれることになりました。これは安保理常任理事国五カ国のなかで中国とソヴィエトが国内の政治的・経済的危機をかかえて国連どころではなくなり、むしろアメリカの援助を必要とするようになりましたから、今の国連は完全にアメリカ主導型となってしまったからです。それとともに、日本の国内でも国連への協力が支配階層やマスコミによって強く叫ばれるようになりました。それだったら国連で一二〇票で可決されているわけですからＮＩＥＯにこそ協力しなければならないはずなのに、今もってアメリカやイギリスはこれに断固として反対し、日本もそれに追随しています。日本の国連協力が、いかにいい加減な御都合主義かを示す一例といえましょう。

ＮＩＥＯの主張の第一は、途上国と先進国との力関係を変えてしまえということです。資源、経済活動などは当事国が支配し完全に主権を持つ。昔その国に多国籍企業がきて油田を発見して開発し、精製工場を建てて経営してきたというような歴史的なつながりがあったとしても、その国の経済活動および資源はその国のものだということを認めろというのです。

つぎに途上国は、特定の一次産品を中心として生産国同盟、つまり一種のカルテルをつくる。この国際カルテルを認めよというのが第二番目の要求です。

第三番目は、途上国の生産物を先進国は必ず一定の価格で買い取る。高いから買わない、安いから買うというのではなくて、途上国の決めた値段で買い取らねばならない。そしてこの新しい経済秩序を形成するために先進国はお金を、ほぼＧＮＰの一パーセントまで醵出せよというのが要求の内容です。もはや市場経済に依存している限り、南北格差をなくすことができないから、政治的に調整する必要があるとしているのです。

今日社会主義的な経済が失敗して、市場経済がもっとも合理的だという主張が強く行われています。ところが国連の内部では途上国対先進国の関係は市場経済に任せておいたら絶対に解決されないという考えが支配的となっている。これがＮＩＥＯ宣言です。

先進国がつくった価格メカニズムは途上国にとっては全くフェアではない。だから価格メカニズムを大幅に修正せよ。途上国から買い入れる商品は景気がどうであれ生産量がどうであれ、ある一定の価格で買い取れ。先進国の商品はコストダウンしたら安く売れ。アンフェアなようでいて、これこそ実は新しいフェアな国際経済関係だというのがＮＩＥＯの精神なのです。

要するに国際関係においては市場経済は認めないということで、だからアメリカやイギリスは反対しているわけです。しかし国連での数でいったら反対は六カ国と圧倒的に少ない。このＮＩＥＯは可決はされたものの主要先進国は反対していますから、なかなか実現されないでいる。そのうちに社会主義圏の大崩壊という事態が起こり、途上国の問題よりも東欧や旧ソヴィエトにお金を出さないとこれらの国ぐにの経済が崩壊してしまうという危機が発生し、途上国問題は後景に退いてしまった。したがってＮＩＥＯの問題は未解決のまま現在に至っているというのが実情です。

［5］途上国の経済的自立化

これが非常に大まかにみた南北問題の展開過程です。ではその南北問題はどういう構造上の特性を持っていたか。いちばん重要な点は、途上国が政治的に独立しても経済的に自立化しなかったら独立国家たり得ないということです。従って独立を達成した途上国は経済的自立化戦略を展開しなくてはならない。途上国には農業や鉱業などの一次産業しかないわけですから、この一次産業を開発して、その生産物を売ることによって資金を得る以外にない。ところがまずそのための開発資金がない。何とかして経済開発資金を得て農業などを開発していったとしても、先進国の農業保護政策と衝突して農産物は価格低下を免れない。自立化はきわめて困難になります。

さらにこれまでの歴史的な事情によって、アメリカ、イギリス、オランダ、フランスなどの多国籍企業が、ほとんどの途上国の鉱物性燃料・資源を独占的に開発している。重要な石油、石炭、ボーキサイト、鉄鉱石などの資源は途上国には開発能力がありませんから、結局先進国の多国籍企業がわずかなお金を払って権利を買い取り、それを開発して売るという形になっていますから、それを何とかしない限り自立化できない。

そのためにまず、途上国は輸入代替品生産を始めるというのが共通の政策でした。先進国から輸入する工業製品を国内でつくるというのですが、これはほとんどの国で失敗しました。輸入代替品生産をやるとしてもまずその設備投資のために先進国からお金を借りなければならない。しかもそのお金を貸す先進国の方でも、途上国が輸入代替品をどんどん生産するようになったら困るわけです。ですからお金を出す場合にも自分の国の輸出品と競合しないものという限定をつけた。すると先進国からお金を借りたとしても、だいたいインフラストラクチャーを造るということになる。道路、港、橋などで、工場を建てるための条件整備にあてられるわけです。まずそれからやり出すんですが、途上国は借りたお金の面で締め上げられてきます。利子を払わなくてはならないし、元本も返してゆかなくてはならない。ところが先進国はその間にも、生産力をあげコストダウンしてさらに安い商品を売り込んでくるということになります。こうして途上国の輸入代替品生産で工業化しようという政策はだいたい失敗する。

次に考えられたのは輸出志向型生産です。これはある程度成功しました。その代表が例の中進国とかＮＩＥＳの場合です。例えば韓国、台湾、シンガポールなどです。こういう国々は、日本の後を追うようにして、耐久消費財やハイテク商品をつくりながらかなり成功してきている。そういうかたちで浮かび上がってきた国が六カ国ぐらいあります。

もう一つ南北問題の重要な原因として、第二次大戦後新しく姿を現してきたアメリカ型農業の発展があります。アメリカなどの先進国が農業生産をバイオテクノロジーを使って種子から変えてしまう。小麦やコメの「緑の革命」が非常に有名です。小麦は三倍から四倍とれる種類がつくられた。遺伝子に手を加えながら新しい品種をつくり出す。そしてその新しい品種の穀物を大量の化学肥料と農薬を使って大量生産する。アメリカ型という表現のとおり、これは大変な大規模農業になります。広大な地域に絶えず撒水し、そこにヘリコプターで種をまき、農薬や化学肥料を散布する。そういう形で穀物の著しいコストダウンをはかるのです。こうして生産された安い穀物が世界中に氾濫する。第二次大戦前まではだいたい、途上国は農産物を世界市場に供給し、先進国は工業製品を供給する、という形の分業でした。ところが第二次大戦後はアメリカ、カナダ、ニュージーランドなどで世界の農産物の大半を供給し、しかも価格が安いのです。途上国の既存の農業はそれで潰されてゆく。途上国としては旧来の農業はもう駄目ですから、潰して、アメリカ型農業を輸入しなければならない。

フィリピンやタイ、インドなどでは大量のお金を使った大規模な機械化農業が展開されます。インドやフィリピンでは何十町何百町の土地を囲いこんで、井戸を掘り水を吸い上げ潅漑を行い、一代限りの改良された種を買ってきて、農薬と化学肥料を使い非常に安い穀物をつくり出す。これをやり出すと旧来の農村は全部解体され、新しくつくりだされたのは近代的機械化農業ですから非常に労働力節約的となります。多くの農民はいらない。こうして巨大なアメリカ型農業を採用した農場が拡大するとともに、村は解体され農民の大部分は土地を失って都市へ流れ出す。巨大都市化現象ですが、社会学者は「都市危機」urban crisis と呼んでいます。マニラ、ボンベイ、カルカッタ、サンパウロ、キンシャサなどがその代表です。どの都市も急速に膨れ上がっていきますが、これはみな農村から排出されてきた労働者が集中してきているからです。しかもこれらの都市では工業はあまり発達していませんし、多少存在する工業も非常に機械化されて高度ですから、労働力はあまり吸収しません。結局、サービス産業や3Kの職場に累積されていくわけです。

アメリカ型農業はその意味で二重の作用をする。一方でアメリカやニュージーランドから安い穀物を世界市場に洪水的に氾濫させつつ、この安い穀物によって打撃をうけた途上国が自国でもアメリカ型農業をやろうとすると農村は分解されて大量の失業者を排出してしまう。「緑の革命」がその代表です。「緑の革命」のアイデアは、南の国々では食糧が不足し人々は飢えている。だったら食糧を増産すればいい。バイオテクノロジーを使って、同じ一株が四倍の穀粒をつける新種の小麦をつくれば、たちまち穀物不足は解消されるというわけです。しかしこの「緑の革命」でつくりだされた穀物を途上国でとり入れようとすると、そのための生産基盤、インフラストラクチャーから変えなければならない。大農場をつくり、灌漑設備をつくり、トラクターやコンバインを揃えなくてはならず、そのためにものすごい資金を準備しなければならない。大量の資金を準備できる富農は近隣の農地を買い集め大農経営になり、機械化してアメリカ型農業をつくり出す。こうして途上国の農村では、巨万の富を持った一握りの農業経営者と土地を失った膨大な無産農民とがつくりだされてしまう。アジアでも、アフリカでも、中南米でも、土地の寡占化と貧困層の増大は悪循環しつつ、農地の荒廃をよび起こしています。インドでは、農民の七〇パーセントが二ヘクタール以下の土地しか持っていませんし、その耕地全部あわせても全耕地の二〇パーセントにすぎません。中南米では、七パーセントの人々が九三パーセントの農地を独占しています。このような一部特権階級による土地集中の結果、農村は慢性的飢餓社会となり、土地を失った農民は、インドネシアやアマゾンなどでは、熱帯雨林に入り、木をきって、焼き畑をつくる。焼き畑は一～二年で不毛の地となるから、次の熱帯雨林がまた焼かれる。こうした悪循環のうちに農村地域の過疎化がすすみ、そこから流出した人口によって都市は巨大化する。しかもこの大量の不生産人口の都市への集中はスラム化を促進する。

[6] NICSの登場

これに対して一九七〇年代にNICSが成立します。今はNIESといっていますが、韓国、台湾、香港、シンガポール、ブラジル、メキシコを普通指します。それにギリシャ、ポルトガル、スペイン、ユーゴを加える場合もありますが、普通は先の六カ国です。どうしてこれらの国ぐには発展したのか。このNIESは七〇年代に出てきましたが、例の石油ショック以後先進国は低成長になって資金が過剰となります。特に日本などはME化、ハイテク化による合理化で生産力を高めていきますから、大量の過剰資金がたまります。その投資の場になってきたのがNIESでした。それらの国ぐにでは過剰資金や多国籍企業を受け入れながら先進国の下請け的な役割から出発して高成長にはいってゆきました。そういう国々は共通の特徴を持っています。低賃金労働力をふんだんに持っているということが第一です。がそれだけでは不充分で、多国籍企業の投資に有利な経済、政治、社会情況がなくてはいけない。そのためには当然社会的、政治的に安定していなくてはならない。社会の流動化とともに一挙に革命がおこるというのでは危なくて外資ははいってこない。だからこれらの国々は軍事強権的国家権力による大衆抑圧体制を持つということで共通している。民主化がすすんでそれが緩んでくると経済的混乱が起こります。ブラジルがその代表です。こうなると外資がストップし、多国籍企業が逃げてしまう。大量の多国籍企業を受け入れて、それとの連携で安定的に発展していけるような国々が今の途上国の中からNICSとして浮かび上がってきたのです。

他方で七〇年代から八〇年代にかけてアメリカ経済が急速に空洞化していった。アメリカ経済が競争力を失い借金を重ねながら資本はどんどん国外に脱出していく。したがってこの空洞化したアメリカ国内市場に向かって日本や西ドイツの商品が大量に入っていった。NICSも同じように、大半の輸出をこのアメリカ市場に押しこむことによって発展したのです。このアメリカ経済の空洞化と、七〇年代から八〇年代にかけての先進国の資金がだぶついて投資先を探していたということと、それを受け止める側では軍事的、あるいは軍事的とまでいかなくても専制的権力国家であって急激な民主化による混乱を抑圧できるという政治体制を持っていた国がNICSとなって発達し始める。南の中がさらに複雑に割れてきたということです。

以上が現在の南北問題の持っている構造的な特質です。たしかにNICSは浮かび上がってきたけれども、これはかなり限定された条件の下に出てきた現象だと私は考えます。渡辺利夫氏に代表されるようなNICS礼賛者は、後進国がＮＩＣＳになってきたのは特殊なことではなくて、この現象は次々と広がっていずれはほとんどの南の地域は経済的に発展して先進国並みになってくるだろうという、楽観的な見通しを繰り返しています。本当にそうなるのか、私は強い疑問をもちます。ＮＩＣＳはむしろ七〇年代から八〇年代にかけての特殊な条件に支えられた発展であって、そのまま永続していくとは到底思えないのです。

とはいえ南は一枚岩的に没落していくわけではない。ＮＩＣＳ的に上昇してくる国々もあり、また対極的にますます最貧国といわれる状況へと没落していく国々もあるというかたちで分極してきていることも事実です。しかし全体として南が北側の資源、食糧、一次産品の供給国として位置づけられ、しかもこれをかなり安い値段で買いたたかれるというかたちで市場経済的に従属化させられなければならない。そうしなければ北側の経済的発展は維持できません。そういう構造が永続化するのが北にとって最も望ましい経済的環境です。これはＮＩＥＯ（新国際経済秩序）と真っ向から対立します。恐らくこれからその問題が世界経済と世界政治の最大の争点としてせり上がってくるでしょう。

［7］第三世界の現状

このような南側諸国が今は累積債務問題で危機的状況の中に入りつつある。途上国の公的債務は一九七〇年に六九〇億ドルでしたが、一九九〇年には九五八〇億ドル、今はだいたい一兆ドルを超えたでしょう。一国の輸出収入に対する元利返済の比率をＤＳ比といいます。これが一五パーセントに達すると危機ラインです。輸出して得たお金に対して元利合計の支払いが一五パーセントを超えると、その国の経済は危機に陥るというのです。ところが一九九〇年には二一・一パーセント、つまり途上国全体として危機ラインをはるかに突破してしまいました。八八年から八九年までの間、債務が繰り延べられてきたものが七〇〇億ドルから八〇〇億ドルに達しました。どうもこれからデフォルトが瀕発することになりそうです。全額というわけじゃないが、半額か三分の一をチャラにせよという要求が出てくる。半額を棒引きにしたうえでさらにお金を貸し付けてくれないと国が破産してしまう。破産すると元も子もありません。これらの国はすでに借りて借りて借りまくっていますから、こうなると借りたほうが強くなる。

この貸付金はもちろん政府が貸している部分もありますが、多くの民間資本も貸しています。途上国に大口で貸しているところでは東京銀行がいま問題になっています。そういう国が借金を払えないと居直ってしまうとアメリカや日本の銀行の中でつぶれるところが出てくる。つぶすわけにいかないということになると、今まで貸していたお金の半分は棒引きして、あとを返すようにという形で不足のぶんをまた貸し付ける。こういう形で先進国の側も泥沼に引きずり込まれる。

国連では重債務国といっていますが、このままでは借金が返せない国が増えつつあります。借金を繰り延べするかデフォルトするか、さらに大きな額を貸し付けるか、どうにかしないと通常の状態では返済できなくなっている。中所得重債務国は二〇カ国、低所得重債務国は二六カ国で、これらの国々は破産に瀕しているというのが現状です。

第三世界の現実を結論的に総括しましょう。栄養面でいいますと、人間は二千何百カロリー食えばいいのですが、それが絶えず過剰になっている国々がある。マスコミでもダイエット特集などで、いかにしたら痩せられるか、カロリーの少ない食べ物は何かとか絶えず求められています。こういうカロリー過剰の人々が地球上で一二億です。まあまあ充足しているというのが一八億、必要なカロリーをとれないというグループが二〇億、この部分がほぼ途上国とダブるわけです。そういう第三世界の人間は、だいたい人類の四分の三おります。そのうち八億人が絶対的貧困です。絶対的貧困者の中で路上生活者が一・一億人、飲み水を得るのにものすごく苦労するというのが一三億、それからテレビCMでも出てきますが、毎年飢餓のためにおよそ一四〇〇万人の幼児が死んでいく。それが現状です。そして一九八二年にブラジル、メキシコ、アルゼンチンが累積債務を返せなくなった。

これが続出してくる傾向にある。そういう構造でありながら、毎年南から北に、ほぼ四〇〇億ドルの富が利子を支払うとか、利潤として吸い上げられるとか、いろいろな形で移転されています。北は南にお金を貸し付けていますが、現実にはお金は南から北へ四〇〇億ドルずつ吸い上げられている。そういうかたちで北側の経済の繁栄を南側は下から支えているわけです。

社会主義体制が解体しつつあることは事実ですが資本主義体制はどうか。この体制の根本的難点の一つは、南北問題を構造的に抱え込んでいるということです。南は絶えず没落しつつある。しかも六〇年代より七〇年代、七〇年代より八〇年代というように絶対的貧困層は増えてきています。そして累積債務で首がまわらなくなってきている国々も増えている。にもかかわらず先進資本主義国としては、それらを支配体制の中に囲い込んでいかなければならない。南こそが北側が発展していくための経済的基盤ですから切り捨てるわけにはいかないのです。資源問題でも市場問題でも資金問題でもそうで、お金や商品は絶えずこの間を循環しながら、北側はそれを利用しつつ絶えずそこから利潤や利子を吸い上げている。これが北側の資本主義の発展の根拠になっている。南の国ぐにが経済的にゆきづまると、社会的政治的に混乱と動揺が起こり、革命が発生し、軍事独裁政権が樹立され、あるいはゲリラが進出するというかたちで騒然としてくる。そうすると北側はこれを国際的な軍事力で押さえつけなければならない。これは今まで世界の憲兵アメリカの役割でした。数年前までは南の国ぐにが社会主義陣営に入っていくことを阻止するという目的で、軍事的鎮圧が強行されましたが、社会主義国の崩壊後はかえってそれは困難となりました。ソヴィエトが健在なときは、ソヴィエト陣営とアメリカ陣営とが南側の囲い込みで対立していましたから、何れの陣営も多額の援助資金を出すことを迫られた。ところがその東西冷戦が崩れてしまった。その意味で西側での囲い込みの緊急的必要性がなくなり、南の側では援助資金減少でますます危機感が増大してきました。

それからまた今まで軍事力で世界の憲兵として南の側の社会的政治的不安、動揺、革命、クーデターなどを押さえつけて、西側の一員として組み込んできたアメリカの軍事支配体制の経済的基盤が崩れてきた。つまりこれまでのような膨大な軍事力を維持する経済力がなくなってきて、その肩代わりが問題になってきました。とくに重要なのはアジア地域での肩代わりです。すでにフィリピンや韓国からアメリカ軍が撤退を始め、基地が縮小されつつあります。これの肩代わりをなしうるのは日本しかない。しかし日本には平和憲法があり自衛隊の軍隊としての行動を規制している。だからどういう理由をつけても自衛隊を海外派遣するための突破口を見つけださなくてはならない。これは全くアメリカの世界戦略からきたものです。ですからこの問題をめぐる日本の政府の言い方は、非常にめちゃくちゃで、つじつまが合わないところがたくさん出てきてしまう。武器を使うのは武力の行使ではない、というのです。これも南北問題の構造的変質の反映です。

さて南北問題がどんなプロセスをたどって発生し、その構造はどんな仕組みで、今日の資本主義にとってどのような意味を持っているのかをみてきました。そして今やこれが破局過程に入りつつある。構造的に、北側が南を完全に支配することができなくなってきて、その矛盾が資金源、累積債務、政治問題、軍事面などでいろんな形で出てきている。その破綻がアメリカ経済の解体と結びついてかなり急速度に進みつつあるということです。これが恐らく、これから南をめぐっての政治的取引の重要な焦点として浮かび上がってくるだろうと思います。日本のＰＫＯ問題だとか自衛隊派遣の問題というのも深いところでこれに絡んでいる。逆にいえばそういう世界構造的な観点を通して自衛隊問題やＰＫＯ問題をみないとその本当の意味がよく分からないということなんです。

第8章　ポスト・フォーディズム

——現代資本主義の生産システム

[1] デトロイト・オートメーションの世界的拡大

フォーディズムは単にフォード一世がつくり出した自動車の生産方法というだけではなくて、もっと広い体制的な意味をもっています。自動車を中心とした大型耐久消費財を、ベルトコンベヤーと部品を集めて組み立てるというシステマティックな方法でつくり出したフォーディズムが一九三〇年代のニュー・ディールと結びつくことによって、一つの社会的な体制になる。その特徴はニュー・ディールの政策が明らかにしているように、労働組合を強化しつつ、社会的な権利を基本的な人間の権利として確立する。そして労働組合の組織的な運動を通して賃金を上げていく。一方では手厚い農民保護、農業保護を行い、公共投資で有効需要を引き上げていく。そのことによって巨大となった生産力を完全燃焼させつつ完全雇用をめざす。これは国家と金融資本が結びついて新しい一つのシステマティックな生産様式をつくり出したことを意味します。

それがさらに第二次大戦の軍事技術の発展の成果としての電子工学、石油化学、オートメーションと結びついてデトロイト・オートメーションという非常に発展した生産力のシステムになる。それが世界的に拡大していくというのが第二次大戦後の資本主義の特徴でした。第二次大戦以前にもアメリカ型生産力の移植ということは試みられたんですがヨーロッパでは職能別組合の伝統や、イギリスのロールスロイス、ドイツのメルセデス・ベンツなど高級車作りの伝統に阻まれて、フォード・システムは浸透しにくかった。フォーディズム移入の代表的なものはナチスの自動車産業を担ったフォルクスワーゲン社でした。もう一つはソヴィエトの政策です。第一次五カ年計画、第二次五カ年計画の時代はアメリカは大不況でプラントが過剰ですから、それがソヴィエトに輸出されてソヴィエトの生産力を高めます。フォード社の協力によって作られたニジエ・ノヴゴロド自動車工場がその代表です。ですからスターリニズムはアメリカ型生産力を基礎とした政治形態であり、その点ではナチスも共通します。

要するに第二次大戦を目前にした世界の代表的な生産力はアメリカ型生産力の移植という形で形成されていったのです。ただそれはまだ社会的システムにはなっていない。軍事的生産部門で使われていただけです。それが社会的なシステムとして受け入れられるのが戦後なんです。そのためには条件が必要で、その一つがＩＭＦ体制でした。世界市場において商品や貨幣が自由に流通し、資本の移動が自由でなければいけない。フォーディズム的生産様式は生産力が非常に大きいから世界市場的な関連を抜きにしては発展できないのです。それを保障するのが、ＩＭＦ体制であり、ＧＡＴＴ体制であるということになります。

もう一つは石油帝国主義です。第二次大戦後、石油がアメリカの巨大石油会社を中心とするメジャーによってほとんど握られてしまった。このメジャーが非常に安い石油（一ドル原油）を世界中にばらまく。そのことによってメジャー自身が肥大化していく。これも自動車産業を中心とした戦後の生産力の発展には欠くべからざる素材的条件でした。

もう一つは冷戦体制です。東西の軍事力の競争の結果、非常に巨大な生産力をもつ技術が開発された。ミサイル、宇宙衛星、月まで旅行するシャトル。これらはすべて国家が膨大なお金を投下してつくりだした新しい技術でしたが、それを民間企業で受け入れて民需産業の生産力的基礎とする。我々の身の回りの新製品はみんなそうで、軽薄短小の技術はみなミサイル技術から応用されたものです。素材もそうで、カーボン系の繊維、眼鏡のフレームとして使われるチタン、あるいはセラミクスなども全部軍事技術の結果です。つまり軍事的な競争の結果全く新しい科学技術が開発されて、それが民需に投入されて生産力を高めるというのが今日の産業技術発展の中心動向です。

そういう構造は第二次大戦後の資本主義の新しい蓄積をもたらしましたが、それはまた南北問題の原因もつくりだします。第二次大戦後、植民地や従属国はほとんど政治的独立を獲得しますが、これらの南の新しい独立国家は、経済的に自立をめざしても、ほとんど全部失敗した。先進国との生産力格差が開きすぎているからです。

先進国のような科学技術を中心とした重化学工業生産力を身につけようとすると、まず膨大な借金が生まれる。資本財も輸入しなければならない。しかも技術革新のスピードが速いからその間にまた生産力の格差が開いてしまう。結果として累積債務だけが残るという形になる。バイオテクノロジーの成果を導入して新しい農業を発展させると、今度はそれが南の国々の旧来の共同体的なシステムを破壊し、農村を崩壊させてしまう。農業を中心とした共同体は急速に崩壊させられながら、そこから排出される膨大な労働力を基礎にして近代工業を発展させることもできないという袋小路に追いこまれてしまったのです。

こうして南の国ぐにはだいたいモノカルチャー生産の中に閉じ込められます。例えばバナナ、砂糖、ココナツ、ピーナツ、コーヒーなどです。そういう一次産品の中で石油産出地域だけが浮上してくる。南の側が産油国と非産油途上国とに分離していく。この南の中をさらに分極させながら全体として南を没落させていく南北問題は現代資本主義では解決できません。したがって絶えず国連など政治の場で持ち出されますが、しかしそれでも現実には解決できなくて先送りされてゆきます。

[2] ポスト・フォーディズムへ

北側先進国はそういう構造の中でたえず生産力を高めながら、豊かな大衆消費社会をつくり出しましたが、これは第二次大戦後に成立した一つの典型的な社会システムと考えていいでしょう。五〜六〇年代の北側資本主義の高度成長過程がまさにその時代でした。ところが七〇年代前半に、この体制は根本的限界にぶつかります。一つは頻発するドル危機がついに一九七一年のニクソン・ショック、ドルと金との兌換停止をとおしてIMFの根幹となっていた固定相場制を崩壊させてしまった。そうなってくるとアメリカは勝手にドルを増発できますから、急速にドルが氾濫して、世界的なインフレ過程にはいります。それに対するリアクションとして、石油産出国、OPECが強烈に反逆します。石油ショックです。ドル危機と石油ショックは連動しながら戦後のアメリカのヘゲモニー構造の枠組みを解体させてしまう。このようにして戦後の資本主義的蓄積の基本構造が限界にぶつかったのが七〇年代の前半だったということになります。

ここで資本主義の蓄積の仕組みが転換し、低成長とME化、情報化の時代にはいりますが、この時代の蓄積構造をポスト・フォーディズムと呼んでいるとみてよいと思います。フォーディズムが世界的に満開の状態になったというのが五〇〜七〇年代初めで、その場合の代表は西ドイツと日本とアメリカでした。これが七〇年代前半で限界にぶつかって全面的に仕組みを変え、IMF体制は崩壊します。もちろんIMFそのものは存在しますが、その基軸となっているドルと金とをリンクさせて、そのドルと各国通過を固定相場制でつなぐというシステムは吹っ飛んで、いわゆる変動相場制に変わる。変動相場制への移行とともにユーロ・ダラーの氾濫、世界的インフレ、スタグフレーション、バブル現象などが出てきます。

他面OPECの成功によって石油帝国主義が粉砕されてしまった。OPECが一九七三年に石油の原油価格を四倍に引き上げることに成功したことのみがクローズアップされていますが、もう一つの重要なのは、中東に対して政治的に対立する国に対しては石油を売らないという政策が打出された点です。これはアメリカがターゲットです。こうして戦後世界を支配したアメリカの石油帝国主義が解体されてOPECが代って支配するようになった。

それと同時に公害問題、資源問題など、六〇年代から徐々に拡大してきていた諸問題が一挙に爆発した。車の排ガス規制（一九七〇年、マスキー法＝大気汚染防止法成立）がその代表です。石油が四倍になりますから、石油濫費型のアメリカの大型車は売行き不振となり、ここからアメリカ自動車産業の決定的衰退が始まります。

アメリカは今でも日本と比べ問題にならないぐらい石油は安いから、大型車で石油を撒き散らすような車もまだ売れていますが、それを日本に持ってきても売れるはずがない。こうして大型車中心のアメリカの車は売れなくなり、特に第二次石油ショックとなると、アメリカ市場へ西ドイツのフォルクスワーゲン、さらにトヨタや日産の車がなだれこむ、小型車で燃費効率がよいからです。

これを契機にしてアメリカ産業が急速に生産力を落としていく。基幹産業部門である自動車が売れなくなり、一般に労賃が高すぎるというので資本はアメリカから引き揚げられて、カナダやメキシコあるいは東南アジアへと移されて、アメリカ経済が空洞化してゆきます。

にもかかわらずアメリカでは、政府も企業も国民も赤字に依存しながら、浪費行動をつづけます。空洞化した市場には外国商品が雪崩をうって進入し、その帳尻は借金で埋め合わせられる。アメリカはこうして世界最大の赤字国家に転落します。第二次大戦後、絶大な経済力と金融力で資本主義世界を支えてきたアメリカが、一転して経済的にも金融的にも劣等国家に堕ちたのです。

そして七〇年代後半、特に八〇年前後から世界的に新しい思想潮流が支配的となります。新保守主義です。レーガン、サッチャー、中曽根が八〇年を中心に揃いぶみ的に登場します。非常に鮮やかな政治経済思想の転換を意味します。

その基礎は何だったのか。五〇〜六〇年代はアメリカの生産力と金融力を基礎にして世界が組織化された時代です。アメリカ型重工業がヨーロッパあるいは日本へ輸出されてそこで定着して拡大した。したがってヨーロッパでも日本でもアメリカン・ウエイ・オブ・ライフが支配します。自動車の普及を中心として、スーパーマーケット、プレハブ住宅、マンション、高速道路がつくられ、女性が職業を持ち夫婦共稼ぎで車で通勤し、大型冷蔵庫に一週間ぶんの食料品を保存し、家の中は電化製品でうずまるという耐久消費財中心の大衆消費社会が、世界的に拡がっていくというのが五〇〜六〇年代の北側資本主義国の基本構造だった。そこにストップをかけられたのです。

まず石油を中心とした素材がものすごい勢いで値上がりしてくる。今日では、繊維やプラスチックばかりでなく、キュウリやトマトまで石油なしにはつくられない。従って素材から製品に至るまで値上がりし、一九七四年には日本の卸売物価は三二パーセント、消費者物価も二四パーセント上昇します。いわゆる「狂乱物価」の時代です。ところが、インフレになったとしても需要は減り、企業利益は縮小しますから、かえって景気は悪くなる。不況のもとでのインフレで、ここで初めてスタグフレーションという言葉が一般化します。そしてスタグフレーション下ではケインズ経済学は失効せざるをえない。

ケインズ経済学の基本的な考え方は、現代社会ではつねに生産力が過剰であり、従って国家が有効需要を喚起しなくてはならないということです。この有効需要の喚起を国家が赤字財政を前提とする公的資金の撒布をとおして行うと、過剰生産力が解消されて経済は順調に回転しはじめて景気が上昇する。好景気になったら、税収が増大し、それによって赤字を埋めることができるという仕組みです。ですから不況になったら物価は落ち、好況になってきたらインフレになるという経済構造が、ケインズ経済学の前提となっています。

したがってインフレになりながら不況になるということはあり得ないはずです。そのあり得ないことが起こってしまった。それればかりではなくて、実際にケインズ的な財政金融政策が効かなくなってしまった。どの国でも共通に起こってきたことですが、日本では、七五年に財政法で禁止されていた赤字国債の発行を認める特例法を成立させ、五兆円を上まわる国債を発行しました。七六年には財政の国債依存率がほぼ三〇パーセントに達し、政府は不況カルテルをつくらせながら、巨額のお金をばら撒くのですが、一向に景気は上向きません。企業は減量経営を強行し、人員整理、新規採用の縮小、不採算部門の切捨て、遊休不動産の売却、借入金の減少などヒト・モノ・カネの減量に全力をつくします。それでも国内需要はのびませんから、輸出に全力をあげ、「集中豪雨的」と非難される輸出攻撃をかけることになります。一九七四年には、日本の貿易収支は大幅な赤字に陥りますが、七六年には黒字に転じ、以後黒字幅をますます大きくし、海外との経済摩擦を激しくする原因をつくってゆくことになります。ここで外需依存型の経済的体質が定着してしまったのです。

[3] ケインズ政策からレーガノミクスへ

一方で財政もゆきづまります。財政収入のうち、法人税と所得税とでほぼ六割になりますが、その法人税収入が五割以下に激減したからです。しかも七六年末成立した福田内閣は福祉元年と称して年金を始めとする福祉政策に力をいれたので、社会政策費の財政負担が大幅に増え、ケインズ政策のための財政的基盤が崩れてゆきます。以後日本でもヨーロッパでもアメリカでも、国家財政はものすごい赤字を積み上げてしまう。比率からいうと日本がトップです。ここで財政政策の大転換が迫られる。それに応じて出てきたのが新保守主義、つまり歳出削減、大幅減税、規制緩和による「小さな政府」というスローガンが異口同音に主張される。政府はさまざまな規制をやめ同時に社会保障、文化・教育などからも大幅に手を引く。老後の保障も自分で考え自助努力せよ、というわけです。国鉄をはじめとして国家企業はほとんど全部民営化してしまう。

ケインズ経済学の流れとちょうど逆になります。政府はできるだけ小さくする。そして経済の発展は資本にまかせる。日本では民活といいましたが、資本に自由な活動の場を与えれば経済力は回復させうるという信念です。アメリカでは、これに通貨供給量抑制によるドル高と「強いアメリカ」の復活という期待が加わります。

それを典型的に集約したのがレーガノミクスです。一九八一年一月、レーガンはそれを政策的な大綱として打ち出します。新経済政策です。その内容は、一〇数パーセントのインフレ、二桁に迫る高失業率、それからドル危機からのアメリカの救済にあります。アメリカの経済力はものすごく衰えてきていますから、ドルが暴落する可能性がきわめて高い。このインフレ、高失業、ドル危機を解決しなければならない。そのためには小さな政府、強いアメリカを実現しなくてはならない。アメリカ経済が弱くなり世界に対する支配力が衰えてきましたから、ソ連のアフガン侵攻やアメリカ大使館員人質事件に対してアメリカは全く手をこまねいて見ている以外にない。それによってアメリカ国民の国家的なプライドが著しく傷つけられたのですが、それを利用してレーガンは、小さな政府と強いアメリカの回復をスローガンにして登場し、圧倒的な勝利を得ます。

レーガンの主張の経済的な側面は、マネタリズムとサプライサイド経済学の二つの組み合わせです。マネタリズムとは、要するにインフレを抑えるためには、通貨供給量を絞りこめばよいという簡単な主張です。

ケインズ経済学においては、現代資本主義では生産力が過剰だということを前提とする。この過剰な生産力を完全燃焼させるためには供給力と現実の需要との間のギャップを政府が埋める必要がある。つまり有効需要をいかに喚起するかという需要サイド経済学がケインズ経済学なんです。

供給サイド経済学はそれに対して、問題はそこにはないんだ。世界的視野から見ると、アメリカ経済の生産力は著しく落ちて日本や西ドイツに負けてきている。だから供給力が過剰なのではなく、むしろ生産力が落ちてきているのをどうするのかが問題だ。だから現実はケインズ経済学とは逆だというのです。

その供給サイドを健全に保っていくにはどうしたらよいか。まず個人と法人の大幅減税を行う。所得税減税を行うと一般国民は、税金の戻りが大きいからそれを貯金に回す。その貯金は社会的に集中されて投資に向かっていく。

同時に法人税も大幅に減少させる。すると企業の利潤が増えますから、企業はそれを再投資する。こうして個人所得税と法人税を大幅に減税することによって、アメリカの衰えた経済力を回復できる。この減税によって貯蓄と投資を活発化させるというのがレーガノミクスの核心です。そしてディレギュレーション、規制緩和政策がそれに加わります。ケインズ経済学に従って福祉国家を目標にした国家は、あらゆる面で経済を規制したが、それが経済の健全な発達を阻んできた。これまでのさまざまな規制を緩和することによって民間経済力を活性化させねばならない。これがレーガンの経済学的な主張でした。

ところが問題なのはレーガンはそれと全く対立する「強いアメリカ」という主張を一方でしています。「強いアメリカ」とは具体的には軍事力を増大するということです。レーガンのもとで軍事予算は急速に膨張します。

連邦予算の三〇数パーセント、ひどいときは第二次大戦中の軍事予算に近くなった。冷戦を前提にした軍事力の増大、ミサイルや宇宙開発などに膨大なお金が投下されます。個人所得税、法人税が減少されますから確かに景気はよくなってきます。個人はそのお金を貯金せず商品をどんどん買いまくる。資本も減税による剰余資金を資本蓄積に回して生産力を増大させていくのではなく、M＆A（Meger and Acquisition・合併と買収）に狂奔する。もともとアメリカでは、株式の公開買いつけ（Take Over Bid・TOB）などで企業を買収することは普通に行われていたのですが、この頃はLBO（Leveraged Buy Out）といわれる、買収先企業の資産や収益力を担保にした借入れ資金による買収が盛行をきわめたのです。

従って期待されたように生産力は上がっていきませんから、アメリカ市場はますます日本や西ドイツなどの商品によって侵攻される。だから八〇年代前半、急速に日本の輸出、特にアメリカ市場を中心とした輸出がものすごく増えてゆきます。ここで日本経済が完全に外需依存型に組み替えられていく。アメリカ経済の方は、生産力は一向に上がらないにもかかわらず企業にも個人にもお金はだぶついて景気は上昇し、輸入は増えるが輸出はふるわないため貿易収支も経常収支も赤字を拡大させた。ドル高・高金利のレーガノミクスの失敗によってアメリカは中南米なみの借金国に転落し、逆に一九八〇年、日本の自動車生産量は一一〇四万台で八〇〇万台のアメリカを抜き世界一の座に着きます。

もう一つ重要な点は、「小さな政府」で税金収入は減ってくるにもかかわらず「強いアメリカ」で軍事費は膨張させましたから、当然赤字になります。財政赤字は八〇年度の五九六億ドルから八四年度の一八五八億ドルへと三倍強に膨れ上がり、以後財政赤字二〇〇〇億ドル、経常収支一〇〇〇億ドルという水準の双子の赤字が定着してしまいます。史上空前の財政赤字による景気回復策によって、空疎な消費景気はつくりだされたが、その結果、史上空前の貿易赤字と経常赤字を生みだしたというのが、レーガノミクスの帰結でした。

一時二桁に上った物価上昇率も、八二年からは四パーセント程度まで沈静化し、確かに大幅減税の効果として需要は増え景気は回復しますから、八二年に一〇パーセントをこえた失業率も八四年には七パーセントにまで減ってきます。だからレーガン政権側の人びとはレーガノミクスは成功し、強いアメリカは実現したと自慢します。ところがその代償として国際収支の赤字と財政赤字をものすごく肥大化させてしまった。国際収支の赤字増大の結果、八二年にとうとうアメリカは資本輸入国に転落します。第一次大戦以後、アメリカはつねに過剰資本を世界に供給し続け、それによって世界経済を支配してきたのですが、とうとう資本輸入国になる。そして、この貿易赤字も、八〇年代初めまでは、せいぜい二〇〇～三〇〇億ドル台でしたが、八四年には一〇〇〇億ドル、八五年には一五〇〇億ドルに達し、その結果、アメリカの対外純資産は激しい勢いで喰いつぶされ、八五年度第2四半期には、一九一七年以来七一年ぶりに純債務国に転落します。アメリカの経済的ヘゲモニーは完全に喪われたのです。

[4] 三つの対応

七〇年代の前半で高度成長が頭打ちになって低成長に落ちこんだとき、ヨーロッパ、アメリカ、日本の資本主義は共通に新保守主義という形で対応しましたが、それを経済の実態に即してみるとどのようになるか。

際立った対照をもつ三つの対応が示されました。世界経済は相変わらず全体としては停滞基調ですが、その中でアメリカはとくに顕著に後退しています。生産力を落とし、世界中から借金をし、世界最大の累積債務国になる。経済的には破産状態におちこんだわけです。しかし消費景気は拡大し、輸入を増大させますから、アメリカ市場へ売りこむことによって、他の資本主義国も景気を回復させてゆきます。とくに途上国の中の一部がNICSとして急成長し始めます。それに対してECは全体として低成長を維持します。ところが日本だけは急速に生産力を上昇させ、経済を拡大させていきます。この三つが際立った対照を見せながら展開します。八〇年代以後の資本主義世界の在り方は、アメリカの没落、ECの停滞、日本の発展という形で要約されるわけです。

さて、レーガノミクスに代表されるように、経済政策の基調が新保守主義になってきたということは、貿易の面からいうと保護貿易主義が急速に台頭してきたことを意味します。一九八〇年にアメリカ国内での日本車の市場占有率が二二パーセントに達し、アメリカの自動車労働者の解雇が二〇万人を越えたために、日米自動車摩擦が強まり、アメリカ側の要求で日本は輸出を自主規制することになります。八一年度一六八万台、八四年一八五万台という枠が課されたので、日本側メーカーはこの頃から、アメリカ国内における現地生産に積極的姿勢を示すことになります。そして対米日本車について、対欧ＶＴＲ・カラーテレビブラウン管・工作機械などについても輸出自主規制を余儀なくされることになります。

もともと輸入制限を行うためには、ＧＡＴＴの場での交渉が必要です。つまり輸出自主規制というのはＧＡＴＴ一九条に基づかないセーフガードで、輸入国の要請または二国間協定で規定した輸出規制です。その方法としては、輸出入取引法に基づく輸出カルテルによるのが一般的です。その他にも、差別的輸入行政や、非関税的保護主義措置をとる場合があります。日米構造協議では、日本の企業の「系列」も非関税障壁だとしてやり玉にあげられているのは周知のとおりです。フランス政府が日本や韓国に対してフランス向け輸出関係書類をフランス語で表示するよう通達したのも、フレンチ・ショックと呼ばれ、一種の非関税障壁として非難されました。またフランス政府は、日本車の輸入に対して、それを許可する役所をパリから遠く離れたところにつくった。そこに行って許可をもらわなくてはなりませんから延々と行列ができる、なかなか許可が下りない。許可が下りないとフランスで日本車は売れないわけですから現実にはこれは輸入規制の役割を果たすことになります。

国際競争力を失ったアメリカ経済から輸入制限の要求は強まるものの、自由貿易をスローガンとするレーガン政権としては、組織的な保護貿易主義はとりにくい。そこで鉄鋼に対してはトリガー価格制によるとか、自動車については自主規制を迫るといった産業ごとの特別措置で対処することになります。自由貿易のたてまえと裏はらに、バイ・アメリカン法、ＡＳＰ評価制度（American selling price、輸入品とアメリカ製品の生産原価に大差がある場合、同種のアメリカ製品の卸売価格を課税標準とする制度)、ローカル・コンテント法と実質的な保護貿易主義が強まっていったのが八〇年代の重要な傾向でしょう。

もう一つ注目すべき点は、七〇年代から、ドルは金の裏づけを失いながら、相変わらず基軸通貨の位置を保持しており、したがってアメリカは、どんなに国際収支の赤字を出しても、無責任にドルを撒きちらしつづけることができるようになったことです。スーザン・ストレンジの言葉を借りれば「今や事実上の紙幣ドル体制とでもいうべき体制における最高準備通貨国として、アメリカのドル準備は無限」(『カジノ資本主義』一三ページ)となったのです。

アメリカの国際収支の赤字は一〇〇〇億ドル前後から始まって、いまは毎年千数百億ドルの水準を上下しています。この赤字が海外でドル残高として累積されていくわけです。五九年末には一六二億ドルでしたが七九年末には一八五四億ドルへとはね上がり、この過剰ドルが世界中至る所に累積していきます。

それに加えて七〇年代後半から膨大なオイルダラーが使い道を求めて世界中をうろつき回る。七〇年に二〇〇億ドルだったのが八〇年には一二一〇億ドルになります。こういうのが集まってユーロ・ダラーになりますが、これはアメリカの銀行が管理していないドルという意味です。アメリカの銀行が管理しているドルはアメリカの国内規制によっていろんな制約を課される。その制約から脱したドルが世界中をうろつき回る。特にロンドンを中心としたヨーロッパ金融市場では、いろんな国の銀行にドルが預けられ、これがユーロ・ダラーとなるわけです。そこにはいわゆるジャパンマネーも加わりますが、このユーロ・ダラーの所有主体はさまざまです。これは貿易や資本の貸借の帳尻あわせに必要なお金の二〇倍とか三〇倍という膨大な量に達します。そういう過剰なお金が世界中をうろつき、投機的な対象があるとそこへ向かって集中していきます。これが七〇年代後半以後の新しい現象です。

一方でさまざまな形で実質的な保護貿易主義が強化され、他方では国際的な膨大な過剰資金が形成されて、世界中をうろつき回ると、世界経済はカジノ化し、バブルがいつもどこかでつくられては弾けるという構造が常態となります。

[5] NIESの発展

その中であらわれた一つの特殊な現象がNICSの勃興で、それまでは南北問題が世界経済の中心課題で、資本主義世界は北側が高度成長を遂げ、南側は没落してくるという図式だった。ところが南の側の一部が急速に近代化して生産力を上げて、北側の国に迫りつつある。中進国あるいはNICSと呼ばれる韓国、台湾、香港、シンガポール、アジアではこの四つです。ラテンアメリカではメキシコ、ブラジル、それからスペイン、ポルトガル、ギリシャ、これはECに組み込まれていきます。それに東欧のユーゴスラビア、この一〇カ国を指してNICS (newly industrializing countries) と呼びます。これは一九八八年からはNIES (newly industrializing economiies) と改称されます。

このNICSの理解をめぐっては、今も議論がありますが、非常に単純に考えれば、南北問題という形で北側が永遠に生産力的な主導権をもち、南側がそれに従属するという状況がつづくことはあり得ないんで、歴史的な発展がすすめば、必ず南側も北側に接近し、さらに追いつき追い越すという動きが出てくるのは当然だということになります。だからこれからさらにNICS現象は広がって、より多くの南の国々が先進国化し、世界はいずれ平準化するだろうという割合オプティミスティックな見通しがたてられることになる。例えば東京工大の渡辺利夫氏の説などがその代表と見てよいでしょう。

しかしそう単純に事態が進行するかどうかは疑問です。NICSは七〇年代から八〇年代にかけて政治的社会的に安定した国、安定したといっても必ずしも民主主義的ではなく、むしろ権力集中をとおして安定した国から出てきた。そういう国々がNICSになってきた時に世界経済にどういう特徴があったかというと、七〇年代後半から八〇年代は資本主義世界は停滞的で先進諸国にお金がふんだんに余っていた。日本はME化による合理化で発展しますが、企業には過剰資本がたまりそれを海外に投資する傾向が強まった。NICSはそういう外資を受け入れたという点が特徴的です。特にアメリカの多国籍企業の加工組立型産業の一部を分担するという形で組み入れられるものが多かった。しかもその製品は主としてアメリカ市場に向けて流れているという点に第二の特徴があります。これは韓国でも台湾でもシンガポールでも共通しています。

現代は帝国主義段階ではありませんから、資本輸出国が投下資本の安全性を確保するために、投資先を植民地あるいは従属国にしてしまうということはできません。資金を投下した国の国内政治が安定していて、投下資本が永続的な利子収入を期待できるような社会構造でなくてはいけないのです。しかもそこでつくられた製品の大部分はアメリカ市場に向けて流れていく。したがってアメリカ市場が拡大傾向にあるときはNICSも順調に拡大していきますが、アメリカ市場が不況になってくるとその成長は頭打ちとなる。実際八〇年代にはいるとNICSは次々と危なくなってくる。メキシコ、ブラジル、ユーゴなどがNICSから脱落し、スペイン、ポルトガル、ギリシャなどもかなり危ない。もちろん、その間もアジアNIESは健在で、〝四頭の竜〟といわれるほどの発展を示します。しかしこれも今やアメリカからの市場開放要求、国内賃金の上昇、国内技術基盤の脆弱性など多くの問題をかかえて伸び悩んでいます。ですからNICS現象というのは大まかにみて七〇年代八〇年代に生じたある特殊な歴史傾向だったんじゃないか。決してその傾向が延長されて韓国、台湾、香港、シンガポールさらにはメキシコ、ブラジル、ユーゴといった国ぐにが次々と日本や西ドイツのようにアメリカ型生産力を内在化していくとは、単純にはいえないのではないかということです。もちろんこれはまだはっきりとは断定できません。しかしNIESの将来についてはかなり限定して考える必要があると思います。

また、ECの経済はこの間、低迷し続けます。財政赤字を抑制し、通貨供給量管理によってインフレ抑止政策を展開するという点ではレーガノミクスと同じで、イギリスも西ドイツもフランスもほぼ同じことをやります。

しかしその結果として経済は低迷し、生産力はあまり上昇しない。特に問題なのはME化で日本とアメリカにものすごい遅れを取ったことです。こうしてEC統合という形で広域経済圏を形成しなければならないという要求はますます強まります。つまり今のままではアメリカと日本の生産力に到底追いつかないから、ヨーロッパ全体の統合市場圏をつくり、人口三億二〇〇〇万人という巨大な市場の中で、単一通貨ECU(エキュー)を媒介に、資本・商品・労働力を自由に移動させ、「規模の経済」によって生産力の上昇をはかる、というのです。ただし、その先行きは、基礎となるマーストリヒト条約の批准が、デンマークの国民投票で否決されことに示されるように必ずしも明るくはありません。

[6] ECと日本

そこでクローズ・アップされるのは日本の場合です。日本経済だけが七〇年代後半から八〇年代にかけて、着実な生産力的な発展を遂げます。その中枢はME化です。要するにME化できわめて小さくなったコンピューターを機械とくっつけて自動化させる。それがME革命です。これと通信技術の発展とが結びつき、両方が相乗効果を上げながら発展していくことをハイテク化とかソフト化といいます。生産過程ではファクトリー・オートメーションといわれまして、NC工作機械や連続鋳造技術、産業ロボットなどの生産・採用が全面化し、フレキシブル生産システムが拡がります。

自動倉庫に始まり、自動段どりステーション、産業用ロボット、マシニング・センター、自動組立ステーション、自動検査ステーションが組合わされて、全体が制御用コンピューターで管理されれば、無人工場も可能となり、工場の内部には人間が要らなくなる。人間は原料やエネルギーを送り込むとか、メンテナンスをしていればよく、工場自体は二四時間作業をする。しかもそれは数値制御で非常に精妙な熟練労働者の作業を代行でき、フレキシブル生産システムで効率よく柔軟に製品をつくれますから、多品種少量生産が可能となります。戦後の高度成長のときには少品種大量生産でした。ところがハイテク化されたFAではソフトを少しずつ変えて全部違った製品をつくることができる。ジャーナリズムやファッションの世界では差異化とか個別化といって、少品種大量生産時代とは変質した時代にはいったように宣伝されていますが、これは実は規格品を大量に生産するという生産方式の亜種形態にすぎません。いわば大量生産時代の爛熟期といってよいでしょう。

これは自動車、電機、金属加工、鉄鋼、食品産業などの分野に浸透し、生産過程が革新されて、ものすごいコストダウンが実現されます。省エネと省労働力化が徹底するのです。さらにこのME化、ハイテク化はサービス、商業部門にも拡大していきます。POSシステム（Point of sales system, 販売時点情報管理システム）といって小売店頭における販売活動を統合的に把握するシステムや、通信販売などによる無店舗スーパーの出現などがその代表です。POSシステムは商品に一三桁のバーコードをつけ、売れた商品をレジで端末機にかけるとコンピューターは、バーコードを読みとって、本社に伝え、販売と同時に売上管理、在庫管理、商品管理ができる仕組みです。宅配便が急速に拡大したのも、ME化の結果ですが、何れにしてもこのME化によってサービス、商業部門のコストがものすごく合理化されてダウンします。

銀行・証券業もそうです。カードで預金したりお金を下ろしたりすることができるようになり、銀行の端末コンピューターがすべて中央のスーパーコンピューターと結びついて瞬時に処理しています。コンピューターによる高速の計算能力を利用して新しい金融商品が次々と開発されてくる。今日では非常にバラエティーに富んだ金融商品があり、契約しておけばその時々の一番利子のいい預金に絶えず振り替えるという作業もやってくれる。これはコンピューターがなかったら到底できません。

このように生産過程から始まって、流通過程から運輸・通信・金融・証券に至るまで、ME化が革命的な生産力の上昇を実現する。ところがこのME化革命の特徴は労働力が相対的に減っていくことです。電機労連の調査では、ME機器の導入によって、八三年当時、一台当り三人の削減として五万人の労働者が「節約」されたことになっています。八八年にはロボット導入六万六七〇〇台ですから、二〇万人の労働者が削減されたことになります。したがって資本の利潤は増大し、内部留保は急増し、資本は銀行からの借入れを返し自己資本比率を高めますが、労働者の実質賃金はほとんど増えません。春闘は連敗を重ね、日本経済における労働分配率は急速に低下していく。七八年度には六五パーセントにまで低下し、八〇年代にはいるとやや上昇したものの、先進国中最低の水準にとどまっています。それに反比例して利潤率は急上昇する。日本の資本は自己資本が非常に少なくて銀行などからの借金が大きいというので有名だったんですが、ここで様変わりします。借金は返し、銀行に依存しないようになる。資金のあまった銀行はこのころから個人消費者に対しても住宅ローンなどをするようになります。

しかし資本は膨大な過剰資本を抱え込んでいますから、このころから日本の資本輸出が急増します。特に現実資本の輸出です。もちろん国債や株式を買う場合もありますが、アメリカや東南アジアに資金を持っていって工場を造り、物を生産するケースがふえます。特にこの頃先進国（アメリカやＥＣ諸国）に向けて製造業に傾斜した投資が多くなっています。これは集中豪雨的輸出が至るところで、貿易摩擦をひき起こしたので、それから生ずる規制をくぐって相手国の内部に子会社をつくって、輸出というかたちでなく、製品を売りまくるという方針で行われたのです。こうして日本は一九八五年、とうとう世界一の対外純資産国になります。日本の対外純資産は一九八五年末にイギリスを抜いて世界一（一二九八億ドル、対前年比七五パーセント増）になった後、八九年まで五年連続して世界一を続け、九〇年にはドイツに抜かれて二位になりましたが、九一年には二兆六五億ドルで再び世界一になっています。

八〇年代前半にはいわゆる新保守主義の旗印のもと、レーガン、サッチャー、中曽根という同じような政治的なスタンスが支配的となりますが、民営・自由化による生産力回復の企図にもかかわらず、アメリカは国内経済を空洞化させつつ双子の赤字を増やし、ＥＣ諸国は停滞をつづけました。それに対して日本だけがＭＥ化によって生産力を急上昇させ、世界一の対外純資産国になった。ということになれば当然日本経済の機構と運動は最も現代資本主義に適した性格をもつものであるという評価が出てきます。

〔7〕日本型経営の本質

東大出版会から『講座現代日本社会』という本が出ていますが、ここでは現代日本社会こそが現代世界における典型である。典型というのはその時代の生産力を発展させる上で一番合理的な仕組みだということのようです。そして全巻、この日本の社会の在り方こそ今日の経済の発展にとって最も合理的であるという観点から分析が展開されています。

そういう日本経済の発展を支えたのはＭＥ化の推進による生産力の増大にあるわけですが、このＭＥ化、ハイテク化というのは結局機械技術の生産ないし流通への導入ということで、それはあらゆる資本に開かれているはずですから、結局経営の問題じゃないかということになる。日本的経営こそが生産力発展の根拠だということになる。つまりトヨティズムです。レギュラシオン学派的視点にたてばアメリカのフォード主義に代わって、現代では日本のトヨティズムがいわば典型的な合理的なシステムとなったということになるわけです。

ところがこれには非常に問題がある。日本型経営というのは、いわゆる企業一家主義です。トヨタ一家という形で労働者を会社組織の中に巻き込んで体制内化してしまう。そして労働者のエネルギー、創造力を全部トヨタの生産力の発展に動員する。ＴＱＣ運動というのがありますが、これは単なる全社的な品質管理ではなく、会社に対する労働者の心身全体の帰属を前提とした一種の精神運動です。鎌田慧の『日本絶望工場』などをみれば分かるでしょうが、日常生活から始まってさまざまな組織、県人会、寮や社宅の自治会、養成工や臨時工、高卒や大卒などを主体とした豊養会、豊生会、豊隆会、豊泉会、豊輝会などの組織が二重・三重の網をかけ、トヨタの労働者をがんじがらめにし、トヨタ以外の空気中では棲息できないトヨタマンをつくっているのです。

トヨタでなくても、今頃は大学を卒業して来年四月から会社に勤める学生が大学生活の最後として海外旅行をしたいというと会社は金を貸してくれる。借りた金は勤めたあと、月給から天引きされる。さらに社宅も近代的なホテルのような快適さでしかも非常に安い。そこを出てマンションや一戸建ての家を買うときは金を低利で貸してくれる。というところまでくると、労働者は会社にがんじ絡めにからめとられた社畜と化す。例えば突然北海道支社に単身赴任を命ずと言われても、子会社への出向を命じられても対抗できない。社宅というのは社員を会社に縛りつける牢獄ではないかというのでフランスやドイツでは社宅をつくることが禁止されている。日本の場合には労働組合まで、社宅や住宅資金の貸付けを要求し、会社がそこまで福利厚生施設を完備しないと労働者が集まらない。会社の福祉政策が労働者を完全に体制内化し、会社に文句を言わせないようにしてあらゆるエネルギーを搾りとるのです。これが日本的経営＝日本的労働者管理の本質でしょう。終身雇用、年功序列、企業内教育による多能工化など皆同じ意味をもっています。

生産過程ではカンバン方式があります。ラインで部品を使って組立ててゆく場合に部品をストックする必要がない。必要な部品が必要なだけ必要な場所に必要な時間に準備される。倉庫も管理費もいらない。これは合理的に決まっていますが、それができるというのはトヨタの子会社、孫会社、下請け等の系列会社が絶えず要求に応じて部品を運び込んでいるからです。早朝トヨタの門前にはそのために車がずらっと並んで待機している。もはや今日のような交通渋滞ではそれもできなくなりつつありますが、しかしできないということになるとトヨタの下請けは切られるわけですから、子会社としてはどんな努力をしてもやらざるをえない。トヨタにとってはいちばん合理的なシステムだとしても、下請けにとってはたまったものではない。これこそが日本的経営の実態です。その中でトヨタの生産力はものすごく上がり、コスト・ダウンが実現される。

こうして結果的には経済大国と生活貧国がつくりだされる。これは宮沢首相まで認めている現実です。経済大国と生活貧国の内容はまず長時間労働。一九九一年は二〇一六時間で、九二年達成目標の一八〇〇時間はとうてい不可能です。一般先進国に較べて、三〇〇～四〇〇時間は長いとみてよいでしょう。それにプラスして金融機関では年間約三〇〇時間のサービス労働があるといわれます。これも翻訳不可能な言葉で、労働者が無償で会社にサービスする時間です。奇妙な話ですが、現場では当たり前のことです。これを加えると年間労働時間は二四〇〇ないし二五〇〇労働時間になる。これは統計には出てこない。しかも、その長時間労働に対して、日本の社会保障の水準は低い。

たしかに新年号の婦人雑誌の付録みたいに、生活保護に始まって、児童福祉、身障者福祉、老人福祉、健康保険、年金保険、雇用保険、公衆衛生、予防医療、老人保険から年金制度まで、品数は多いが中身は何れも非常に薄い。特に問題なのは老人年金が基本的には六五歳から支給されるのに、日本の企業のほとんどの停年はまだ六〇歳かそれ以前です。六〇歳から六五歳の間は社会保障はないに等しい。こういう国はどこにもない。停年と老齢年金の開始期は同じでなかったら意味がないでしょう。それに過労死、長時間通勤、ウサギ小屋住宅、年収の一〇～一五倍の住宅費、労働分配率の異常な低さ。さらに系列化、談合。福祉にしても国家の福祉というより会社ごとの福祉であること。これは要するに会社が労働者を抱摂するための福祉にすぎないということになる。その背後には法人資本主義というかたちの非常に奇妙な株式会社の在り方がある。株式持合いという形で企業の所有が法人に移るため、だれが資本家でだれが労働者かよく分からないような構造になってきて、資本は法人という形で労働者を共同体的に支配してしまっているのです。会社は法人ですから自然人と違って破産しない限りいつまでも生きつづけますから、「会社は永遠である」ということになり、日商岩井の島田三敬常務のように、「会社の永遠のために私たちは奉仕すべきです」という遺書を残して、飛び降り自殺する忠義の士まであらわれます。日本では会社はもはや、「イエ」という範囲を超えて社員がその生命までも捧げつくすべき「神」の領域に達しているのです。

これが、七〇年代後半から八〇年代を通して世界経済が低成長の中でどういう形で生き延びていくかということに対する最も成功的な答案だといわれている、日本型蓄積構造です。ＭＥ化、ハイテク化は、日本型の企業一家主義やカンバン方式と組み合わせることによって最も効果をあげることのできる生産方法だ、ということです。それは生産力的にはきわめて発展しますが、内実では困難な問題をかかえこむことになります。

　ＥＣ型の蓄積はそういうネガティブな結果をできるだけ避けようとしているとみてよい。例えば農業を絶滅させるとか食糧自給率を大幅に低下させるということをさけて、農業を保護し、自然を保護し、食糧自給率を高める。そして労働者の人間としての権利を認めますから社宅や、労働者が住宅を買うために低利で賃金を融資するということはやらない。むしろ自家を持たせるような政策をとる。それから社会保障を徹底化し、労働分配率を高める、労働者の企業の経営に対する参加を保障する。こういった面に配慮して経営をつづけると、どうしても生産力は落ちてくる。特にＭＥ化でロボットが入って熟練労働者が排除され、フレキシブル生産システムで工場内が自動化してしまうという事態は避けようとしますから、どうしてもＭＥ化は遅れます。そういう代償を払いながら、福祉国家型の政策を維持しようとしたというのがＥＣ型蓄積様式だったといってよいでしょう。

　さてこのような現代資本主義の蓄積構造は最終的にどういう問題を出してくるかというのがこの章の結論です。重厚長大にかわる、軽薄短小の現代社会ではモータリゼーションが否定されたというわけではない。モータリゼーションにプラスしてＭＥ化社会が構築されたのです。これがいわゆるポスト・フォーディズムの社会ということの意味だろうと思います。ただしそういう高度な生産力を保障された資本主義社会は必ずそのバックに南北問題を解決不能な問題として拡大再生産していく。それから資源問題を時々刻々と危機的な状況に追いつめていく。最後に地球環境破壊、これはCO_2やNO_xの問題やフロンガス、熱帯雨林の急減、酸性雨の問題などで、原子力工場の事故などとともにだんだん深刻になっています。これらはモータリゼーション社会では絶対に避けることはできないでしょう。今日の資本主義がモータリゼーション、プラスＭＥ化という形で生産力を拡大しつつ発展しているということは認めざるをえませんが、その背後にこういった、おそらく解決不能な問題を累積しつつあると判断すべきです。それが現代資本主義の基本的蓄積構造だろうと思います。

今日の社会主義はそういう問題と対決しなければならない。つまりマルクス＝レーニン主義のように、これまでの資本主義の生産力をひきついで、むしろその停滞した生産力を上昇させながらより豊かな社会をつくることこそが課題だということになると、これは現代資本主義の構造を後追いしているというだけで本当の社会主義の主張とはならないのではないか。現代の社会主義の輪郭は、ポスト・フォーディズムである現代資本主義の、いわば陰画としてネガティブに浮かび上がってくる。今日の社会主義の問題をそういう形でとらえない限り、正確な答えはえられないと思います。もちろん旧社会主義圏が崩壊しつつある過程の中ではそんな問題は出てこないし、くるはずもない。むしろ経済自体が解体してきていますから、その中で資本主義的な生産力をいかに導入して、流通や生産を合理化して生産力を高めていくかという問題が出てくるだけです。それが、ロシアや中国の現状ですが、それは現代における真の社会主義とはかかわりのない問題だろうと思います。

第9章

世界経済の構造転換

——ハイテク資本主義の限界

［1］高度成長とIMF体制

今日の世界経済はボーダレスになったとか、トランスナショナルになったとかいわれます。この多国籍企業の発展とか、金融・資本市場の国際化といった現象をどう考えたらいいか。世界経済は一九七〇年代から、ニクソンショックや石油ショックを通して激変しました。この世界経済の枠組みの変化に対応して日本経済も動いているわけですから、今日の日本経済を分析するためにはどうしても世界経済転換の意味を確定しておかなければならない。そこで世界経済、といっても金融、通貨、信用などが中心になりますが、それらの関係を考えてみたいと思います。

第二次大戦後の資本主義の世界的発展は、アメリカ型重工業といわれる自動車を中心とした耐久消費財産業がアメリカから世界各国へ拡大していった過程としてとらえることができます。その政治的な反映としてパックス・アメリカーナ、アメリカの世界支配が確立したわけです。

方法的に言うと、したがって、この時代に帝国主義論を直接適用して、帝国主義国同士の勢力圏の拡大や支配領域をめぐる争いという次元でさまざまな国際経済や世界経済を把握すべきではないということです。資本主義の世界的配置構造が変わってしまった。その転換の出発点は、だいたい大戦間だろうと思います。大戦間の初期にアメリカ型重工業といわれる耐久消費財産業がアメリカで確立し、それが二〇年代の末期から三〇年代にかけて、世界的に拡大していく傾向を見せた。

例えば日本でも一九二四年にフォード、翌二五年にGMが子会社をつくり、本国から部品を大量に輸入して、ベルト・コンベア方式で安い米国車をつくって売り出しています。一九二九年の米国車の供給三万六〇〇〇台に対して国産車はわずか四三七台でした。ソヴィエトでは一九二八年に第一次五カ年計画が始まりますが、二九年に大恐慌に陥ったアメリカは三〇年代の長期不況で、過剰資本がダブつきますから、アメリカのプラントがレニングラードに輸出されて、ソヴィエトの重工業の基礎がフォード主義でつくられます。ナチスの重工業の基礎もやはり自動車工業でした。同じくイギリスでもフランスでもすこしずつ自動車産業は拡がってゆきます。これが三〇年代の状況です。

ただしアメリカを除いてどこの国でも、このような耐久消費財産業が基軸産業になるまでには至らなかった。耐久消費財産業を根づかせるだけの膨大な資本蓄積と高度の所得水準と広大な市場とが形成されていなかったからです。第二次大戦後ようやく一九五〇年代から西ドイツや日本で自動車工業を中心とした耐久消費財産業への一大革新過程が始まるわけです。ただこれは体制としてのフォーディズムの特色なんですが、工業部門が自動車産業を中心として組み変えられるというだけではこの重工業自身もたないのです。

これは当然のことですが、労働者の所得水準が高くなり、大衆の一般的な購買力がかなり高まらないと、耐久消費財産業は定着しない。ですからアメリカでも長期不況にはいるとニュー・ディールという形で、政府が失業者を救済するための政策を展開し、過剰農産物に対する買い上げを始め、あるいは公共投資を通して道路やダム、電源開発などを政府資金で大々的に展開する。そういう形で、大衆の有効需要を国家が組織的に拡大することを通してしかこの生産様式は維持できないという性格を持っています。

第二次大戦後、西ドイツでも日本でも、マルクス主義経済学ではいわゆる国家独占資本主義論が展開されます。実際この頃国家が経済に介入して有効需要を拡大するのですが、そのために労働組合を合法化し、この労働組合の運動によって賃上げ圧力をかけていく。さらに農地解放によって農民の購買力を増大させる。そういう政策的な援助を得て初めて、日本でもアメリカ型の耐久消費財中心の再生産構造が定着するのです。そしてこれが高度成長の実態です。

そのさい独自の世界経済的枠組みが必要となります。第二次大戦後確立したパックス・アメリカーナ、経済的機構としてはＩＭＦ体制がそれにあたります。これはドルを中心とした支配体制で、ドルだけが金とリンクし、ほかの通貨はこのドルとリンクさせるという形で固定相場制を形成します。そして商品はＧＡＴＴによって、農産物などで若干の例外事項はありますが、基本的には自由化していく。

世界市場における自由貿易と為替の安定、通貨比価の固定化という枠を保障しないと、フォーディズムを中心とした耐久消費財産業の世界的拡大は不可能なのです。これはブロック化によって惹起された第二次大戦の教訓によります。つまりアメリカ型重工業は膨大な生産力を持っていますから、海外市場を求めますが、その市場ではアメリカ型生活様式が支配していなければならない。それ自体高い生産力と高度な所得水準をもった中産者層の存在する国への輸出ということです。また日本のような国が耐久消費財産業を自動車を中心として定着させていく場合には、石油をはじめとして基本的資源はほとんど何もないわけですから、この場合もやはり国際的な自由な貿易と、為替相場の安定性を前提とした自由な商品と貨幣の流通を枠組みとして必要とします。それがなかったらモータリゼイション社会は成立しない。

そして最後にアメリカのメジャーが世界の石油をほとんど掌握していて、非常に安い一ドル原油といわれる価格で世界中にふんだんに供給しています。メジャーが莫大な利潤を上げて石油帝国主義を築いているのです。それが世界的な高度成長の枠組みだった。その中で順調にＧＮＰが拡大し、失業率が減少し、好況を持続的に維持することができれば、当然そこから上がってくる膨大な税収で福祉国家が建設でき、この福祉国家という構造で社会主義に積極的に対決することができるということになります。完全雇用の福祉国家が実現できれば、内容的には社会主義のめざすものを実現しえたことになり、イデオロギー的にも積極的に対決できることになります。

これが戦後の世界的な蓄積が順調に拡大している場合の資本主義の構造だった。だいたい五〇年代から六〇年代にかけてのそれと見ていいでしょう。西ドイツから日本、イタリア、フランス、かなり遅れてイギリスという形で奇跡の経済の回復を次々に成し遂げていきます。

ところが六〇年代から世界経済はさまざまな危機的症状を呈してくる。端的な現象は相次ぐドル危機です。Ｉ

ＭＦ体制を前提にしながら戦後直ちにアメリカは絶えずドルをまき散らしていく。最初は復興援助ですが、そのうちに局地戦争、朝鮮戦争やベトナム戦争を通して膨大な軍事費を支出していく。さらに、南の経済が窮迫してきますから、それに対しても援助する。時代によって方向性は違いますが、つねにアメリカが莫大なドルをまきちらすことによって世界経済は支えられてきました。

もっともアメリカの経済力が圧倒的に強かった初期には、そのまきちらしたドルは結局アメリカに戻ってきました。ところがだんだん戻らなくなってくる。これにはいろんな理由があります。西ドイツや日本がアメリカ型生産力の移植に成功し、経済的自立を達成し、南の諸国がますます経済的に困窮してくると、アメリカがいかに南への援助を投下しても、そのドルは回り回って日本や西ドイツに吸収されてしまう。

従ってドルの基礎が非常に不安定になってくる。ＩＭＦの約束で、各国の通貨当局がドルをアメリカの通貨当局に持っていけば金と替えねばならない。一オンス＝三五ドル、つまり三五ドル持っていけば一オンスの金と替えてくれる。固定的為替相場はその保証の上に成り立っている。

ところが、膨大なドルをまきちらし、それがアメリカへ還流せず、そのドルの兌換請求が外国から持込まれるとアメリカは金を渡さなければならないが、その金が急速に減少し、ついに兌換不能となる。まずアメリカは各国通貨当局に対して金との兌換を自制してほしいと要求しますが、それでもだんだん追いつめられてきて、一九七一年にとうとうドルとの兌換が不可能になります。八月一五日に発表された金・ドル交換停止をふくむニクソンのドル防衛策、いわゆるニクソン・ショックです。

〔2〕変動相場制へ移行

ここで世界経済の枠組みが完全に変わります。戦後の世界経済の安定的発展を保証した枠組みであったＩＭＦ体制の中枢であるドル＝金交換がストップされてしまったのですから、ＩＭＦは存在しても、全く変質してしまったのです。したがって今日の話の中心は、このＩＭＦ体制変質後の後期の世界経済の枠組みをどう考えたらいいかということになります。ニクソン・ショック後、スミソニアン体制という非常に不安定な体制がしばらく続きますが、七三年二月一三日、アメリカのドルの一〇パーセント切下げを機に、一四日、東京を始めとする各国外為市場は閉鎖され、この日から日本は変動相場制に移ります。三月一一日ＥＣ六カ国の共同変動相場制への移行とともに、スミソニアン協定は実質的に放棄されることになります。こうして、以後その国の経済力に応じて為替相場は時々刻々と変化する、フローティング・システムに変わります。これは資本主義体制の確立後初めての現象です。資本主義は金を通貨の基軸とすることを原理としています。金本位制をとれば国際的にはどこの国の通貨も金をとおしてリンクする。円、ドル、マルク、ポンド、それぞれどれだけの金と結びついているかということからその通貨の価値が確定され、各国通貨の比価も確定されるわけです。為替相場は金現送点の範囲内で安定しますから、長期にわたる信用関係や安定的通商関係を営むことができる。

しかし変動相場制ではそうはいかない。どうなるかというと、通貨価値はその経済力とリンクするしかない。経済力というのは多面的なもので時々刻々と変わる。すると時々刻々と通貨の価値が変わることになる。毎朝ＮＨＫのテレビをつけると、まずその日の円の相場が知らされますが、これは比較的最近始まったことです。七一年以前は一ドル＝三六〇円の固定レートであり、七一年一二月からは一ドル＝三〇八円が基準相場とされました。どこの国の通貨も金本位制のときは、それぞれ金と結びついていますから、ほとんど動かない。多少動いたとしても、金を実際に外国へ送るための手数料の幅の中に限られるわけです。それ以上動いたら金を送ったほうが得になります。固定相場制は金為替をとおしてですが、ほぼ同じことをやっていたわけです。その点から考えると、国際通貨体制が変動相場制になるというのは資本主義確立以来初めてのことです。原理的に考えれば資本主義は、金を中心として経済が自動的にレギュレートされるシステムですから、国際的にどこの国の通貨も金から離れて相互にフロートすることになればもはや資本主義とは言えない。永い目でみれば資本主義の崩壊過程としていいでしょう。実際これで資本主義は早晩行きづまると断言した経済学者もいました。しかし実際はそうならなかった。やはり資本主義はそれ以後も発展している。ではこのフローティング・システムをどう考えたらいいか。

七〇年代から世界の通貨信用の枠組みはこのように転換しますが、それはまず相次ぐ石油危機をひき起こし、先進諸国はいずれも低成長に陥ります。日本経済もこのころから約五パーセントの成長率になりますが高度成長時は一〇パーセント程度でしたからほぼ半分です。政府は安定成長と称しましたが、要するに低成長であり、減速経済ということでしょう。

ところがそれに対応して幾つかの新しい現象が起こってきました。特に日本経済に特徴的なのはハイテク社会への移行です。エネルギー消費量世界第二位、原油への依存度が高く、その九九・七%を輸入に頼っていた日本は、この石油ショックで最大の打撃をうけました。日本の国際競争力は著しく低下し、とくに装置工業は成立たなくなり、高度成長は完全にとどめをさされたのです。日本経済は七四年一月から七七年一月まで三六カ月の戦後最長の不況を経験しますが、とくに七四、五年は先進国と途上国をまきこんだ世界同時不況に陥ったのです。この不況からの脱出のために「減量経営」が叫ばれます。省エネ・省労働技術が導入され、産業ロボットやNC工作機などによる自動化ラインが徹底的にすすめられ、余剰人員をつくりだすとともに、他方では、希望退職者の募集、配置転換、出向、新規採用の削減、欠員不補充、さらに下請けに対する部品コストの切詰め、金融・投資収益の確保など、経営の全領域にわたって徹底的効率化がはかられました。「窓際族」という言葉が生れたのもこの時ですし、往きて帰らざる「出向」の続出したのもこの時です。中高年受難の時代といわれ、日本経営の特色といわれた終身雇用制なるものが、実は何の保証もない空約束だったことを思い知らされたのもこの時です。石油ショックによって起こされた不況ですから、景気は悪くてもインフレは高進し、いわゆるスタグフレーション状況となりますが、過剰人口状況ですから、総評が何度春闘を繰返しても敗北につぐ敗北をつづけます。春闘七連敗、八連敗といわれたのもこの頃です。

「減量経営」の中心はメカトロニクス化といわれます。これは機械のメカニクスとエレクトロニクスをくっつけてつくった和製英語です。機械に超小型コンピューターをくっつけると機械が熟練工として働くようになる。コンピューターが小型になり、性能がよくなってくると、コンピューターの中に熟練工の作業のプロセスをソフトとしてたたきこめる。そのコンピューターと機械を連動させれば機械が熟練工として働くようになる。これが日本がそのころ評価された生産性上昇の重要な原因だったんです。

〔3〕多国籍企業の発展

しかしこのように、メカトロニクスを導入して、徹底的合理化、省労働力化をはかって、製品のコスト・ダウンを実現したとしても、日本経済はなかなか不況から脱出できませんでした。というのは、メカトロニクスによる合理化は、急速に資本の生産力を上げましたが、同時に膨大な相対的過剰人口をつくりだし、それが賃上げを阻止し、労働者の実質賃金は上がりませんから、内需がいっこうに拡大しないのです。したがって不況脱出の努力は集中豪雨的輸出となって爆発します。七〇〜八〇年間の生産の伸び率が年平均三・一パーセントであるのに対して、輸出は同八・五パーセントも伸びています。しかも産業的に自動車・家電・エレクトロニクスに集中し、地域的にはアメリカ・ECに輸出先が集中していました。それによってとくにアメリカとの貿易摩擦が深刻となります。七〇年代初めの摩擦と違って今度の場合は自動車・電機・半導体というアメリカの中核産業との摩擦ですから事態は深刻で、これらの産業では、日本は輸出自主規制を強いられますから、結局、これら産業の拡大のためには、アメリカ内部へ工場進出を行わざるをえないことになります。日本型多国籍企業の展開です。

世界経済の枠組みから言いますと、そのころさかんにトランスナショナル（国境を超える）、あるいはボーダレス（国境のない）と言われました。これにはいろんな面がありますが、その一つは多国籍企業です。これはもともとアメリカから始まったもので、アメリカから企業がヨーロッパやアジアに出ていって、工場を造り労働者を雇いそこで生産する。アメリカ内部では労働コストが高くなりすぎて、競争力のある商品がつくれませんから、アメリカ資本自身が外へ出ていくわけです。七〇年代後半から日本でも多国籍企業が多くなってくる。

日本の多国籍企業にもいろんな類型があって、一つはアメリカにいく場合で、典型的なのは自動車産業です。自動車がどんどんアメリカに売り込まれていきますから、アメリカからクレームがついて自主規制しなければならなくなる。日本から輸出する自動車は限られますから、本田技研がトップをきって七八年から、ついで日産が八〇年からアメリカで生産を開始します。そして現在はダイハツを除く、乗用車メーカー八社が北米現地生産を行っています。その台数は九〇年でほぼ二〇〇万台といわれますから、八五年度以降の年間輸出枠二三〇万台に迫る勢いです。他面日本の経済的発展が急速に世界の中で異常にのびていきますと、当然世界の標準からみた労賃も高くなります。一人当り国内純生産は、一九九〇年に、日本は二万三八一〇ドルでアメリカの二万一四四六ドル、西ドイツの二万三六九八ドルを抜いています。一人当り国民所得、約二万ドルのアメリカや日本に対して、韓国で五千ドル、タイで一三〇〇ドル、フィリピンで七〇〇ドルですから、東南アジアの労働力の価格は、日本のそれの一〇分の一以下とみてよい。そういうところに工場を造って労働集約型の製品をつくり、それを日本へ持ってきて組み立てると非常に安上がりになる。そういう形で資源や労働力の安いところへ資本がどんどん進出していく形でも、日本資本は多国籍化してゆきます。

[4] 世界金融市場の変質

さらに金融の面でお金がボーダレスになり世界的に動き出します。これが七〇年代からの特色で、それまではIMF体制の枠組みがきちんとして支配していた。ドルは金とリンクし、日本の円はドルと一ドル＝三六〇円で交換される。各国通貨当局は、平価維持を義務づけられますから、もしも日本の貿易額がバランスを失して、国際収支の赤字が大きくなってくると当然円の価値は下がってくる。通貨当局は対策のために赤字を小さくしなければなりません。外国から商品を買わず、日本の商品が外国に売れるようにするためには経済を引き締めて生産性を高くしなければならない。ですから五〇年代六〇年代は絶えず大蔵省や日銀は国際収支の動きを見つめ、それとかかわって国内の経済政策を動かし、財政規模を大きくしたり小さくしたり、金融を拡大したり、縮小したりしながら、景気を刺激したり、引き締めたりしていました。国内に失業の増大という犠牲が出たとしてもやはり経済を整理すべきときは整理し、インフレを避けねばならない。景気はすぐ「外貨準備」の天井にぶつかるわけです。ということは厳重な為替管理、輸出入の管理によって日本経済の枠組みはしめつけられていたということになります。

ところがニクソン・ショック以後、実際には七三年からですが、それが必要なくなってしまった。為替相場はフローティングし始めたから、財政当局は平価維持のために貿易を管理したり赤字を気にしたりする必要がなくなったんです。そうなるとお金を外国に持っていったり、あるいは外国に投資することに対して規制がなくなります。世界中にある余計なお金がヨーロッパに集まる。ユーロ・カレンシー市場といわれますが、その実態は七〇パーセントはユーロ・ダラーです。七三年三月以降の変動相場制のもとでは、アメリカが積極的な景気回復策を展開し、ドルをいかに海外に流出させても、ドル相場の下落に対して責任をとる必要がなくなりました。いわゆるビナイン・ネグレクトで、ドルをたれ流しつづけ、ドルの価値は落ちつづけ、とくに七七〜七八年には暴落します。しかしこのドル暴落は、外では、ＯＰＥＣに原油価格再値引上げの口実を与え、内では七九年以降の二桁インフレをひき起こします。そしてこのたれ流しにされたドルが、ユーロ・ダラーとして、ロンドンを中心としたヨーロッパの金融市場で取引されているのです。ＢＩＳ（国際決済銀行）の推計によると、ユーロ市場のネット総額は、六三年末の七〇億ドルから、七〇年末の五七〇億ドル、八〇年末の五、七五〇億ドルと急増しており、とくに七〇年代の増大が激しい。

ユーロ市場は、世界中の過剰資金を吸いこんで少しでも有利な取引先を求めて自由に世界中をかけめぐる膨大なお金の運動の場となったのです。例えば、数年前に日本でも土地投機、株式投機がものすごく肥大化しました。あのような場合には日本の中のお金だけじゃなく、世界中からお金が入ってくる。世界中の利益を求める余ったお金がヨーロッパに集まってユーロ・カレンシーとなり、ユーロ銀行はあらゆる規制からまぬがれたユーロ・カレンシーを世界を見渡しながら少しでも儲かるところに投下していくわけです。日本で株が上がり土地が上がりそうだとなると世界中の過剰資金が入ってきますから、大変なことになってしまう。逆に逃げる場合にも一目散に逃げますから下落もひどいことになる。

七〇年代から世界の金融市場で全く新しい動き方が始まったのです。そのことをよく知らないと、最近の経済現象は解けない。七〇年ごろまでは株は上がったり下がったりし、土地も上がっていっては一定期間膠着状態にあり数年してまた上がり出すということを繰返していた。ですから株を持っている場合は、持ちつづければいい、下がっても半年か一年、長くても二年ぐらいしたらまた上がるものだと言われていた。ところが今度は下りつづけるだけで上がってもまた戻る。九〇年初頭から下がり始めて三年目にはいってもまだ上昇のメドがついていません。株式市場の背後の金融の構造が全く変質したのです。

いまアメリカでも似たようなことが起こっています。アメリカは景気が悪い。双子の赤字が着実に膨らんで、経済の空洞化がつづいています。実際、レーガンが政権の座についた八一年の連邦赤字は九九四〇億ドルでしたが、一〇年後には三兆五九九〇億ドルと三・六倍にふくらんでいますし、企業の負債も一〇年間で三五四〇億ドルも増大しています。米企業の金利負担は、六〇年代には経常利益の一六パーセントだったのに、八〇年代末には五六パーセントに上昇しています。そして生計も、税引き後の可処分所得でみて、年間所得に占める借入れの割合は七〇年の六三パーセントから九〇年は九七パーセントに上昇しています。ＩＢＭやボーイングなどの超一流企業も事業規模を縮小し始め、象徴的なのは、ＧＭが四四億五〇〇〇万ドルの欠損を出して、七万四〇〇〇人の首切りと二六工場の閉鎖にふみ切っていることです。こういった状況の中で株だけはこれまでの歴史的水準を更新しながら上がっている。これはいま言ったように世界中の過剰資金が入っているからです。その代わりこれが逃げるときは大変なことになります。

つまり七〇年代の後半から世界の金融や信用の枠組みが全く変わってしまったのです。これを多国籍企業の拡大とともにボーダレスとかトランスナショナルな経済とか呼んでいます。しかし確かに通貨や資本はそういう形で世界中を動き回っていますが、経済というのは、今でも一国単位なんです。これは資本主義である限りどこの国でも離れ得ないだろうと思います。

石油危機で深刻化した不況とインフレの克服、国際貿易摩擦の回避、エネルギー対策などを主題に七五年以来世界の先進国六カ国ないし七カ国の首脳がサミットを開催していますし、G5、一六八六年以後はG7がもたれて、国際的協調が強調されています。しかし自分の国で失業者が急増してさらに大統領選挙が迫ってくる、というようなときに、世界的な経済の安定のために自分の国の景気を犠牲にする国などは絶対にない。どこの国も死に物狂いで金融・財政政策を動員して景気をあおり、選挙にぶつけて勝ち抜かなければ、政権が倒れてしまいます。その意味では今日でも基本的には一国単位で経済は動いているということです。そして余力のある限り国際協力をするという程度でしょう。

例のブラック・マンデーのときもそうだった。あのときはドイツがアメリカの要求を突っぱねて、利子率を上げてしまったのです。ドイツはインフレが高進する危険性が高かったので、この時アメリカの要求をきいて利子率を下げたらインフレが急進します。ということになるといかにアメリカが要求しても、それを拒否して自分の国の利益を前提にしながら利子率を上げざるを得ない。ドイツが利子率を上げると世界中に散っていた資金がドイツに流れ込みますから、ほかの国も利子率をあげざるをえない。それが引金となって一挙にニューヨーク市場の株の暴落が始まって、それが世界的に広がっていったというのがブラック・マンデーです。まずドイツの利上げから始まったんです。

このように世界経済は金融、通貨、資本という面で非常に緊密に統一的な形で動いている。ところが各国の経済はそれぞれの政治的、社会的事情に規定されている。そこで非常に大きな解決困難な問題が出てきます。これは一九七〇年代、特にその後半から始まった新しい世界経済の枠組みに規定された新しい問題の発生です。それが変貌する世界経済の大まかなとらえかたです。

［５］現代資本主義の蓄積構造

もう少しそのなかに入っていきましょう。

現在の経済の変貌は石油危機から始まったといわれていますが、実際にはその前のニクソン・ショック、アメリカが金とドルとのリンクを断ち切るところから始まっています。以後、アメリカは遠慮会釈なくドルを発行でき、その結果基軸通貨ドルの価値はつるべ落としに低落していきます。世界的なインフレの高進です。

そうなると一番痛手を被るのは、いうまでもなく最もドルを貯えていた国、産油国です。産油国では石油を売ってドルに替えていますがそのドルが急速に目減りしていく。従ってそれへのリアクションとして、ベトナム戦争でアメリカが負けたことも影響しますが、ＯＰＥＣは一挙に石油価格を四倍に引き上げてしまう。重要な点はこの時アラブ諸国に対して敵対的な国――アメリカを指していますが――には石油を売らないと宣言したことです。こうなってきますと、世界経済が大混乱に陥る。それまでの高成長は安い石油を消費することによって成立していたのですから。

世界経済は一九七〇年代の後半からがらりと変わりましたが、ではその前のＩＭＦ体制が健全に作動していたときは資本主義世界はどのような蓄積構造を持っていたか。これは簡単に三つに要約できます。

現代の資本主義においては、資本が経済を全面的に支配することはできなくなって、必ず国家が介入して経済を組織化しなければならない。資本主義国はどこでも財政はＧＮＰの三〇パーセント程度をしめます。経済の三割程度は国家が実質的に動かせますから、景気が悪くなってきたら刺激し、インフレになってきたら収縮させ、失業者が多くなってきたら雇用を増大させることができる。

これは帝国主義時代には全くなかったことです。帝国主義時代においては金融資本の要求を代弁するのが国家の政策でした。現代は国家がつねに金融資本の政策を代弁していたのでは経済は崩壊してしまう。危機的な場合には金融資本を抑えなければならない。アメリカのようにカルテルや独占を法的に規制し、時には独占を解体させてしまうようなこともやる。これは独占資本の政策、あるいは金融資本の政策とはいえないでしょう。金融資本とは利害的に対立する政策を国家が強行しつつ体制を維持しているのが現代の資本主義です。

そして第二に、資本の方も、帝国主義段階における鉄道の拡大を前提とした鉄鋼＝石炭中心の重工業産業ではなく、耐久消費財中心の新しい重工業産業へと基軸産業を転換させている。さらに、第三に、国家が経済を組織化する手段として、不況時に膨大な資金を投入する必要がありますから、そのためには金本位制を放棄し、管理通貨制を採用していなくてはなりません。このアメリカ型重工業を基礎とする資本と、管理通貨制を前提とした国家財政による経済の組織化が、現代資本主義の基本構造なのです。ところが五〇～六〇年代は、この国家が経済を組織するというシステムが世界的に拡大した時代です。そのためには各国の通貨、為替の関係を安定的に維持しなければならない。これはそれぞれの国の通商・通貨政策を、それぞれの国が勝手にやれない、世界的な協調を要求されることを意味します。IMF体制がそれを実現したのですが、このIMF体制の背後にはアメリカの絶対的に優位な経済力があった。IMFはアメリカのドルのまき散らしによって成立している。まずマーシャルプランによる復興があり、さらに途上国援助があり、冷戦構造を前提とした軍事援助と局地戦の連続による軍事費のまきちらしがあった。こうして膨大なドル撒布に支えられてIMF体制は維持され、通貨・信用の安定が保たれ、その中で西側先進諸国のアメリカ型重工業への組みかえが順調にすすんだ。これが高度成長の仕組みです。

ところがそれにストップをかけられた。ＩＭＦ体制の根底が崩壊してしまった。その中枢の金＝ドル兌換が放棄され、フロート制へと移行してしまったのです。そうすると国際的な貿易、為替、信用機構が自由化されてゆく。どこの国のお金でも自由に世界市場で動きまわれるわけで、これがさっきいったユーロ・カレンシーとなり、主としてアメリカの多国籍銀行に集中された膨大な規制から脱けだしたドルとなったということです。ユーロ・カレンシーの七〇パーセントぐらいがドルの形で動いており、それが世界の中で儲けがありそうなところへ一斉に流れていくという構造です。

こうして七〇年代後半から為替相場の絶えざる変動とそれを投機的に利用する巨額な資金の運動が生じました。このころから比べると円は二倍以上に暴騰しました。

経済の実体を見ますと、主として先進工業国同士が水平分業を拡大してきましたが、これも帝国主義段階にはなかったことです。例えば日本の自動車会社がアメリカで自動車を造ります。トヨタ、日産、ホンダ、マツダ、富士、いすゞなどはアメリカに工場をつくり、日産、三菱、鈴木、トヨタはさらにＧＭなどと合併会社をつくっています。アメリカのフォードやＧＭもヨーロッパに工場をつくっています。電器、ハイテクも皆そうです。先進国同士で高度な工業製品の水平分業を拡大しています。

しかし、七〇年代の末期から八〇年代になると激しくＮＩＣＳ（新興工業国）が追い上げてきます。ＮＩＣＳは初めは一〇カ国とされましたが、今なお活躍しているのは基本的にはアジアＮＩＣＳと呼ばれる四つ、韓国、台湾、香港、シンガポールで、アルゼンチンやブラジルは沈滞ぎみです。これらが南の低開発構造から離脱して先進国の水準を目指して発展し始めます。ですから中進国ともいわれます。これが七〇年代から八〇年代にかけて進行した新しい現象です。

[6] ME化と金融の世界化

さらに生産力の中身をみますと、いわゆるME革命によって実現されたエレクトロニクスの小型化と機械との連動、とくに情報機器との連動です。このME革命は言うまでもなく米ソの軍事競争のもたらしたものです。米ソの軍事競争はミサイル競争、さらには宇宙衛星、月ロケットなどとなって爆発します。今日の軍事科学の最先端はミサイルです。最終的にはミサイルの先端に核兵器をくっつければいい。このミサイルをできるだけ長くとばし、かつ正確に目標にぶち当てることが、争われることになり、その長距離に、というところでエレクトロニクスの小型化と結びつくわけです。ミサイル計画では「一ポンド軽ければ一〇マイルさらに遠くへ飛ばせる」といわれました。ミニットマン・ミサイル計画がIC産業の突破口となり、テキサス・インスツルメント社がICに対する軽量小型化の要求にこたえ、抜群の成果をあげて、ME革命の出発点をつくったのです。

人工衛星、宇宙船、ミサイルなどを正確に早く、しかも遠い距離から管理し操作するために光通信技術が出現します。レーザーは直線で進んでいく性格を利用して、ベトナム戦のスマート弾に使われました。東京タワーのてっぺんから姫路城の天守閣のてっぺんにくっついてるシャチホコにぶち当てるという程度のことができる正確度を持っているといわれます。メーザー増幅器は一九五四年に発明されましたが、一九六〇年にはレーザーがつくりだされました。そしてさらにコーニング・ガラス社によって開発された光ファイバーと結びつくことによって、光通信ができ上がりました。光通信で正確に遠距離から操作しながら、ミサイルを遠くの目標にぶちあてるという軍事戦略のもたらしたものが、ME革命であり、情報革命だったわけです。きわめて小さくなったコンピューターを機械に連動させればNC工作機となり、産業ロボットとなり、最終的には無人工場になります。人間はその工場の周辺で機械のメンテナンスに原料のスムーズな搬入など枠組みだけを見回っていればいい。機械ですから二四時間作動し、生産力は急速に上がっていきます。

ただしそのための研究開発には個々の企業には耐えられないほどの巨額なお金がかかります。ですからこの開発を行っているのは国家による軍事・宇宙開発部門で、ここでまず基礎部分が開発される。今日よく眼鏡枠に使われているチタン、さらにセラミックスや繊維強化樹脂なども、すべてロケットやミサイルの研究の産物です。そこで開発された技術が民需産業に利用される。ヨーロッパではフランス、イギリス、ドイツなどの共同開発として軍事技術の研究と利用が行われています。日本でもそうで、ＳＤＩ計画には日本の一〇〇社ぐらいが加わっている。そこに加わらないと最先端技術の利用ができないのです。

このように、軍事・宇宙開発研究を中心として技術開発過程で各国の共同化が行われるのに対して、金融や資本市場では世界のお金が全部集まってきて、ユーロ・ダラーを中心としたユーロ・カレンシーが、ロンドン、ニューヨーク、東京の三大市場を中心にかけ回っています。今日の国際銀行業市場は、主要ヨーロッパ諸国、アメリカ、カナダ、日本所在の銀行の外貨建て、自国通貨建て国際債権、債務の統計として把握されています。一九九一年末で、この債権総額七兆五千億ドル、債務総額七兆四千億ドル、ネット資産で三兆六千億ドルと推計されています。この膨大なお金がロンドン、ニューヨーク、東京という中枢を中心として世界中を駆けめぐっており、これが金融、信用の世界化の実体をなしています。

この金融の世界化の中軸はアメリカの多国籍銀行ですから、アメリカは金融、信用、証券、保険といった部門で活躍の場を求めて、各国に自由化を迫ります。生産過程の空洞化と生産力の停滞をこの部門の世界的拡大で補おうとしているのです。日本だけがこの金融、証券の自由化の波に抗するということはできなくなります。証券会社も四大証券を中心として大蔵省の保護を受けて、ピラミッド型の支配体制を確立しており、これが、銀行の護送船団方式の保護、育成とならぶ戦後の日本の経済の復興のための証券市場の発展の仕方だった。がこれに対しては当然ヨーロッパやアメリカの証券業界から市場閉鎖ではないかというものすごいクレームがついてくる。今では通貨や金融はもちろん証券売買も、世界中で自由に展開されていますから、もし日本の証券市場で利益が上がるとすれば、アメリカやイギリスの証券会社も当然市場参入を要求する。これは阻止することはできない。

バブルの破裂とともに証券スキャンダルが暴露され野村証券のトップがすげ替えられたのは非常に象徴的な出来事だったんですが、ああいう問題も、本当の震源地は外国にあり、そのために昔のようにフタをしてしまうわけにはいかないのです。したがって証券スキャンダルも結局証券業の自由化とか、独占的な支配体制の解体といった提案で終わらざるをえないのです。あの問題は世界の信用、通貨、金融、証券機構の一元化からくる圧力の一つの表れで、その背後には没落しつつある英米経済の最後の支え手である英米の金融・証券業界からの強い要求がありますから、これからも次々とそういう問題が出て、かつそれには抗しきれないでしょう。

そういう形で世界的な広がりで金融や証券業界が業務を拡大しお金はインターナショナルに動き出しますと、日本の閉鎖された金融市場で金利を政府が安く決定し、庶民のお金を低コストで集めて、それを大銀行を通して系列融資をして、強力に経済力をあげてゆくという高度成長型の金融システムは維持出来なくなってくる。金利の自由化であり、市場の開放であり、ファイアー・ウォール（業務の隔壁）の解消です。近ごろは市場金利に連動する預金がふえてきていますが、まだ一〇〇万円以上などと枠が付けられています。近い将来に普通預金もすべて市場金利連動型になるでしょう。もしも日本だけ低い預金利子を維持しようとすれば、外国銀行に預金してしまうわけです。そういう形で証券界から始まって銀行、信用業務がガタガタと変わり、その統括として金融制度革命関連法が一九九二年二月に成立しました。この革命の目玉は、他業界への新規参入に関するものです。つまり金融機関と証券会社は、子会社をつくって、他業務へ相互に参入することが可能となったばかりでなく、銀行、証券会社が相互に買収することによって相互参入も可能となったのです。このファイアー・ウォールの解消がたまたまバブルの崩壊の時期と重なったため、金融機関と証券業界の再編が急速にすすみそうな気配となってきました。

そして金融商品もさまざまなものが出てきました。譲渡性預金（ＮＣＤ）、市場金利連動型預金（ＭＭＣ）、相場連動型預金、オプション付預金、オフショア・ファンドなどさまざまですが、これはいまみてきたような金融の世界化とコンピューター化の結果です。預金をしておくとその額に応じて一番利子率の高いところに自動的に振り替えてくれるというサービスもありますが、これはコンピューターがなかったら膨大な費用がかかってできない。コンピューターの出現によってはじめて可能となった預金や融資の形態上の変化です。

[7] 外国人労働者の流入

さまざまな金融や証券業の仕組みや構造上の変化の具体的様相よりも、この変化のもつ歴史的意味が重要です。金融や証券だけでなく、実体経済もボーダレスになりトランスナショナルになってきて世界経済という形で各国経済が壁を突き破られて一つの経済にまとまっていくんだと主張する人もいますが、そう簡単にはいかない。たしかに金融、証券、信用、通貨などはそういう性格を持っています。しかし資本主義経済はそれぞれの国の実体経済を基礎にして組み立てられています。もちろん現実資本も多国籍企業という形で国境を越えますが、その場合も、資源や労働力はなかなかボーダレスとなって流動化できず、したがって安い資源や労働力を求めて、資本の方が移動するのです。

実際労働力となるとその流動化、ボーダレス化はなかなか面倒です。今日南の国々の農村はアメリカ型のバイオテクノロジーを前提にした農業によって急速に生産性を高めています。アメリカのアグリビジネスの会社で作った雑種一代（F1）の種を使うと非常に収穫は多いんですが、その種からできた種を使っても生育は悪く、弱くなるので、種を毎回買わなければならない。そして化学肥料と農薬と灌漑設備と機械とを組み合わせて膨大な投資をする必要がある。実際フィリピンやインドやタイなどで行われ、広い地域が少数の大富農によって囲い込まれてしまった。強大な経済力を持っている階層でなければそういう農業はできません。そうなると小さな田・畑を持っている小農や貧農は田や畑を売り払って都会へ出ざるをえない。マニラ、ボンベイ、サンパウロ、キンシャサなどに押し出されてくる以外にない。こうして膨大な流民によって「過剰都市化」がひき起こされ、さらにそこから、ヨーロッパや日本へと押し出されてくる。外人労働者の奔流です。

ひところは中東の石油生産地帯に入っていきましたが、危険になってきたのと、石油価格下落で今では日本に入ってくる。これはなかなか阻止できないんですが、しかしこれは景気の動向によるのであって、労働力までグローバル化して行くということは難しい。やはり労働力は地域的、文化的、歴史的な規制があり、とくに言葉の問題が一番大きい。そういう意味で資本主義の核心的構造を支えている労働力という商品は、ナショナルな制約から脱することは困難であり、それが根拠となって、資本主義も一国資本主義という枠組みから解放されることは不可能です。ヨーロッパ諸国はモノ、カネ、サービスから労働力に至る自由な流動経済圏をつくりつつありますが、農業と労働力が足かせとなって、結局完全な国境のない経済圏を構築することは難しいと思います。恐らくそういう国家の枠組みが完全に破壊されて経済が世界的に組織化されるというのが、今日の社会主義の要求の一つの眼目とならざるをえないでしょう。

そこへさらに、南北格差がますます深まってくる。六〇年代には、北の「栄光の六〇年代」、南の「悲惨の六〇年代」として、その発展の対照性が明確となりましたが、七〇年代、八〇年代と格差はますます広がってきました。もちろん南の方からもNIESやASEANの一部のように高成長をとげる地域も出てきてはいますが全体としては問題にならない。八〇年代にはいると、北側先進国は比較的好況状況になったのに、南は一次産品下落と債務の累積でさらに南南問題をうみだし、低所得地域から膨大な出稼ぎ労働者を先進諸国にむかって流出させることになりました。例えば一九八〇年にはわが国の一人当り国民所得はバングラデシュのそれの七六倍でしたが、八八年には一二四倍へと拡大しました。この結果、八八～八九年頃には合法的外国人労働者四万人に対して、不法就労労働者は約二万人で、インドシナ難民を装った中国からの経済難民を合せた入管法違反者は毎年二〇～三〇パーセントの比率で増えているといわれます。この外人労働者の氾濫も、もとはといえば、日本経済による南の諸国に対する分解作用の結果なのですから、単純に拒否することはできないでしょう。南側へ貸しこんだ累積債務の増大とともに、日本経済の危機の焦点となりつつあります。

しかもアメリカの経済はほぼ完全にダウンしました。七〇年代以後、再建の計画はいくつも樹てられましたが、どれも失敗しました。レーガノミクスのいわゆる減税と小さな政府とは要するに福祉国家ないしケインズ政策の逆をいくわけです。社会保障や落ちこぼれた階層の救済はやらない。教育にも金を出さず、もっぱら自助努力を要求し強いアメリカを再建するといえば体裁はいいのですが、本音は財政危機だから福祉や社会保障のお金を切り捨てるというだけのことです。にもかかわらず軍事予算は急速に肥大化させますから、結局財政赤字がものすごく増える。これは赤字国債を出して賄う以外にありませんが、国債を出しても安い金利では誰も買わない。そこで金利をべらぼうに高くする。民間の資金需要が逼迫（クラウディング・アウト）して、金利が高止りする。高金利は外国資金を引きつけ、貿易赤字下でのドル高現象を生みだします。このドル高→輸入増・輸出減→貿易赤字拡大のメカニズムで、八五年、ついにアメリカは七一年ぶりに純債務国に転落するのです。これと同時に、このアメリカの高金利政策は、債務国の金利負担を増大させ、本来は途上国に流れるべき資金をアメリカに流入させ、世界のマネー・フローを逆転させることによって、ますます世界経済を不安定にしていったのです。今や戦後の世界経済を支配したアメリカ経済が、世界経済の最大の不安定要因、危機の原因に変質してしまったのです。

[8] 世界経済の不安定化とブロック化

こうしてヘゲモニー国家アメリカの経済が衰退してくるのに対応して貿易摩擦が激しくなってきました。アメリカと日本、ＥＣと日本との摩擦です。それへの対応としてブロック化が進行します。拡大ＥＣがそうであり、アメリカもカナダ、メキシコとともに北アメリカ自由貿易地域（ＮＡＦＴＡ）をつくり、アジアにもアジア太平洋経済協力閣僚会議（ＡＰＥＣ）ができています。

もっとも、これをもって、三〇年代の世界経済のブロック化の再現をみるのは早計です。たしかにECとAPECとNAFTAを指して「三極体制」と呼ぶ場合がありますが、それぞれの地域統合状態は大きく異なり、アジア・太平洋地域では、アメリカやカナダを加えた太平洋経済協力会議（PECC）や太平洋経済委員会（PBEC）がありますし、ECは欧州経済領域（EEA）をめざして欧州自由貿易連合（EFTA）と統合を予定しているばかりでなく、将来的には中東やアフリカ諸国との結合もめざしています。ブロック化といっても、スターリング・ブロック、アメリカ・ブロック、金ブロックと次つぎとブロック化し、ドイツや日本を孤立化させた、三〇年代の構図とは全く異なることを明確にしておく必要があります。

問題はアメリカが経済を空洞化させて世界経済に対するヘゲモニーを失い、ヨーロッパは市場統合化することによって漸く現代的生産力を定着する以外にないという点にあります。それに対して日本経済は、七〇年代八〇年代を通してそのビヘイビアは非常によかった。それを突きつめていくと、どうもその原因は日本型経営にあるというのが、東大社研のマルクス経済学者を含む、多くのエコノミストの結論となってきたようです。日本型経営というのはトヨタの労働者管理で代表されるトヨティズム、つまり企業一家主義という形で労働者を体制内化し、TQC運動で企業の生産現場から生活過程に至るまでの労働者の全面的な協力を取り付ける。TQC運動はもちろん時間外労働であり、一種の精神運動ですが、この企業一家主義的な運動の中に労働者の労働過程から生活過程に至るまでの全エネルギーを吸収して資本の生産力を上げていく。それがトヨティズムであり日本型経営で、これが日本資本主義の生産力の上昇を支えてきた。従って今やこの経営方式をアメリカやECにまで拡大することによって衰退してきた資本主義の再建をはかるべきであるとする経済学者があらわれ始めたのです。

ただその企業の中で自己実現しているといわれる労働者の労働時間は年間二一〇〇時間をこえる。どう見ても先進国の標準より三〇〇時間から四〇〇時間長い。しかもそれにサービス残業という無償の労働時間がプラスされる。サービス労働はやめるようにというアメリカからの勧告さえ出されました。銀行なんかに多いようですが、労使協定できめた範囲をこえた残業は労基法違反となるので、その残業に対しては手当が支給されないのです。九〇年度は全国で約一五万件が労基法違反として指導をうけ、このうち一一三件が賃金不払いで書類送検されています。その賃金も一人当りGDPは、九〇年度には、二万三八一〇ドルで、アメリカ、カナダ、フランスの二万一〇〇〇ドル台はもちろん、西ドイツの二万三六九八ドルさえこえています。しかしそれは円高によるカサ上げで、本当の中身を見ると目減りしてしまう。特に地価や住宅費がべらぼうに高い。大都市周辺で、勤労者が、マンションか一戸建住宅を買おうとすれば年収の八倍から一五倍ほど支払わねばならないという地価の高さはいうまでもありませんが、食料でも、衣服でも、電機製品や自動車でも、さらに芝居やスポーツの観覧料にしても、日本での価格は、アメリカやヨーロッパより大幅に割高です。経済企画庁は「物価リポート九一」を発表していますが、それによると、九〇年の東京の生計費の物価水準を一〇〇とした場合、ニューヨークは七六、ハンブルクは八〇で、東京の物価は両都市にくらべて二割から三割も高いことが示されています。細かく見ますと、東京を一〇〇として、ニューヨークとハンブルクは、それぞれ、食料品は七四、七五、被服は六五、七九、エネルギー・水道は五〇、八九、家賃は五七、六〇となっています。賃金を比較する場合、名目で計っても意味がない。実質賃金、つまり購買力平価で計らなければなりませんが、そうするとおそろしくダウンしてしまうのです。今のように労働力が不足して売り手市場という段階でもなおかつそういう状態だということは、日本型経営なるものが根本的問題を持っていることを指示しているといえないでしょうか。

七〇年代の後半から現在に至る、世界経済の枠組みの転換に対する各国資本主義の対応は三つの類型で考えられます。アメリカは産業の内容を空洞化させながら、経済的には急速に没落してゆく。それからECは大きな経済圏を囲い込んで、その中で農業と工業の分業を中心にそれぞれ得意な産業を発達させて対外的とくに対米依存度を切り下げていく政策をめざします。これによって成長はあまり高くはないけれど比較的バランスのとれた産業構造を実現しようというのです。日本の場合はどちらでもない。企業が労働者を完全に包抱する日本型経営で生産力を急速に上げながら、労働分配率はじりじり下げてゆく。名目賃金は高いが実質的な生活の内容はかなり低くなる。企業は肥大化しますから、経済大国のもとでの生活貧国という奇妙なアンバランスな社会が実現されます。

恐らくこのような三類型の組合せによる発展がそのぎりぎりの限界に達したという事実が最近の世界不況の基礎にある。その限界は世界貿易の不均衡にあらわれていますが、これは各国経常収支の非対称性の拡大として具体化しています。経常収支が赤字の国は赤字がますます増大し、黒字の国はますます黒字がふえる。北側は黒字を積み上げ、南の側は圧倒的に赤字なんですが、北側の中でも日本や西ドイツ(西ドイツは東独統合との関係でかなり落ちていますが)は黒字、アメリカは赤字を大きくしていくという形で、不均衡が拡大されるのです。

高度成長からME化へとつづいた戦後資本主義世界の蓄積がこのような不均衡によってその限界を暴露しつつあります。一九九一年秋には、この景気はいざなぎをこえると政府は言ったのですが、九二年八月には株価は一万五〇〇〇円を割って、政府は緊急対策の連発に追いこまれました。株価と地価の暴落によるバブル崩壊不況とみられたのですが、実体経済も沈みこみ、九一年一〇~一二月期には成長率はマイナスに転落しました。民間最終需要はマイナスをつづけ、ソフトウェア企業の倒産につづいて、ハードの家電や自動車も打撃をうけていますが、その中で日本の貿易収支も経常収支も記録を更新する伸びをつづけ、一九九二年には一~十一月だけで前年の同期比六九・八%増の千六十一億ドルにのぼり、年間経常黒字がはじめて千億ドルを突破しました。

先進諸国がのきなみ貿易赤字を拡大している中で、日本が一人勝ちの黒字累積ですから、各国からの批判が高くなるのは当然です。日本に対する内需拡大とコメを中心とした貿易自由化の強い要求です。しかし、これまでの日本経済は、不況からの脱出には必ず、外国への輸出、それも集中豪雨的輸出を展開して景気立直りの契機をつかんだのでした。しかし、今回の不況では、これを禁じられています。しかも土地も株もなお、沈みこみつつあり、株式市場も公的資金の支えで、やや上むくかと思えば特金やファントラの売りでまた沈みこむという事態の不況を繰返しています。複合不況の出口はまだ見えないようです。私はこの不況はたんなるフローとストックの複合、つまり循環性不況とバブル不況の複合という以上に、その底には、高度成長からハイテク・ＭＥ化をとおして展開してきた日本の戦後経済の構造的限界の露呈という問題があるように思います。もちろんその背後には、さらに、アメリカの経済的ヘゲモニーの喪失、ＥＣ市場圏の成立、国際協調体制の崩壊——「新世界経済秩序」の未確立といった世界的体制の転換といった根本問題がひかえています。この点をさらに次回に追及しましょう。

第10章　総　括——マルクス理論の再生と瀕死の資本主義

〔1〕近代経済学とマルクス経済学の崩壊

今日は今までお話ししたことのとりまとめをします。この講座のテーマは現代経済をどうとらえるかということでしたが、講座が進行している過程でも歴史は進行し、旧来の社会主義圏は解体してしまった。東欧も、ロシアも、中国も市場経済の導入といっていますが、このままでいけば現実には資本主義世界に取り込まれてしまうだろうと思います。やはりロシア革命で始まった社会主義世界はここに解体したといっていいでしょう。

なぜそうなってきたかという歴史的問題と、もう一つはそういう社会主義を導いた理論——これは普通マルクス・レーニン主義とよばれていますが——その意味、あるいは科学としての有効性という問題があります。それについて考えてみましょう。一方社会主義は解体したとして、では資本主義はといいますと、これも大変な問題を抱えている。第二次大戦後、資本主義世界を支配し、また支えてきたのはアメリカでした。そのアメリカが経済から始まって社会、イデオロギーに至るまで解体状況に追い込まれているというのが現実です。社会主義の崩壊とアメリカ経済の空洞化とその世界的ヘゲモニーの喪失とが同時に進行しつつあるというのが世界史の現況です。その中で、トヨティズムとか日本型経営のもとに、国際収支の黒字を積上げて生き残っている日本資本主義をどう評価するのかというのが最終的に問題になってくると思います。

さて、マルクス主義が今日でももし生命力があるとすれば、我々が目の前にしている複雑な現実を論理一貫した構造で説明しえなくてはいけない。そのことについて考えてみます。まずマルクス理論の有効性をめぐって。先ほど宇沢弘文氏が『成田とは何か』という岩波新書を出しました。

そこではこう書かれています。「一九八五年、ゴルバチョフによって始められたペレストロイカの波は東欧社会主義諸国の崩壊、東西ドイツの統合という予期しなかった形での展開をへて、ついには一九九一年八月、いわゆる八月革命を契機としてソ連共産党の解体、そしてソ連社会主義の全面的崩壊という、まさに世紀末的な現象にまで高揚されていった。この世界史的な転換は政治的、経済的、文化的次元を超えて思想的、人間的危機となって表れた。この思想的危機が最も深刻な形をとっているのは経済学の領域である。マルクス経済学、近代経済学を問わず、既成のパラダイムは既に崩壊してしまった。新しい理論的枠組みの構築について、その可能性の萌芽すら見られない」

宇沢氏は現実と取り組む経済学者といわれており、それは必ずしも悪いことではないでしょうが、そのマイナス面がこういうところに出てきていると私は思います。さらに宇沢氏の論理を追いますと、こう言うのです。

「近代経済学の分野についてみれば自由放任主義を標榜した新古典派経済学も、また国家の財政的、政策的機能を体系化して資本主義の再生を図ろうとしたケインズ経済学も、ともに世界経済の激動期にあってその有効性を失い、その理論的整合性が失われてしまってからすでに久しい。いままた社会主義の全面的崩壊、とくにロシア共産党の解散という現象に直面して、マルクス経済学もまた現実的妥当性、理論的整合性という観点からその信頼性はほぼ完全に消滅してしまった。私自身ケインズ経済学に対して、その理論的思想的妥当性を問い続けてきたが、いまここでマルクスお前もかと叫ばざるを得ないという心境である」

つまり現実はすでに近代経済学の主流であったケインズ経済学による認識をこえてしまった。これは具体的にはスタグフレーションに典型的に示されました。ケインズ的立場にたつと、景気が沈滞してくると政府は金融・財政政策をフル稼働して経済を刺激する。物価はインフレ的になってきますが、同時に景気は上むいてくる。好況になった段階で増収となった法人税や所得税で赤字財政を埋めていく。このように国家が積極的に介入することによって経済の大きな波を平準化し、それによって完全雇用と社会保障を実現し、福祉国家をつくることができる、というものでした。

ところが例の石油ショック以後状況は一変します。財政をフル稼働させ、さらに利子率を大巾に下げて、金融面から経済に対して強い刺激を与えてもインフレは高進しつづけながら景気は回復せず、その結果財政赤字が累積します。つまりインフレーションとスタグネーションの結合によるスタグフレーションの発生であり、これはケインズ経済学の有効性の喪失を意味します。ケインズ経済学を重要構成部分とする新古典派総合がこれまでの近代経済学の主流でしたから、近代経済学はここで解体したということになります。もちろんそれまでケインズに反対であったフリードマンたちが力を得てきますが、これは近代経済学の主流とは言えないでしょう。

ところが宇沢氏は、この近代経済学の崩壊と同時に社会主義も崩壊してしまったのであり、したがって社会主義の理論的な基礎づけを行ったマルクス・レーニン主義、つまりマルクス経済学も同時に駄目になったと主張するのです。レーニンからスターリンへと続くソヴィエト型社会主義と、それを理論化したマルクス・レーニン主義、これこそがマルクス主義であり、かつマルクス理論だと宇沢氏は断定しているのです。

実は問題はそこにあります。今に始まったことではなくて、スターリンの最盛期から、ソヴィエトの経済学教科書で代表されるような経済学をマルクス理論に基づく経済学といっていいかという疑問がかなり多方面から投げかけられ、私達もそれを問題にしつづけてきたのですが、宇沢氏等の視野にはそういう異論は全くはいっていないようです。やはりソヴィエトを主軸にした社会主義建設とその理論がマルクス主義であり、ソヴィエト社会主義が崩壊したんだから当然マルクス経済学も崩壊したという認識になっています。

一般的にそう考えられるのは、ある意味で当然だろうと思いますし、当今のジャーナリズムの傾向もそういう論理でマルクス主義ないしマルクス経済学を裁断しています。しかし本当にそういっていいか、という点を先ずよく考えておかねばなりません。今日では、共産党から新左翼までスターリン主義はマルクス主義ではなかったと異口同音に主張しています。ではマルクス・レーニン主義はどうかとなると、ちょっと口ごもって明快ではない。しかしマルクス・レーニン主義といわれているいくつかの著作や教科書などを見ますと、その方法は根本的にはエンゲルス主義と言ってよい。つまりエンゲルスが『空想から科学へ』あるいは『フォイエルバッハ論』などで書いた資本主義の把握の仕方、その要点をつきつめると、資本主義の根本矛盾を私的所有と社会的生産の矛盾として押さえる考え方となります。

この私的所有を資本主義的所有といい変える場合もありますが、同じことです。資本主義は私的所有の上に成り立っているのですから。要するに私的所有権を絶対化して、その上で組み立てられている社会関係が資本主義社会で、そこでは生産は社会的になっているから、所有と生産の間に矛盾があるというのです。ではこの矛盾はどういう形で克服されるかというと、これは簡単で、社会的所有のもとに社会的生産が実現されれば矛盾はなくなるというのです。

この視点に立つと近代の歴史は、中世社会の中から自分の生産手段を自分で所有する小生産者が出てきたことから始ります。これは私的所有のもとに私的生産を実現しているから矛盾は存在しないわけです。ところが生産力が増大し、産業革命が起こります。私的所有のもとでの社会的生産の始りです。さらに発展して軽工業から重工業主軸になってくると企業は巨大化し、株式会社化してくる。株式会社も数人の株主が株式会社をつくるというところから始って、いまではＮＴＴのような巨大株式会社が出現しています。ＮＴＴは株主が一六七万人、従業員は二六万人に達します。このような巨大な社会的生産規模をもつ巨大株式会社も依然として所有は私的です。この矛盾から資本主義は激動を起こすことになるとエンゲルスは考えます。ではこの矛盾の落ち着く先はどこかというと、社会的生産を社会的所有でコントロールすればいい。これが社会主義社会です。したがってこの社会主義社会にもはや矛盾は存在しないということになるわけです。

このエンゲルスの考え方をレーニンはうけつぎ、スターリンもこれを踏襲します。日本でも最近まで大方のマルクス主義者はみんなこう考えていたのではないかと思います。宇野弘蔵がこれに対して批判し始めたときは、ものすごい攻撃が集中し、共産党から向坂逸郎の社会主義協会に至るまでの非難の大合唱でした。私的所有と社会的生産の矛盾の発生とその解決として、歴史は理論的に進行し、資本主義は社会主義社会へと必然的に移行する。マルクス＝レーニン主義はこういう単純な命題で歴史を片づけてきたんです。ところがそういう形で矛盾がなくなったはずの社会主義社会で、生産力が一向に伸びなくなった。軍事費が捻出できないどころではなくて日常の生活資料さえも急速に不足してきた。これでは矛盾がないどころじゃないだろう。当然、マルクス＝レーニン主義の理論は間違いではないかということになります。これが宇沢氏のマルクス経済学否定の根拠とみてよいでしょう。

［2］革命と社会主義の変質

そういう考え方の系列として帝国主義戦争の問題がでてくる。資本主義では生産が社会化されつつ所有は私的ですから、社会的生産に合うように所有の形態が変えられていく。株式会社がそうで、私的所有という面を残しながら、所有も社会化されていく。非常に大勢のお金を集中して巨大企業をつくるわけですから私的所有の制約を突破する一つの解決ではあります。さらに巨大企業が結集してカルテルをつくると所有の社会化はすすみ、さらにそれを国家が管理すると一層発展する。国家独占資本主義などと呼ばれる段階です。それとともに発展し、肥大化した生産力は国内需要だけでは消化しきれなくなり、過剰資本は国外市場めがけて氾濫する。こうして、海外市場をめぐる資本主義国家の闘争は市場分割から植民地支配、植民地再分割をめぐる闘争へと発展します。ゆきつく先は帝国主義戦争だというのです。帝国主義戦争はそういう意味で資本主義体制の最終段階だということになります。

歴史がこのように進行すると、社会主義への変革の突破口はどこに開けるか。それは後進国からということになります。実際ロシアは後進国でしたし、東欧も中国もキューバもヴェトナムも後進国です。それに対してイギリス、アメリカ、ドイツなどはそれほど動揺しなかった。

こうして第一次大戦後、資本主義の最終局面としての帝国主義戦争を契機にして、資本主義世界の中の弱い鎖の一環に変革力は集中して表れてくるという説が一般化します。この資本主義世界は弱い一環から解体し、そこから社会主義になるという説は本来のマルクス主義のもっていた変革の展望とは全く異質なものと思われます。後進国革命論といってよいでしょうが、唯物史観にもとづくかぎり、先進国革命論だったはずです。生産力が発展しつくして、従来の生産関係では処理しきれなくならないかぎり、新しい生産関係は形成されることはない、というのですから。

つまりマルクス・レーニン主義においては後進国革命論が主張されますが、マルクス主義の基本的な考え方は先進国革命論でした。実際後進国が社会主義化しても、先進国はいわゆる相対的安定期にはいり、急速に金融資本的蓄積を回復させます。とり残された後進国はいきおい一国社会主義となって孤立します。ソヴィエト自身もそうでしたがキューバを見てもいいでしょう。社会主義国の発展とともにだんだん周辺に影響が及んでいって、先進国のいくつかが経済的危機に引きずり込まれて革命状態になるかといえば、そうはならなかった。むしろ鉄のカーテンという防波堤が築かれて、後進国は一国社会主義としてしか存在しえなくなってくる。そうするとマルクスの予想した歴史的展開とはだいぶ違ってきます。マルクスの場合は「万国の労働者、団結せよ」で、これは先進国から出発する世界革命です。まず先進国で始まった革命は中進国、後進国へと広がり、世界革命へと発展するはずでした。

この場合一国社会主義になるということは具体的には国家社会主義となることとです。先進資本主義国の強大な生産力に対して国境を強めてその影響を遮断し、軍事化をすすめることになる。列強に囲まれてその中で反資本主義の体制をつくるわけですから、絶えず外部からの侵略の危機にさらされ、強力な軍事国家たることが必然化され、それとともに国家権力は格段に強化されます。

こうなってくるとマルクス主義の基本的な考え方とはまったく逆となります。唯物史観によれば、国家は階級支配の経済的な構造を反映した政治的な抑圧機構なのですから、経済的な階級対立がなくなったら、国家はいらなくなるはずです。だからかれらは国家は死滅するとか眠り込んでしまうと言ったわけです。ところが死滅するどころか、社会主義社会になったら、国家権力は強くなってきた。国民に対する国家的抑圧が強くなり、官僚統制が経済まで支配し、軍事独裁体制が完成します。そうでない社会主義国家を探すほうが難しい。

そして行き着くところはほとんど一様に強烈な個人崇拝です。マルクス主義は、よく批判されるように基本的に近代理論です。近代理論というのは社会科学によって社会現象を解明しているということです。社会科学は「科学」ですから一定の手続きを取ったら誰にでも理解できなければならない。社会科学としてのマルクス理論はきちんと勉強していったら誰でも理解できますし、疑問があれば誰でも反論できるような論理構成になっている。そういう意味では個人崇拝は起こりえない。自然科学で、ニュートンやアインシュタインに対する個人崇拝が起こらないのと同じことです。

マルクスの『資本論』でも、レーニンの『帝国主義論』でも――といっても前者と後者では科学としての重さが大分違いますが――画期的な科学的成果であることは事実です。しかし今日の研究水準からみて、何ら訂正の余地のないほど完全な理論体系というわけではありません。訂正すべき点はどしどし訂正したらよいし、それより何より現代は、第一次大戦前の資本主義とは様変わりしているのですから『帝国主義論』とは区別された、現代資本主義についての基本的見とり図がえがかれなければなりません。それは、マルクスやレーニンの研究を前提として、私たちが自らの手でつくりあげる以外にないでしょう。マルクス主義が社会科学の理論を前提として展開される実践運動であるとすれば、その意味で個人崇拝がはいりうる余地は全くないはずです。もしも個人崇拝的マルクス主義がでてきたとしたら、それはすでにマルクス主義から変質した運動であり、イデオロギーであるとみなしてよいでしょう。

[3] マルクス理論とは何か

宇沢氏は「ソビエト圏が崩壊してマルクス主義も権威が失墜してしまった。我々もマルクス主義をケインズ主義と同じように、結局否定せざるを得なかった」と言っていますが、厳密にいうとこれはマルクス・レーニン主義を指しています。マルクス・レーニン主義とマルクス主義とはきちんと区別しなければならない。だがそうするとマルクス・レーニン主義はマルクス主義あるいはマルクス理論とはどう違うのか、と反問されるでしょう。

マルクス理論とは基本的には『資本論』を指すと考えています。『空想から科学へ』でも『フォイエルバッハ論』でもなくて『資本論』だろうということです。『資本論』とは何か。資本が経済過程を完全に支配した場合のさまざまな要素、例えば物価、労賃、利潤、利子、地代、さらには景気運動も含めていいのですが——そういうものの運動法則を明らかにしているわけです。分かりやすくいえば、自立的市場経済の均衡理論といっていいと思います。もちろん均衡理論といっても景気循環を含んだ動態的均衡論です、概念は論理的展開をとおして体系を構成します。

別の面から言うと、『資本論』は資本主義がどんな過程をとおして形成され、どんな形で発展し、さらにどんな体制へと変質していくかということを考察しているわけじゃないということです。もちろんそういうことに触れた部分はありますが、それは理論的な考察に対して補足として付けられているにすぎません。『資本論』の九〇パーセント以上は、資本主義が経済過程を全面的に支配するさいの価格運動の法則性についての考察です。マルクスは資本が経済過程を全面的に支配するということは資本が農業部面までも支配することだと説明していまず。これを宇野弘蔵は『資本論』とは純粋資本主義論だと定式化したのです。

ではその純粋資本主義論はいったい何に使えるか。まずそういう資本主義の純粋なメカニズムを理解していないと現実の資本主義の動きを分析することができない。現状分析をしようとすれば、当然ノーマルな純粋資本主義の構造を知ったうえで、それとの関連で純粋な運動からの偏差や異同を確認し、その原因を追究しなければならない。これは自然科学の場合でも同じでしょう。水を分析する場合に、水に何か異物が加わっているかが問題になると、水そのものが何かということが分からなければどうしようもない。水素と酵素が化合したものが純粋の水としてあり、それに対して現実に我々の目の前にある水は、いろんなものがつけ加わっている。それは何かを明らかにするわけです。この場合純粋な水の把握がなかったらできない。

もう一つは社会主義社会の理論的可能性ということです。これはマルクスの場合にどの程度まではっきり自覚されていたか分かりませんが、宇野が定式化した考え方です。資本が人間社会の経済的な再生産の過程を完全に把握して処理しているということを理論的に解明できたとすると、こんどは人間が資本に代わって経済をコントロールする理論的見通しを立てることができるというのです。要するに社会主義社会の形成は理論的に可能だということです。現実にある国に社会主義化の可能性がどの程度あるかというのは難しい問題で、それはここでは扱いません。しかし社会主義を主張しても、それが理論的に不可能だということを証明されたら無意味でしょう。マルクスはそれに対して少なくとも経済学的にはそれは理論的に可能だといえる、その最終的根拠は『資本論』であるといっているのです。

マルクスの主張する社会主義の理論的な根拠といった場合、経済学としての『資本論』とともに歴史哲学、あるいは歴史観としての唯物史観があります。生産力と生産関係の矛盾を基礎にして動く土台、その上にそびえる上部構造として一つの体制をとらえ、そしてその体制がアジア的、古典古代的、中世封建的、近代資本主義的という系列で発展し、最終的には社会主義社会という形で矛盾を解決する。そういう歴史観が唯物史観です。

マルクスはこの唯物史観を前提として、資本主義社会を理解するためにはまずその土台を理解しなければならない。その土台は商品という細胞によって包摂された経済過程として存在する、という形で経済学の研究に進んでいくわけです。しかし、この唯物史観自身は歴史に対するイデオロギー的把握であって、科学ではありません。これが一つの問題です。

もう一つマルクスは人類史に対して共同体史観を提出しています。『経済学批判要綱』では明確に出てきていますが、まず人間社会は共同体社会から始まる。共同体にはいろんなタイプがある。アジア的、古典古代的、ゲルマン的タイプなどです。いずれも共同体です。「小共同体の上に立つ包括的統一体が上位の所有者または唯一の所有者としてあらわれ、したがって、現実の諸共同体はただ世襲的な占有者としてのみあらわれる」（マルクス『資本制生産に先行する諸形態』）のが、アジア的共同体であり、「土地を基礎として前提するのではなく、都市を農耕者（土地所有者）の既成の居住地（中心地）として前提し、耕地は都市の領地としてあらわれる」（同）のがギリシア・ローマ的共同体の場合です。そして「個々の家族首長が遠くへだてられて森の中に住み……共同体はただ、共同体成員のそのつどの合一によってのみ存在する」（同）のがゲルマン的共同体だとマルクスは規定しています。

いずれにしても人類史はまず共同体の形成と併存として展開され、それに対して共同体の間に形成された商品経済がだんだん共同体内部へ浸透してくるわけです。市場経済が入ってくると共同体は解体し始めます。そして市場経済は一六世紀には世界市場へと発展し、古い地域的共同体が破壊されて、世界市場と結びつく非常に広い近代国家を前提にした近代社会ができる。これは自由な個人の市場経済的な結びつきによって生ずる新しい社会です。これが人類史における第二の社会となります。そこで初めて人権とか人間の自由、私的所有や契約といった課題が基本的問題としてせり上がってくる。

この社会は物、つまり商品や貨幣によって人間が規定される社会であって、共同体社会と較べると人間の自由という点ではより発展しています。しかし資本によって支配されている社会だという点では人間は完全な自由を持っていません。したがってここからさらに自由を拡大しようとすると共同体社会を回復する以外にない。つまり商品や貨幣や資本によって人間がつながるのではなくて、人間が自由に意識的に社会関係をコントロールすることによって自分たちの経済的な基礎をつくっていく。そういう意味では共同体です。しかし昔のような生産力の低い農業や牧畜を主体にした自給自足的な狭い共同体ではなく新しい共同体です。これが社会主義社会だ、というのです。共同体社会、市民社会（資本主義社会）、社会主義社会、この三段階として人類史は総括されることになる。これがマルクスの唯物史観と並ぶもう一つの重要な歴史観です。

『経済学批判要綱』ではそういう歴史観によって共同体の考察を展開しています。『資本制生産に先行する諸形態』という表題で割合に有名になった部分です。それを基礎にして大塚久雄氏が『共同体の基礎理論』という本を書いていますが、これは唯物史観と共同体史観とを統一しようとして苦労した作品です。至るところで論理と歴史的事実の両面における不整合をつくりだしている本ですが、私はむしろ唯物史観と共同体史観とは区別した方がいいと思います。この時期にはマルクス自身、前者から後者への移行過程にあったのではないでしょうか。マルクスは社会科学の研究をとおして、まず唯物史観という歴史哲学を形成します。そしてこの唯物史観にしたがって、ブルジョア社会の下部構造である資本主義経済の研究へとすすみます。さらにこの過程で、労働力商品の形成過程の考察が必要となり、前資本主義的体制——つまり共同体——からいかにして労働力商品が析出されるかを究明している間に、共同体研究に深入りし、その結果、共同体史観にたどりついたという成行きだったと推測します。だから私たちは、唯物史観よりも、この共同体史観と『資本論』をもって、マルクスの知的遺産の中心目録とみなすべきではないでしょうか。厳密にマルクス主義ないしマルクス理論という時には、この二つに限定されるべきでしょう。

[4] 段階論としての帝国主義論

さて、一九世紀末葉から、資本主義は自由主義段階から帝国主義段階へと転換ないし変質しますから、マルクス主義もこの二つのトゥールだけでは対応できなくなり、レーニンが『帝国主義論』(一九一七年)を書いて切抜けます。ただしこの場合、レーニンにはエンゲルス的な歴史観が強く存在しましたから、必ずしもマルクス的考え方を貫きとおしたわけではなく、一方で帝国主義の諸現象を資本主義の発展段階の問題であると限定しつつ、他方で、『帝国主義論』を『資本論』の理論的発展として位置づけるという混乱に陥っています。宇野弘蔵は資本主義の原理は原理として存在しながら、その歴史的発展は段階的タイプ論となるというかたちで、この問題を解決します。

この帝国主義段階の問題と取りくんだマルクス主義理論家たち、カウツキー、パルヴス、ローザ・ルクセンブルク、ヒルファーディングなどはいずれも『資本論』の論理の直接の延長線上にか、あるいは『資本論』の直接の適用によって帝国主義的諸現象を解明しようとして失敗しました。レーニンは、帝国主義を明確に資本主義の歴史的発展段階の問題とすることによって、難問をクリアしたのですが、『帝国主義論』にはなお『資本論』からの発展というしっぽを残してしまったのです。宇野は、レーニンに残っていたこのしっぽを断ちきったのです。資本主義の完全に発展した構造を前提とした原理論としての『資本論』と、資本主義の発展段階論を、抽象度の異なる理論段階として区別し、したがって原理論は原理論として完結し、いかなる意味でもこの原理論から論理的に段階論を展開することはできないことを立証したのです。

方法的にみれば、宇野は、ここで、マルクス理論とマルクス＝レーニン主義理論とを明確に区別したといえます。レーニンの場合、帝国主義を資本主義の発展段階と規定しつつ、なお、自由競争から独占への発展を、歴史的であると同時に論理的過程であると主張し、ここに資本主義の歴史的終結の論理的証明を見出そうとしていたのです。宇野は、そのような意味では、資本主義の歴史的終焉も、社会主義の必然性も、論証できるものではないと主張したのですから、これはマルクス＝レーニン主義の核心を否定したものとみなしてよいでしょう。

帝国主義論が段階論として明確に位置づけられた後の問題は、この段階がいつ終結するかということになります。宇野は、これを、ロシア革命をもって画しました。つまり第一次大戦ないしロシア革命をもって帝国主義段階は終結し、以後は現状分析としての世界経済論の課題となる、というのです。ソヴィエト体制をもって、資本主義を克服した新しい人類史の開幕であり、以後歴史は社会主義の初期段階へと移行したとみなしたのです。

現在までの歴史的展開は、この見解へのいくつかの批判を事実をもって提示しました。いうまでもなくその第一はソヴィエト社会主義体制が崩壊をとげたことです。宇野は、帝国主義段階後の現代資本主義の基本構造を、社会主義に対する対抗という点を軸として把握しています。しかし、ソヴィエト崩壊後も、資本主義体制にはたいして変化が起こらなかったように、第一次大戦後の資本主義の変化は、社会主義への対抗によってではなく、むしろ資本主義自体の性格変化に根ざしたものでした。社会主義のインパクトはそれに対する外的促進要因にすぎませんでした。この資本主義の変化の第一は、宇野の指摘するとおり、世界農業問題の発生であり、第二は、国家による経済の組織化の展開です。

宇野は、これを資本主義の外的矛盾と内的矛盾といっていますが、抽象的にはそういってもよいでしょう。資本主義は、もともと農業部門の処理を不得意とする体制ですが、帝国主義段階までは、それをも何とか処理してきました。世界的な農工分業体制を組織しえたのです。しかし第一次大戦後、アメリカ型農業の発生や、資本主義国の農産物自給化傾向の強化などによって、慢性的な農産物過剰状態がつくりだされます。そして国内的には、構造的過剰人口をかかえこみ、三〇年代不況の到来とともに、資本主義は、国家による経済に対する積極的介入——そのさい、管理通貨制にもとづくフィスカルポリシーの展開が有力な手段として機能しますが——なくしては存立しえないことが明白となったのです。ニュー・ディールであり、ナチズムであり、日本の軍国主義的国家総動員体制です。

こうして、外的には必ず世界農業問題という矛盾をかかえ、内的にはたえず国家による経済の組織化を遂行せざるをえない体制こそ、現代資本主義であるというのです。そして、この国家による経済の組織化をひきおこす起動力を、社会主義圏の存在に求めるのです。つまり、社会主義が資本主義の根本矛盾を克服した体制として、生産力を増大させつつあるため、資本主義は構造的過剰人口を放置しておくわけにはいかず、これを処理しえない資本に代って、国家が直接経済の組織化にのりださざるをえない。現代はこのように、資本主義の基本的動向さえ社会主義の存在によってインパクトを受け、その方向性を規定されるのだから世界史的にはすでに社会主義の初期段階とみるべきだ、というのです。

これは今からみると、社会主義圏の発展についての買いかぶりであったことは言うまでもありません。宇野の世代にとっては、ロシア革命の影響は決定的であり、そのイデオロギー的インパクトが、社会科学とイデオロギーの峻別をあれほど強調した宇野の現代資本主義論の中に色濃くイデオロギー的判断を投影させてしまったとみるほかないでしょう。皮肉な話という以外にありません。

現代資本主義の認識の内部にイデオロギー的判断を持込んだことによるマイナスの影響というのは何か。それは、現代資本主義の基本性格を現代資本主義自体の構造からでなく、社会主義圏の存在による外的インパクトによるものとして把握してしまったことです。具体的には、ドイツやイギリスの資本主義の金融資本的蓄積にかわって登場した第一次大戦後のアメリカ資本主義の新しい蓄積様式を把握できなくなったことです。つまり決定的な点は現代アメリカ資本主義の評価ができなくなったことです。宇野の研究の中では、アメリカ資本主義はUSスチールやスタンダードオイルが合同運動を起こす一九世紀の末から二〇世紀にかけての現象が対象になっていたにすぎません。これを帝国主義段階の資本主義のアメリカ型として処理したのです。第一次大戦後のフォーディズムによる資本主義の発展は対象とされていない。ましてニュー・ディールは扱われていません。第二次大戦以後のアメリカ資本主義に至っては全く手つかずのままでした。

これは自分の研究におけるかなり重要な欠陥であると宇野自身洩らしたことは度々ありました。したがって、自分の「国家による経済の組織化」論を骨格として、ニュー・ディールの歴史的意味を把握しようとした藤井洋氏の「国家独占資本主義としてのニュー・ディール」を、藤井氏の没後『社会科学研究』に載せて紹介したのです。これはニュー・ディールを管理通貨制を通してインフレ化することによって経済をコントロールしていく新しい資本主義の登場として評価したものであり、その実証的研究です。いわば大内力氏の国家独占資本主義論の先駆といってよいでしょう。

宇野の三段階論はマルクス理論の成果を総括するという意味を持っていました。純粋資本主義論にしろ段階論にしろマルクスやレーニンに存在した考え方を方法的に完成させたものです。しかし現代資本主義については、世界農業問題が世界経済論の焦点になっていることと、国家による経済の組織化が非常に重要な問題になってきたという指摘はありますが、それらを総括して現代資本主義論という形に構築することはできなかったのです。これは単に研究不足というのではなくて、ロシア革命以後世界史は社会主義の初期段階に移ったというイデオロギー的認識に制約される面が強かったと思います。現代資本主義は社会主義の発展に対抗しながらさまざまな政策を打ち出しているとして、この視点からその本質を把えようとするのですが、これは大内氏の国家独占資本主義論にもつながってゆきます。そしてこれは根本的には、コミンテルンの一般的危機論にもとづくといってよいでしょう。しかし現代の資本主義はそれ自身新しい生産力とそれを処理するような生産関係を、レーニンの帝国主義段階の時の資本とは違った構造で持っています。それは決してたんに社会主義のインパクトから生じたわけではない。現代資本主義の発展自身が第一次大戦をとおして、そのような新しい構造をつくりだしたのです。その構造が第二次大戦後さらに現代資本主義のすさまじい発展力をつくりだし、高度成長を展開し、それ以後はME化やハイテク化などを通しながらますます生産力を上げているわけです。その過程の中で社会主義体制はむしろそのような生産力を取り込むことができずに解体していってしまったのです。その点をさらに現在進行しつつある世界同時不況とかかわらせて追究しましょう。

〔5〕現代資本主義論の諸タイプ

現在、日本は戦後最大の、量的意味からのみではなくその性格からみて非常に質の悪い不況の段階に入っています。しかもこれは日本だけの問題ではなく、その背後に世界経済全体の深刻な不況があります。たとえばバブルという問題をとってみても、日本の中で資金が株や土地にどう動いたかというだけではなく、世界的レベルでの資金の動き方が変わってきている、その一つの現われでした。日本だけでなく、バブル現象はヨーロッパでもアメリカでも出てきました。まずイギリスで金融バブルがはじけ、ついでアメリカで貯蓄銀行が年間二〇〇も倒産していくというバブル破裂現象がありました。つまりバブル化とその破裂は、八〇年代後半の世界経済の特徴になっている。今進行している不況は「世界資本主義の構造的転換」と連動した大不況なのです。

その問題に入る前に、まずマルクス経済学、あるいはマルクス主義者は現代資本主義をどのように捉えていたかを簡単に整理しておきたいと思います。

周知のように正統派ないしマルクス＝レーニン主義者はロシア革命後の資本主義を一般的危機論で捉えてきました。そして第二次大戦後は、一般的危機論プラス国家独占資本主義論というのが基本的パターンとなりました。日本では戦後すぐに、井上晴丸・宇佐美誠次郎両氏が『国家独占資本主義論』（一九五〇年）を出して「日本経済の現段階分析」を行いました。

この一般的危機論型国家独占資本主義論は、戦後の混乱期には適合的のようにみえましたが、日本経済は朝鮮戦争後、五五年から高度成長期に入ってしまいました。資本主義の崩壊を説く一般的危機論からすれば、高度成長は一時的現象のはずなのですが、これが延々二十年近く続いてしまったのです。

これでは高成長を単なる一時的現象と言い切ることはできなくなり、この問題をどう処理すべきかというので出てきたのが社会化型国家独占資本主義論でした。

クルト・ツィーシャンクを下敷きにして、井汲卓一氏や今井則義氏が展開した、いわゆる構造改革派の国家独占資本主義論です。これは、現代資本主義では、古典的帝国主義段階期より生産力がさらに上昇し、この生産力の社会化に対応して形成された新しい生産関係が国家独占資本主義だ、というのですから、国家独占資本主義は決して危機の連続ではないわけです。そういう国家権力に社会主義勢力が浸透していくことによって、資本主義を内部から管理し、変革できるというのがこの構造改革派の戦略論になります。

しかし、この社会化型国家独占資本主義論もいくつかの問題をもっていました。とくに帝国主義段階論から国家独占資本主義論へと論理の次元あるいは質はどう変わり、かつ関連するのかがきわめて曖昧なのです。その点を整理するという意味をもって大内力氏の管理通貨制を媒介とした国家独占資本主義論が登場します。これも基本的には資本主義の一般的危機論を前提としています。

社会主義の発展にインパクトを受けて資本主義の再編成が行われたが、その際の中枢機構は管理通貨制であった。つまり、金本位制を放棄することによって管理通貨制に移行し、国家がインフレをとおして労働力の価格を操作し、危機を繰り延べながら体制を維持できるようになったというのです。労働力の売買を中心として階級関係を維持しつつ、経済的発展を実現できるというのが資本主義の基本的なメカニズムだったが、その中枢機構に国家が介入することによって危機を政治的にコントロールできるようになったという点で、これは新しい発展段階だと主張したわけです。

もっとも、その場合にはいくつかの問題が発生します。管理通貨制を使って労働力の価格を操作し、危機を繰り延べていく政策主体は、一体金融資本なのか、それとも国家なのかというのが一つの問題です。もう一つの問題は、これによって危機は繰り延べられたとしても、一般的危機という歴史状況は変わっていないわけですから、資本主義は結局低成長になるはずです。ですから、この国家独占資本主義論では、高成長の長期化という事態は全く説明できません。後者の、低成長型資本主義を現代資本主義の基本構造としていいかという点から、大内・国家独占資本主義論に対するいくつかの内部的修正が出てきました。修正論のタイプは二つに分かれます。

一つは、加藤栄一氏やそれに同調した林建久氏の福祉国家論です。つまり大内氏の管理通貨制型国家独占資本主義論という基本構造は継承しながら、それが目指すのは福祉国家であるとする主張です。林建久氏の最近の著書『福祉国家の財政学』という本では、現代資本主義を国家独占資本主義と捉えるのはよくない、として、それを「福祉国家」として規定すべきだと提唱しています。

彼の主張は、こうです。帝国主義とか、金融資本という言葉はマルクス主義者が使わなくてもそれ以前からあった。じっさい帝国主義という言葉は十九世紀末からジャーナリズムで広汎に流布していました。ですからレーニンはそれを採用して、当時の資本主義の基本的性格を規定するのに利用したにすぎない。金融資本という言葉も同じで、経済用語としてすでに流通していたものを、ヒルファーディングがやや概念内容を正確に規定して使ったにすぎない。

ところが、国家独占資本主義という言葉は、レーニンが使う前には、日常的用語としてはなかったのではないか、というのが林氏の主張です。だから、国家独占資本主義は純然たる政治的ないしアカデミックな場で作り出された言葉で、しかも内容が少しもはっきりしない。国家がどのように独占ないし資本主義と結びついているのか、国家独占・資本主義なのか、国家・独占資本主義なのか、その辺が不明確だ。そういう言葉は退けるべきだ、というのです。「福祉国家」という言葉は現代資本主義の特質を表現するのに日常的にもよく使われているから、むしろ「福祉国家」という言葉で現代資本主義を理解すべきだというのが、林氏の結論です。

たしかに「福祉国家」というのは財政学者が愛好しそうな言葉です。現状を「福祉国家」と言い切ると、現代社会の一面ははっきりするのですが、資本という言葉は消えてしまっています。つまり、国家が福祉政策を展開していくという面は明確になりますが、その時これに対して「資本」はどういう立場にあるのかがはっきりしなくなるのです。これが問題なのです。

もっともこの「福祉国家」による現代資本主義の把握のもつ本当の問題点は、実はそういうところにあるのではありません。加藤氏が展開している主張がその代表的なものですが、「福祉国家」で現代資本主義を押さえるということになると、帝国主義段階と現代資本主義との区別がなくなってしまうのです。古典的帝国主義段階ですでに社会政策が出てきますから、現代はこの社会政策の拡充、徹底による福祉国家の完成期ということになり、せっかく宇野弘蔵が明確にした重商主義、自由主義、帝国主義という段階規定が崩れてしまうのです。事実、加藤氏は宇野・段階論を否定して、これまでの資本主義の歴史過程を、「前期資本主義」（イギリス産業革命～十九世紀末大不況）と「中期資本主義」（第一次大戦～石油危機期）と規定し、国家独占資本主義とされてきたのは、中期資本主義の形成、発展、崩壊の時代にほかならないと主張しています。帝国主義段階とは、前期と中期との間にある転換期であり、現代の資本主義は、中期から後期への転換期であるということになります。

しかし、これではせっかく宇野が、純粋資本主義論（＝経済原論）を中心として、資本主義の発展段階を資本の蓄積様式の変質過程として区分した成果が全く見喪われることになります。

これに対して、山田鋭夫氏は「前期、中期、後期といった命名は無内容であるだけでなく、何を根拠にそういえるのかといった疑問を誘発し、同じ無内容なことばなら、第一期、第二期、第三期といったほうが無難だとの印象をまぬがれない」（『経済学史―課題と展望―』一九九二年、一七八ページ）と批判していますが、まことにもっともです。これではもはや宇野理論ともいえません。もちろん宇野理論でなくてもかまいませんが、それではせっかく宇野が達成した、資本主義の発展段階を原理論を前提として規定するという方法的成果が全く見喪われる点が困るのです。

宇野の方法論によれば、資本というのはもともと流通形態なのです。その流通形態が生産過程に徐々に影響力を及ぼしながら、最終的には労働力の商品化を通して、生産過程をその内部に包摂してしまう。そこで資本主義の発展段階を、流通形態が生産過程を規制しつつある段階、生産過程の包摂を終えて、発展しつつある段階、さらに労働力を過剰化しつつ、これを対外関係によって解決しようとする段階という三段階に区分することが可能となるわけです。

しかし、加藤氏の前期、中期、後期という区分では、このような資本主義の原理的構造にもとづく区分が完全に無視され、産業構造、産業組織、階級関係、統治機構、国家、世界システム、社会理念という七つの要因が列挙され、それによって区分されることになっています。七つの要因にしぼる方法的根拠も明確でありませんが、歴史の発展段階や地域差、国籍等によって、この七つの要因もそれぞれ働き方は異なるはずです。それらを整理して、資本主義の発展段階区分としては、資本による労働の包摂の仕方としての蓄積様式にしぼるべきであるとしたのが宇野の方法であった。加藤氏の主張は、ここまで発展した経済学の方法を、またいくつかの要因を恣意的に列挙し、その組合せでパターンを決定するという社会学的分類へと逆行させるものでしかありません。

この加藤氏による段階論解体の主張と併行して、馬場宏二氏は「会社主義」を主張しています。戦後の資本主義世界の高度成長においても、日本はその成長率においてトップランナーでしたが、それ以後具体的には一九七〇年代後半以後も、日本資本主義はめざましい発展をつづけます。この段階では、ヨーロッパ諸国もアメリカもかなり沈滞ぎみになってきていました。とくにアメリカは八〇年代にはいると〝双子の赤字〟を累積させながら世界経済におけるイニシアチブを急速に失い、ヨーロッパ諸国でもＭＥ化がうまく展開せず生産力がかなり停滞していきます。それに対して、ＭＥ化、ハイテク化をほぼ完全に流通・金融・生産という全部門にわたって導入しながら、生産力を着実に高めていったのは日本だけでした。現代資本主義においても、生産力の最も発展している資本主義国がその典型を与えると馬場氏は考えますから、現代では日本資本主義が典型をなし、その基本原理は「会社主義」だ、と氏は断定されるわけです。

日本資本主義を世界に冠たる典型的資本主義たらしめた根拠は、その「会社主義」にある、と馬場氏は言いますが、では「会社主義」とは何か。たとえば日産という企業における日産労組は、日産の資本と完全に融合しながら生産力を高めつつある。その中で、労働者自身が自己実現していく。企業の内部での生産活動の中で自己のアイデンティティを確保している。労働力を商品化するというのが資本主義の基本矛盾だとすれば、労働力商品化の一番重要な問題点は、労働者が疎外されていること、労働における労働者の主体性が排除されているところにある。

ところが日本の労働者は疎外されずに、会社の中でこそ生きがいを持ち、会社を出るともう何もする気がなくなり、定年になってもなお仕事にしがみつこうとし、退職しても会社の周辺をうろうろしている。会社はそこを捉えて、会社のOB会を組織し、退職労働者は必要とあればお手伝いに馳せ参じる。こうして家庭の内部は空洞化しつつ、企業の内部でこそ労働者が自分の生き方を確認しながら自己実現していくことができるという構造が日本で確立しているとすると、社会主義圏が相次いで崩壊している今日、日本でこそ社会主義がめざした労働者の自己実現が達成されているといえないか。日本の「会社主義」というのは、実はよく考えてみると、本当は「社会主義」だったといえないか。ただ「会社」と「社会」という形で、字がひっくり返っていただけにすぎないのではないか、この誤植を訂正して字を逆にしてしまえば、これこそ本ものの「社会主義」だ、というわけです。日本の「会社主義」こそ、「しのびよる社会主義」であるというのが、「馬場・会社主義」論を採用した柴垣和夫氏の主張の結論となります。

さすがにここまで「会社主義」＝「社会主義」論を煮つめると、マルクス主義者から批判も起こっているようですが、そんな批判は蹴散らして、東大社研編『現代日本社会』全六巻が刊行され、編者によるとその売れゆきもいいそうです。東大社研は、いまや日本に着実に社会主義が忍びよっているという意見に統一されつつあるようで、まことにおめでたい話です。

危機型国家独占資本主義論、社会化型国家独占資本主義論、管理通貨型国家独占資本主義論といった、現代資本主義を対象としたこれまでのマルクス主義理論は、ほぼ全面的に崩壊したと見るべきでしょう。もしも今日の日本が社会主義化しつつあるとする奇怪な主張に同調すれば話は別ですが、企業経営者の従業員昇進からの選抜、TQサークル、ボトム・アップの意志決定過程、中・長期の経営戦略等、いわゆる日本的経営なるものは、企業の労働者に対する過剰包摂以外の何ものでもないでしょう。二一〇〇時間をこえる長時間労働、過労死、系列、談合、経済大国・生活小国といった資本主義諸国からさえ指弾される日本経済の体質はそれを指示しています。福祉国家型プラス会社主義型で統合されて日本資本主義こそ実は社会主義化しつつある社会だという意見もとりえないとすると、いままでマルクス主義者が提出してきた現代資本主義論は、ほぼ総崩れになったとみていいでしょう。

では、宇野弘蔵自身は現代をどう考えていたのでしょうか。すでに述べましたが、この点やや詳しく立入ると次のように考えられます。

一つは「世界経済論の方法と目標」です。その要旨はこうです。第一次世界大戦後、資本主義世界は農業問題を処理できなくなった。重商主義段階にしろ、自由主義段階にしろ帝国主義段階にしろ、資本主義は工業生産を主軸とする経済機構として発展してきました。しかし、農業部面も非常に不細工な形ではありますが、結局は処理してきた。たとえば帝国主義段階では、宗主国が工業国になり、植民地が農業国になるという形で、農工分業関係が比較的順調に展開され、十九世紀末葉に発生した世界農業問題もほぼ終息しました。そして各国の内部に発生した農業問題も農業関税の設定によって一応解決されます。

ところが第一次大戦後、二十年代後半になると、世界的規模で資本主義は農業問題を発生させ、これを処理する能力を失ってしまったのです。宇野は、ここに着目して、現代の世界経済論研究は、この世界農業問題分析に焦点をおくべきだと主張したのです。これは戦後まもなく、単発論文として雑誌『世界経済』一九五〇年七月号に掲載されました。

もう一つは、『世界』一九四六年五月号所載の「資本主義の組織化と民主主義」です。要旨はこうです。第一次大戦後に始まり、第二次大戦以後さらに発展、深化する現象ですが、資本は現代の経済をコントロールしえなくなって、国家が資本とは別の立場から経済に介入して、体制維持のために経済を組織化せざるをえなくなった。これは帝国主義段階にはなかった全く新しい現象です。しかし、やや奇妙なことですが、この現象を指摘しながらそれが何を指すのかという具体的名辞については宇野は一切言及していません。ただ文意を追っていくと、国家が経済を組織化しなくてはならないという要請は、三〇年代から非常に強くなってきたと言い、かつこの要請に応じて、ファシズム、ナチズム、あるいは日本の軍国主義が登場したが、これらは皆失敗した。結局、この国家による経済の管理が成功するためには、「労働者の自主的なる組織的批判」を必要とすると強調していますから、宇野の念頭には、アメリカのニュー・ディール政策がその典型としてあったと思われます。労働者を民主主義的に組織化しながら、この組織を資本に対するカウンター・バランスたらしめ、そういう社会構造を前提としながら、国家が経済に介入して景気を調節し、完全雇用をめざしつつたえず経済を組織化する、それが現代資本主義の基本的な構造だ、と主張しているのです。

これもかなり舌たらずの論文ではっきりしない点が多いのですが、終戦の翌年の『世界』に発表されました。ちなみにこの号の『世界』には丸山真男氏の例の「超国家主義の論理と心理」が載っています。丸山論文が発表当時から注目され、今に至るまで、天皇制国家の分析の基準とされているのに対して、宇野論文はほとんど注目されませんでした。さきにふれたように宇野の問題提起をうけて、藤井洋という若い研究者が「国家独占資本主義としてのニューディィール」という非常に長い論文を書きました。藤井氏は東大社研の初期の助手で、すでにかれがこの原稿を残して早世された後に、宇野が遺稿を『社会科学研究』（社研の紀要）の第三巻第四号に載せた。これはかなり長い興味深い論文です。

藤井氏は、ニュー・ディィールこそ国家独占資本主義といわれている体制の典型であるとし、ニュー・ディィールを通して、経済が国家によって組織化される過程とその限界を詳細に分析しています。そしてルーズベルト政府は、管理通貨制を採用し、ソフトなインフレ過程を通しながら景気回復と完全雇用をめざすが、それにも限界があって、結局戦争経済を媒介としなければ国家による経済の組織化は成功しなかったのではないか、という問題提起をして終わっています。

管理通貨制による国家の経済の組織化、これを現代資本主義あるいは国家独占資本主義として把握するという主張は、おそらく藤井論文によって初めて体系的かつ具体的に提起されたのだろうと思います。

大内力氏が管理通貨制を前提にしての国家の経済の組織化という問題を提出されるとすれば、少なくともその先駆者としての藤井論文には言及しておくべきではなかったか、と私は思うのですが、その点やや釈然としないものが残ります。

それはともかく、宇野は現代資本主義を解明する手がかりとして、世界農業問題と国家による経済の組織化という二点を提起したまま、以後ほとんどこの問題に立ちもどることなく、原論の体系化や経済政策論の書き直し、価値法則や恐慌論などの問題で論争に引っぱり出され、忙殺されつつ、生涯を終えてしまいました。したがってわれわれは、世界農業問題と国家による経済の組織化という二つの論点を基準として現代資本主義の構造を把握しなければなりません。

以上がこれまでのマルクス経済学者の現代の捉え方の整理ということになります。これを前提にして、さらに具体的に現代経済の行方を追ってみましょう。

〔6〕南北問題とアメリカの没落

いきなり現代の問題に飛びます。

現代経済の特質を規定しているのはフォーディズムです。二〇年代に成立し、GM戦略と結合しながらアメリカ型の大量生産機構を前提としたファッションとしての耐久消費財の濫費経済と概括できると思います。その生産力は第二次大戦後さらに高度化され、一九五五年頃デトロイト・オートメーションとして完成されます。したがって第二次大戦後のヨーロッパおよび日本の高度成長は、アメリカ型生産様式と第二次大戦以後ほぼ完成した生産力構造を導入し、移植し、育てあげて基軸産業とする過程でした。

ただしこのアメリカ型生産様式は国家が媒介にならないと完成しません。単なるフォーディズムではありません。二九年大恐慌につづく三〇年代不況の過程で国家が経済に積極的に介入するようになります。管理通貨制への移行を前提として、赤字財政によって国家資金を投入しつつ、公共事業や失業対策、農産物買い上げなどいろいろな形で経済を組織化して、景気の回復、雇用拡大をはかります。この国家の膨大な資金投入と結びつかないかぎり、経済の組織化はありえなかったということも考えておかなければなりません。

しかしそれにもかかわらず、一九三〇年代後半、特に三七年に景気は再び停滞的になります。そしてこの沈滞した景気を回復させていったのは、戦争経済、アメリカの軍需産業の拡大でした。この戦争による経済の拡大傾向は戦後もずっと貫徹しています。日本だけを見ると、確かに経済の軍事化という問題は希薄にみえます。現在でも軍事費はGNPの一パーセント程度で、先進国の中では格段に低い比率しか占めていません。ただし世界的関連の中におくと事態は変わってきます。戦後日本経済の立ち直りのために朝鮮戦争が決定的に重要な役割を果たしましたが、さらにベトナム戦争による特需によって対米輸出をのばし、現在までつづくアメリカの膨大な軍事支出はいくつかの回路をとおして日本経済の拡大の要因になっています。

フォーディズム的生産様式と国家が経済を組織化するニュー・ディール政策、そして戦争による経済の軍事化、この三位一体が現代資本主義の基本構造なのです。

さて、以上の視点から歴史的な過程を追いましょう。管理通貨制という形で国家が為替と金融をコントロールできるようになりますと、三〇年代の歴史が示したように、国家間の経済的な流動性は、ほぼ完全に阻止されてしまいます。輸出振興のための為替切り下げは報復的切り下げを呼び起こし、その競争は結局経済のブロック化に至らざるをえません。管理通貨制による経済の組織化をめざす現代資本主義はいわば二律背反的な命題を実現しなくてはならないのです。つまり管理通貨制をとることによって、国家が為替と金融をコントロールし、財政をかなり自由に使えるという力を獲得しますが、にもかかわらず資本主義は世界的なシステムですから、諸国家間の資金と商品の流動性を保障し、世界的な生産力の上昇を保障しなくてはならないということです。後者は金本位制放棄によって不可能となりますが、金本位制を放棄しない限り通貨管理は不可能です。ですから管理通貨制の採用は、経済のブロック化を招き、第二次大戦を惹起しました。この二律背反を解決するものとして、第二次大戦後はＩＭＦ体制が登場します。その裏側がＧＡＴＴです。アメリカの、他国とは水準を異にする絶大な経済力、生産力と資金力を前提とした金＝ドル本位体制――つまりドルと金のリンク――によって最終的な国際的価値連関を保障し、ドルと各国通貨とを固定的にリンクさせ、その最終的調整をＩＭＦがつかさどるという構造です。戦後の資本主義世界の高度成長が示しているように、その構造は確かに成功しました。

もうひとつ、このアメリカ型生産様式による高度成長を側面から保障した機構として、石油帝国主義がありま す。つまり、自動車という耐久消費財を中心とした生産力の発展は、石油濫費社会の形成を意味しますが、世界の石油の大半は、メジャーによってほぼ全面的に支配されていました。このアメリカによる石油支配とＩＭＦ体制による世界経済の流動化を前提として、資本主義世界のモータリゼーション化と高度成長は実現されたのです。つまりＩＭＦとガット、石油帝国主義という形で資本主義世界経済の発展の枠組は保障され、その中で北側諸国が高度成長を遂げていくというのが、戦後五〇～六〇年代の基本構造でした。それによって資本主義諸国の福祉国家化も保障されたわけです。

高度成長によって生じた財政的余裕によって、衰退産業、例えば農業部門に補助金を撒き、失業者を救済し、景気回復をはかる力を国家は身につけます。福祉国家というのは、その面を言っているわけです。高度成長が崩れたら福祉国家も成り立たなくなり、一斉に保守的リベラリズム（奇妙な言葉ですが）に回帰するのも当然でしょう。

問題は、このアメリカ型生産様式の普及と高度成長の過程の中で着実に南北問題が醸成されていったことです。大戦間の世界農業問題の変形です。もちろん世界農業危機がそのまま南北問題に移っていったというわけではありません。重要な違いは第二次大戦後、途上国がほとんどすべて政治的に自立してしまったことであり、さらに石油化学、有機合成化学の発達で、天然ゴム、綿花、羊毛、鉄といった古い原料と合成ゴム、合成繊維、プラスチックなどの新しい原料との交替が進展したことです。石油から、繊維もゴムもプラスチックもつくられますから、石油以外の一次産品の比重は急速に低落しました。そのうえ先進諸国は、大量生産方式の普及によって生じた相対的過剰人口対策として、強力な農業保護政策を展開したので、途上国の一次産品は恒常的過剰となります。これらの要因が複合して、戦後資本主義世界の高度成長は、構造的に、南北問題を抱えこむことになります。

そして、この高度成長とモータリゼーションの普及の仕組みを支えたのは、絶えざるドルの撒き散らし政策でした。初めは経済復興援助という形をとり、それも最初はヨーロッパや日本への援助が主でしたが、次第に途上国援助に変わっていきます。さらに、朝鮮戦争からベトナム戦争へという形で、アメリカが局地戦争に積極的に介入することによって、軍事費として膨大なドルを撒き散らします。それが潤滑油となって資本主義世界の復興と高度成長のための条件がととのえられます。アメリカの生産力が資本主義世界の中で隔絶した位置にあるかぎり、撒き散らした膨大なドルも循環しながらアメリカに帰ってくる仕組みであり、初期にはこの循環がスムーズに進行します。

ところが、アメリカの生産力が停滞的となり、ヨーロッパ特に西ドイツが奇跡の復興をとげ、日本が高度成長を実現すると、アメリカの経済力は相対的に低下し、撒布したドルの還流がスムーズに進行しなくなります。軍事費や途上国援助として支出されたドルは、最終的にヨーロッパや日本に抱えこまれ、ユーロ・ダラーとして世界の金融市場を徘徊し、アメリカに戻っていかなくなると、ドル価値の雲行きは怪しくなります。アメリカは手持ちの金でドルの価値を保障することができなくなって、五〇年代末から六〇年代にかけて、ドル危機が絶えず発生し、最終的にドルを金とリンクする構造を放棄せざるをえなくなったのが七一年です。つまり、戦後の資本主義世界の高度成長を保障した基本的枠組はここに崩壊したわけです。

以後、資本主義世界は低成長期にはいり、スタグフレーションの症状を頻発させますが、日本資本主義だけは約五パーセントの成長を維持しつづけます。近代経済学者やエコノミストのいわゆる日本経済の良好なパフォーマンスです。

その要因は、七〇年代の後半から始まるME化、情報化に求められます。金＝ドル本位制の崩壊によって、ドルは依然として基軸通貨の位置を保持したままで、アメリカは無責任にドルを増発し、世界に撒き散らすことができるようになりました。アメリカはドルを撒き散らして積極的な景気浮揚政策をとったため、輸出指向型工業化をめざす途上国のいくつかを高成長の軌道にのせ、世界景気を高揚させますが、ドルは着実に減価し、とくに一次産品輸出国に耐え難い損害を与えます。

そのリアクションが、第四次中東戦争を契機として、OPEC諸国の原油価格のあいつぐ値上げ──石油危機を勃発させます。この石油危機が、先進国の成長率を引き下げ、合理化と省エネを迫りましたが、日本資本主義はそれに対して、徹底的なME化による省労働力、省エネルギーをもって対応したのです。日本的経営なるものが見直されるようになったのも、このME化の過程においてです。

〔7〕バブル景気の破綻と世界同時不況

ところでME化は、東西冷戦の産物、具体的には、ミサイル競争の結果です。七〇年代以降、東西冷戦のための武器としてはミサイルしかないということで、ミサイル競争が激化します。通常兵器は局地戦用に限られ、武器の中心はミサイルをいかに遠くへ正確に飛ばすかという競争になります。アメリカやソヴィエトの軍事技術の粋はここに集中されたのです。ミサイルを遠くへ飛ばすためにはミサイルを軽くしなければなりません。ミサイルは一ポンド軽くなれば、一〇マイル遠くへ飛ばせるといわれます。

ME化はこの要求からすすめられましたが、とくにRCA社のマイクロモジュール・プログラムは一立方フィート当たり六〇万の部品密度を実現して、軍用装置の寸法を一〇分の一に縮小することを目標としていました。しかしこのマイクロ・モジュールも忽ち陳腐化し、大陸間弾道ミサイルの効力を増強する目的のもとにIC産業はさらに発展させられます。一方、米ソの間の宇宙開発競争やヴェトナム戦争から、メーザーやレーザーの研究がすすめられ、光通信が開発されます。こうして、人工衛星、宇宙船、核弾頭、ロケットなどの軍事研究の結果、IC産業の発達や通信機器、電源、動力などにおける新技術の飛躍的発展がもたらされたのです。

このME化は、民間技術に転用されNC工作機械、マシニング・センター、産業ロボット等によるファクトリー・オートメーション、パソコン、ファクシミリ、複写機、ワープロ等によるオフィス・オートメーション、さらに血液の自動化学分析装置、C・T、エコー検査機などによるメディカル・エレクトロニクスを生み出します。そして素材としても繊維強化樹脂やファイン・セラミクスを生みだし、通信技術としては、光通信、INS、キャプテン・システム、CATVなどを生みだします。

要するに東西冷戦におけるミサイル競争や宇宙開発競争の結果、MEや新しい情報技術が生み出され、それが民需に転用されて、石油危機でとどめをさされた高度成長の後の資本主義の発展を支えたというわけです。そしてこの先端技術を徹底的に経済の内部に取り入れることに一番成功したのが、日本だったのです。

ところで戦後のフォーディズムを中心とした生産力の上昇のさせ方は、アメリカ、ヨーロッパ、日本で類型的な差をもちます。アメリカの場合はフォーディズムの本拠ですから、非常に広い領域にわたって豊かな資金を前提にして大型車を高速道路上を縦横に走らせる石油濫費社会がきわめてスムーズに展開していきます。ただしこのアメリカ型重工業も急速に軍需産業と癒着しながら寡占体制をつくりあげます。軍産複合体という言葉を生み出すように、経済の軍事化が進行したのです。これは急速に軍需傾斜型の停滞的構造をもたらします。軍事産業は、注文生産ですから、民需産業のような激しい競争はなく、軍民ないし官民の癒着構造が成立しやすい。トヨタや日産、日立、ナショナルが顧客の難しい要求に応えながら、激しい競争の過程の中で製品の品質を向上させながらコストダウンをはかっていくというやり方とは全然異なっています。その意味で軍需傾斜型工業においては生産力は停滞的になります。

ヨーロッパはそれに対して最初から統合ヨーロッパを志向します。マーシャル・プランの受け入れ時代からそうでした。もはや一国単位では、アメリカで生みだされた高い生産力をもつ新型重工業を移入し、それと対応するアメリカ型濫費社会をつくり出すことはできません。したがってアメリカ型重工業をとり入れるためには最初から統合ヨーロッパを志向する以外になかったのです。

それに対して、大東亜共栄圏という前科をもつ日本は、統合アジアというような形をとることはできません。したがってアメリカ型重工業を移入するために無理に無理を重ねるわけです。要約して言えば、農業、鉱業、林業という一次産業を瀕死に追いこみ、四国、九州、裏日本、東北、北海道から大量の人間を引き揚げて集中的に太平洋臨界コンビナートに投入し、この太平洋臨界工業地域に世界中から買い集めた資源を投入し、これを加工して重化学工業製品にして売り出し、これによって国内をアメリカ型生活様式に支配された資源濫費型社会に組みかえていくという方式です。つまりアメリカ型重工業発展のパターンとしては、本家のアメリカ型と日本型およびEC型の三つが代表的なものとして検出されてきます。

日本でアメリカ型重工業の移植とそのME化が成功したのは、よく言われるように、日本が企業によって支配された社会であり、労働者も会社協力型が大部分で、組織率二五パーセントを割った労働組合さえも会社本位主義といわれる状況につかりきっていたからです。したがって現場労働者の抵抗もなく急速に生産過程や流通過程のオートメ化が実現されました。アメリカでもヨーロッパでもME化は激しい労働組合の抵抗にあいました。その結果、作業ロボットの約七〇パーセントが日本で採用されるということになります。日本の工場でオートメ化が最もすすみ、その結果、省エネ、省労働力化がすすみ、労働時間が長く、労働者が過労死するまで働くというのは会社本位主義に由来すると考えていいでしょう。

高度成長につぐME化の過程を最終的に仕上げたのが、レーガノミクス以後の国内均衡優先のアメリカ型発展だったのです。レーガンのアメリカは世界中にドルを撒き散らし、国内では巨大な双子の赤字をつくりながら減税と軍拡で景気をあおりたてました。日本や西独がかなりの成長を維持し、NIES、ASEANの一部が急速な発展をとげたのもこのアメリカの景気拡大の影響です。二度の石油危機の結果、世界の経済は停滞的になっていますが、ユーロ・ダラーとして氾濫する過剰な資金を利用しながら、多国籍企業の導入をはかり、できた製品をアメリカ市場に売り込んでいくというのが、NIESからはじまってASEANの典型的発展パターンでした。ですから、八〇年代前半の世界経済は決して健全な発展をとげたわけではありません。そういうME化、情報化の過程が最後に、世界をうろつきまわる膨大なユーロ・ダラーと結びつきながら、いたるところでバブル景気をつくりだしたのが八〇年代後半です。イギリスでも日本でもアメリカでもバブル景気の吹上げとその破綻を経験します。その最後の局面が八〇年代末から現在に至る世界同時不況ということになります。

第二次大戦後の資本主義世界の発展は、基本的にはフォーディズム、ニュー・ディール、戦争経済が結びついたアメリカ型生産様式の世界的普及発展過程だと言っていいでしょう。それはさらに前期と後期に分けられます。前期の高度成長過程に対して、後期は低成長ですが、その中でとくに日本はME化によるハイテク型発展の代表となります。それがギリギリの限界まで達したのが、少品種大量生産段階に対する多品種少量生産の登場でした。ハイテク技術を駆使して、たとえば自動車なら何十万台、何百万台つくっても一台一台全部違ったものをつくることができます。差異化とか差別化とか言って需要をかきたててバブル経済に対応する生産構造をつくりあげていくのが最終段階です。そこで生産力の発展が限界に達し、それ以上の発展が望めなくなると、当然これは崩壊せざるをえません。

したがって現在の不況は、循環性恐慌にバブル経済の崩壊過程を加えた宮崎義一氏のいわゆる「複合不況」というだけではありません。戦後のアメリカ型生産様式の普及・拡大を前提とし、IMF体制を軸にしながらハイテク化を通して発展してきた戦後半世紀に近い世界の資本主義の蓄積構造が限界に達した結果としての不況とみなければならないのです。たんなる不況ではなく大不況と言わざるをえない根拠はそこにあります。

最後に補足しますと、プラザ合意による先進国協調体制の成立は、アメリカ経済の統合力の完全な喪失の結果、G5とかG7という形で先進国を結集させながら世界経済をようやくコントロールしてゆく段階の到来を意味します。これが最近は機能しえなくなってきました。もはやG5とG7が集まっても意味がないということは、ジャーナリズムのいわゆる「たそがれサミット」という呼称にあらわれています。そこで「新世界秩序」なるものを志向するということになるのですが、その具体的実体はまだ全く不明です。しかも資産インフレとか経済のバブル化を通して経済が一般的にカジノ化しているというのが最終段階の特徴になっています。

その中で南北問題はいっこうに解決のメドがつかないどころか、南側の累積債務はますます増大し、最貧国はますます沈没しつつあります。世界の環境問題、資源問題も解決がつかない状況です。環境サミットもほとんど成果を上げずに分裂してしまいました。資源にいたっては、石油に代表される地下資源の限界はますます明らかとなってきました。マキシマムに見ても、あと半世紀というのが研究者の共通の予測となっています。にもかかわらず石油に代替するようなエネルギーはまだ発見されていません。核融合の実験は次から次へと失敗し、超電導はほとんど自然科学者の研究費かせぎのための手段と化し、成果は全くあがっていません。資源と環境に関する限り全くお先真っ暗です。残るは太陽光線でも利用するかというくらいですが、これはコストからいっても問題になりません。そういう中で、社会主義圏の崩壊が起こりました。社会主義の崩壊自身も論議の対象にしなければいけなかったのですが、今日はその点は省略させていただきます。

いずれにしても、社会主義圏の崩壊は南北問題の激化をさらに加速することになってしまいました。新しい南として膨大な資金需要をもつ東欧・ロシア経済圏をつくり出してしまったのです。北側はそれを抱え込まざるをえなくなり、南北問題は東西問題をまきこんでますます困難な問題となりつつあります。資本主義万歳ではなく、資本主義の末期的な過程の中で、さらに病状を悪化させる原因を抱え込んでしまったというのが、社会主義崩壊の客観的意味だろうと思います。

こうして「新世界秩序」という言葉はつくられたものの、その内容は全く定かでない状態のなかで、先進国の同時不況が進行しているというのが現況です。

終章　二一世紀への展望

——九〇年代の日本経済の変貌

〔1〕九〇年代――日米経済の逆転

今日（二〇〇〇年六月八日）の日本経済新聞に非常におもしろい記事がありました。去年の全国の上場企業の中で連結純利益を出すと――というのは、今まで個別的に利益を計算していたので、自分の企業が赤字のときには不良資産を一時子会社に移して、ある一定期間を過ぎるとまた戻すというようなことをやっていまして、実際に日本の企業はもうかっているのか、いないのか、全然わからなかったため、世界的な不信を浴びて、グループとして活動している企業は連結決算しなければならないという、いわゆるグローバルスタンダードに従うということになったのです――ものすごい変動が起こっていた。十年前に三十位の中に入っていた会社でなくなったのは、例えばＮＴＴです。ＮＴＴドコモは入っているが、ほかのＮＴＴは全部落ちている。それから日立製作所、大和證券、富士銀行、東芝、新日鉄、富士通、ＮＥＣ、三菱電機、住友信託銀行、三菱信託銀行、三菱重工、三菱商事、イトーヨーカドー、川崎製鉄、つまりいわゆる重厚長大産業は軒並み全部落ちているのです。そのかわりに、三十位にはいっているのは、トヨタとかホンダ、それからＮＴＴドコモ、野村證券、東京三菱、ソニー、武田薬品といった世界展開を遂げている会社です。あと、珍しいというか、ある意味では当然かもしれませんけど、例えば武富士などは九位に上がり、それから日興證券、ブリッジストーン、東京電力、アコムが続く。武富士とか、アコムとか、ロームとか村田製作所、これはものすごい暴騰している会社です。サラ金かＩＴ関連の部品や機械をつくっている企業です。さらにプロミス、任天堂、デンソーがつづく。つまり、全部三十年前とは様変わりしている。これは一時的な現象じゃない。戦後、我々が半世紀近くつき合ってきた日本資本主義がものすごい勢いで変質しつつある。どう変わっていくかという方向性も大体出てきたことを示している。今、戦後日本資本主義は大転換していく過程にはいった。これが一つです。

それから、きのうの日経の夕刊で、これは小さいけれど、ちょっとおもしろい記事がありました。アメリカのインターネット関連の産業の市場規模が、一年前と比べて去年は六二％増えたというのです。六二％というのはものすごい量です。それによって、新しく六十五万人の雇用を創出し、インターネット関連産業の労働者は全体でほぼ二百五十万人という膨大な規模になっている。これは、インターネット関連企業のほかに、一般企業もどんどんインターネットの中に引きずり込まれて、ほとんどがインターネット関連になってきているということなんです。二〇〇一年にネット関連企業の総売上高は一兆ドルを突破する。大体、アメリカのGDP全体で十兆ドルぐらいと見ていいわけですから一割がインターネット関連ということになる。しかも、これが三年たった二〇〇三年には六兆九千億ドルに膨らむ。こうして、すさまじい勢いでインターネット市場がアメリカで拡大している。やっぱりインターネット市場の拡大がアメリカの景気を支えているということが数字的に裏づけられるのです。しかも、これは一時的なものではなくて、時がたつにつれてどんどん広がっているのです。家庭の中にも、企業の中にも、そして、国際的にも広がってきている。アメリカは今日本のNTTに対して、回線に入っていく料金を四十数％安くしろと要求しているが、これも全部関連した問題です。こうしてパソコンプラスインターネットという形で情報化社会が進展する過程が後戻りすることのできない形で拡大しつつあるということです。それと関係している企業ないし国家が経済力を急速に拡大させ、それにおくれた場合には徹底的に収奪される。これがデジタルバイドです。

今日の「九〇年代の日米経済」という話の中心は、戦後の高成長・福祉国家型とは違った、新しい資本主義の方向性が九〇年代ではっきり出てきたということです。それを象徴的に示しているのは、クリントンが二月十日に出した大統領経済報告です。そこではっきりこう言っています。「我々はわが国民の歴史の中で最長の景気拡大を記録しようとしている。一九九三年一月にゴア副大統領と私が就任して以来、二千万以上の新たな職がつくり出されてきた。コアインフレが六五年以来の最低水準に達したまさに今、我々は三十年来で最低の失業率を迎えている」。つまり、今はインフレ率が最低であって、失業率も最低だというのです。「副大統領と私が就任したとき、合衆国政府は二千九百億ドルの財政赤字を抱えていた」。これは九一年です。「ところが今や、今日、我々は千二百四十億ドルの黒字を持っている。こうした財政規律が我々に強力な投資、生産性の増大、低インフレ、低失業をもたらした」。クリントンが政権を受け継いだ九〇年代の初めにアメリカの経済はいわば最低の水準にあった。ところが、今、クリントンが政権を引き渡すべき二〇〇〇年にはアメリカの経済は最高の状態にある。最高の状態にあるというのは、こういうことです。大統領経済報告は二月に出されたんですが、アメリカの景気の長さから言いますと、九一年三月から景気が上向きになって二〇〇〇年の二月でちょうど百七カ月です。アメリカの歴史の中で一番景気が長続きしたのは一九六〇年代で、これは「黄金の六〇年代」と言われ百六カ月だったのです。とうとう、今年の二月にそれに追いつき、追い越したわけです。それから今は六月ですから、これはアメリカの歴史始まって以来、統計ができたのが一八五四年ですから、それ以来、初めての長期好況だというわけです。要するに、クリントンが最も長い好況を持続させたという経済的成果を持つ大統領だということを誇示しているのです。

これに対して、日本はどうだったかと言いますと、ちょうど逆です。北側がアメリカを中心として「黄金の六〇年代」を享受したときに、南北問題が深刻になって、南の経済が崩壊した。だから、南では「失われた六〇年代」と言うのです。それにならって、日本経済の「失われた九〇年代」というわけです。九一年からバブルがはじけて不況になり、それが財政のてこ入れでGDPの成長率が上がってきたというときに、例の九七年の九兆円に達する国民からの税金の取り上げ――これには医療費も含まれていますが――をやってしまったために、またマイナス成長に転落するという形で、結局、九〇年代はほぼ成長率一％で推移した。戦後、十年間一％になったというのは初めてです。そして、二〇〇〇年になっても、まだ、景気は回復するかどうか、目星がつかない。政府が言うように、これで民間の需要にバトンタッチされて順調に景気が上がっていくとは到底思えない。その根拠は後で言います。

戦後日本経済を振り返ってみると、その特色はアメリカの自動車を中心とした高度の生産力を移入し、高度成長を実現し、その財政的な剰余で福祉国家をつくるという仕組みをつくったことです。そして、七〇年代の後半から八〇年代にかけて、成長率はダウンしたものの「ジャパン・アズ・ナンバーワン」と言われるぐらいの世界のトップの成長率を維持したわけです。ところが、九〇年代になると、それは逆転して、それまで瀕死の状態にあったアメリカがトップに立って、トップを走ってきた日本が最後尾を走っているという状態になってきた。そして、九〇年代が終わって、二十一世紀へ踏み込もうとするときに、はっきりと新しい経済の輪郭が浮び上ってきた。ITとか情報化とか言われるのは、そのことを意味していると思います。あるいはグローバル化とも言いますが同じことで、全部関係しています。そういう形に世界経済が編成がえされてくる。これは、戦後の自動車を中心とした高度成長による右肩上がりの経済、それを前提とした潤沢な財政状況による福祉国家体制、その中における一億総中流化という社会構造がひっくり返って、上と下とに分極しだしたことを意味する。デジタルデバイドなどと言われるのがその表現ですが、これは国内でも国際的にもそうです。コンピュータ化の中に急速に巻き込まれていけるようなインフラを持ち、経済力を持ち、それから、メンタリティを持っているところは急速に経済力を発展させ、そうでないところはむしろ貧窮化していくという形で世界の構造が再編されていく。これは一方における社会主義圏の消滅と関連しながら、戦後世界は新しい時代に転換しつつあることを示す。このことを少し内部的に検証しながらたどりたいと思います。

焦点は九〇年代の日本とアメリカの経済は一体どうだったかということになるわけですが、それを検証する前提として、大まかに戦後の経済過程のアウトラインをデッサンしてみましょう。

[2] 高度成長とアメリカ型社会構造の形成

戦後、資本主義世界はアメリカを除いて完全に崩壊した。それを再建する場合、自動車や電機といった耐久消費財を量産して、これを市民社会の中にはめこんでいくという形で生産力を上昇させる構造を、アメリカから発して世界的に広げていった。この構造はアメリカでは一九二〇～三〇年代を通してでき上がったものです。自動車産業の発展を前提としながら、国家が管理通貨制のもとにフィジカルポリシーを展開し、労働組合を政府が後押しをして、資本に対して労働を同権化させ、その圧力を通して所得水準を上げ、それによって労働者階級を耐久消費財の主要購買層たらしめるという形で、レギュラシオン学派は、これは帝国主義段階の外向けの発展に対して内向けの発展といいましたが、それはこの生産様式の特徴をよくつかまえた表現だと思います。

これが戦後日本に輸入されて、まず戦後改革になるわけです。一方で財閥を解体し、農地を解放すると同時に、労働組合をつくらせ、労働基本法によって労働運動を合法化していく。アメリカの世界的な政策の一環が日本ではそういう形であらわれてきたということです。欧米の場合には、イギリスでも、フランスでも、ドイツでも社会民主主義政党が政権をとる。もちろん政権の交代はありますが、社会民主主義政権が成立した段階で、そういうアメリカ型の福祉国家体制がつくられるわけです。日本の場合には、残念ながら、社会党政権ができたといっても、ほんのわずかで、すぐに崩壊し、戦後一貫して自民党一党独裁で来ますから、その改革は進駐軍によってなされた。これはアメリカ型生産様式を資本主義世界全体に拡大し、移植し、培養して、資本主義世界の生産力を上げて、労働者を中産階級たらしめることによって社会主義との対抗関係を乗り切るという政策です。それが日本でも見事に成功したわけです。この社会構造の形成と発展がまず第一の問題です。

アメリカ型生産様式が世界的に拡大していくということは、資本主義世界がモータリゼーション化され、国際的にはＩＭＦ・ＧＡＴＴ体制で、自由貿易を中心とした体制になることです。つまり、三〇年代の金本位制崩壊とともに、貿易制限や国際的な資本の貸借関係の制限が強くなり、それが国家的対立関係になって第二次大戦が勃発したわけですから、資本主義体制を平和的に維持するためにはＩＭＦ・ＧＡＴＴ体制を維持しなければならないということになります。

その結果幾つかの問題が出てきます。一つは、その軸になっていたアメリカのドルの金本位制問題です。アメリカのドルだけは金と兌換される。三十五ドルが金一オンスです。これは絶対に守られ、これが資本主義体制のいわば脊髄になるわけです。ただし、十九世紀から二十世紀初めの資本主義のように、各国が金本位体制をとって、各国通貨がその含有金量でリンクする、というのが一番ノーマルな形ですけれど、もはや資本主義世界にそういう力はない。アメリカ以外の資本主義国はその経済力を失って、管理通貨制になります。管理通貨制になるけれど、各国通貨はドルと固定的にリンクする。例えば一ドル三百六十円という形でリンクする、非常に奇妙な構造です。各国通貨はドルとの関係では固定レートです。しかし、日本とか、ドイツとか、イギリスとかの内部は管理通貨制です。ですから、お金を金《キン》の保証なしに出せる。不換紙幣によって税収がなくても金融政策、財政政策ができるような管理通貨制になっているわけです。にもかかわらず、円やポンドやマルクはドルと固定リンクする。非常に奇妙な構造です。

そういう構造を現実に円滑に動かせたのは何かというと、アメリカがドルをばらまいてきたからです。アメリカはまずマーシャルプランで、ついで朝鮮戦争で、さらにベトナム戦争で巨額のドルをばらまく。それから、南側に対する援助という形でばらまく。これを数百億ドルに達する膨大な額でばらまき続けるわけです。しかしそのドルは世界市場を一巡して、またアメリカへ帰ってくる。その過程をとおして資本主義世界は高度成長を遂げ、アメリカ型の社会構造がヨーロッパにも日本にもつくり出されてきた。

ところが、それを続けているうちに、日本や西ドイツの生産力が上がってきて、六〇年代にはいるとアメリカに追いつき、追い越すようになってきます。そうすると、ばらまいたドルが帰ってこなくなります。これが世界市場にユーロダラーという形で膨大な量で蓄積される。アメリカはドルがアメリカの国内にある限りは管理できるが、世界市場に流れているドルは管理できない。しかも、このドルが膨大になってきて、もしもこのドルをアメリカに持って来られたら、アメリカはＩＭＦでドルと金とを兌換すると約束しているのですから、金とかえなくてはならない。実際、フランス政府などはドルを金にかえている。そうすると、みるみるうちにアメリカの準備金が底をつき始める。六〇年代の後半から末にかけてです。これがドル危機です、そうなってくると、危ないから、ますますドルは金にかえられ、とうとう七一年にドルと金とリンクは絶つと宣告します。ニクソン・ショックで、ここでＩＭＦ体制はその基軸が崩壊したということになる。

それからもう一つ、アメリカ型の生産様式をヨーロッパや日本に移植し、アメリカに追いつけ、追い越せという形で成長を遂げている間に、南に問題が起こってきた。南の国々にアメリカ型の生産様式を持っていくことはできない。というのは、これらの国々は、まだ農業生産段階で、経済基盤が非常に脆弱ですから、せいぜい軽工業しか受け入れられない。そして、南の国々は北の国々に対して様々な資源、農産物とか一次産品の供給国になります。これは帝国主義時代の構造と同じですが、帝国主義時代と違って、新しい事情がでてきた。一つは石油化学の発達でナイロンとか、ビニールとか、人工ゴムなどがつくられるようになった。つまり、今までの天然素材にかわる新素材が石油化学によって大量につくり出されてきたのです。したがって、石油さえあれば、南で供給する一次産品の代替品はだいたいつくりだされることになった。そうなると、綿とか、麻とか、ゴムなどの南の側が産出していた物資はものすごい勢いで価格が暴落していくことになる。

それからもう一つは、アメリカを中心として新しい農業が起こった。農薬や化学肥料を大量に投入しながら、バイオテクノロジーを使って農産物の生産量をすさまじい勢いで上昇させていく。この場合には農業の機械化がともないます。そうなると、先進国が、農産物でも世界市場を支配するようになってきた。途上国は、コストからいっても農産物の価格が高くなり、どんどん途上国農業が破壊されてゆく。つまり、途上国は工業化はできない。といって、既存の農業でも食っていけないためにどこの途上国もモノカルチャー化していく。つまり、コーヒーならコーヒーだけココナツヤシならココナツヤシだけ、バナナならバナナだけをつくるという形で既成の自給的農村が解体されて、一次産品のモノカルチャー国家になっていく。そして、労働力は農村から放り出されて、都市に滞留し、過剰都市化現象をつくりだす。こうして南北格差がどんどん開き出した。

高度成長は世界的にはそういう意味で、ドルと金とをリンクさせるという中枢を最終的に破壊し、同時に南北問題をつくり出して、北側が南側を経済的に支配・収奪する構造を定着させてしまった。これが第二次大戦後の高度成長の結果だったのです。

[3] 七〇年代の世界経済の停滞

ショッキングだったのは七一年のニクソン・ショックで、ドルが金本位制の基軸を外されるということですが、そうなってきますと、アメリカはドルを金の支えなしに無制限につくり出して、世界市場に放出することになる。それでも、ドルは基軸通貨ですから、どこでも受け取られます。ドルはだんだん減価しながら、世界市場を流通し、アメリカのコントロールのきかないユーロダラーは世界中に広がっていく。そうなってくると、一番打撃を受けたのはＯＰＥＣです。かれらは石油を産出して自由世界に売ることによってドルを稼いでいた。ところが、その累積しているドルがどんどん目減りし始める。そこで、対抗上、ＯＰＥＣは団結して、石油を一挙に四倍に値上げする。七三年の石油ショックの発生です。

戦後、アメリカを出発点として、ヨーロッパ、日本で自動車社会化がすさまじい勢いで広がっていったのですが、この構造がとうとう七〇年代の初めで通貨市場場面においても限界に達した。これがニクソンショックと石油ショックです。これによって、高度成長を持続していく仕組みもストップをかけられた。というのは、石油が四倍に上がったのですから、今までのように自動車化で成長をつづけるわけにはいかないのです。そこで、低成長にかわる。日本も翌年マイナス成長に転落します。資本主義世界は高度成長から低成長の世界に移る。日本政府は安定成長と言いましたが、事実は低成長です。

低成長になると、資本主義国としては非常に困った構造になります。アメリカがモデルとして第二次大戦後の資本主義世界に示したのは、基本的に右肩上がりの成長を続け、それによって財政を潤沢に維持するという構造です。法人税も所得税も潤沢に入ってきますから、それで、公共事業や社会保障という形でお金をばらまいて、国民全体を中産階級化して、社会的な統合力を強めていく。それが福祉国家です。この福祉国家体制が維持されれば、社会主義と対抗できるわけです。戦後、資本主義体制は社会主義との対抗関係で動いてきましたから、もしも三〇年代のように、長期にわたって高い失業率を持ち、階級格差が開いて、窮乏化した階層が広がってくるというようなことになると、到底、体制は維持できない。だから、戦後、先進国が資本主義体制を維持できたというのは、基本的に高度成長のおかげです。ところが、その高度成長の仕組みが崩れてしまった。そこで問題が起こってきたのです。

先進国の景気は停滞して、成長は非常に緩慢になってきます。ところが、石油の価格はものすごい勢いで上がっていきますから、どこの国も二桁インフレになります。インフレは亢進して、景気はよくならない。これがスタグフレーションです。ここで資本主義世界の経済学的な認識において決定的な問題が出てくる。さっきのべた右肩上がりの成長を続け、その財政的剰余をばらまくことによって福祉国家を作りだすというのはケインズの理念です。社会主義に対する資本主義側のチャンピオンとしてのケインズの考え方は基本的にそうだった。失業者が増えて景気が悪くなるときは物価は落ち、それから、完全雇用になって景気がだんだん上がっていくときにはインフレぎみになるというのが経済の正常なあり方です。ところが、七〇年代、福田首相の時代には財政をフル稼働させ、赤字国債を出して公共投資にぶち込んでも、景気は上らずに、物価だけが上がっていった。というのは、石油価格が上がりますから。こうしてインフレと不況とが共存するようになると、ケインズ経済学は効果がないことになる。そこでレーガノミックスが出てくる。あるいは例のサプライサイドエコノミー、あるいはマネタリー学派などが出てきます。その延長線上に、今は市場原理主義とか、あるいは規制緩和の自由経済などがでてくるわけですけれど、何れにしても経済学の潮流が変わってきたのです。

こうして、七〇年代に先進資本主義国の構造が変質し、資本主義のあり方が変わってくるのを反映して、新しい現象が起こってきました。先進国では、物価は騰貴していくが景気はよくなってこないために、国内で資本を投下しても、商品は売れないんです。そこでアメリカは、どんどん生産基盤を外国、カナダとかメキシコとかいう途上国へ移していく。途上国側ではユーロダラーがものすごい勢いで溢れていますから、そこからお金を借りてくる。こうして、ユーロダラーを利用して先進国の企業を受け入れて、資本主義化するという形で、南と北とに分裂していたその南側から徐々に北側のほうにせり上がっていく部分が出てきます。これは当時、中進国と名づけられました。中進国の上位十カ国は、アルゼンチン、ブラジル、チリ、韓国、マレーシア、モロッコ、ペルー、フィリピン、台湾、香港です。この十カ国だけでユーロ市場からのお金の借り入れの八〇％を消化していますから、資本主義の中における南と北とも違った新しいタイプの発展する国が出てきて、そこでは、企業は外見上の独立性を保っているんですけれど、実際には途上国の低賃金を利用して先進国の下請企業として位置づけられるという形で、資本は多国籍企業として拡大し始めたということです。これは七〇年代から始まります。アメリカがリーダーシップをとりますけれど、これは現代の日本にも及んできています。

こうして七〇年代の世界経済は停滞しているのですが、その中でドル価値はじりじりと低下していき、さらに戦争を契機にしてＯＰＥＣの反乱が起こって、第二次石油ショックが起こり、世界的なスタグフレーションになる。完全にケインズ主義は破綻します。こうして八〇年代に入る境の時、サッチャー、レーガン、中曾根が登場してくるわけです。戦後世界経済の構造が変わり始めたということの象徴です。彼らがやったのは、まず、政府支出を削減するということです。財政を再建することによってインフレを克服しようとする。そして、規制をなくして民間資本を活性化する。レーガンの場合には、インフレを克服するために、通貨発行量をだんだん落としていったため、資金の価値、要するに利子率が上がってくる。アメリカの利子率が高くなってくると、不況で日本でもヨーロッパでもお金が余っていますから、それがどんどんアメリカに殺到するという奇妙な構造になります。こうしてアメリカは、かなり激しいドル高を伴いながら、世界中からお金をかき集めて、レーガンのもとで経済再建に使われるという形になります。これが八〇年代世界です。

[4] 八〇年代――レーガノミックスとトヨティズム

レーガンは「小さい政府と強いアメリカ」をスローガンにした。今の不況の原因は、税負担が重過ぎて、しかも福祉が過大で政府の規制が行き過ぎている点にある。だから、それを全部切って身軽な小さな政府にする。そして減税によって、貯蓄と投資を活発にすれば、労働意欲も企業の投資意欲もわいてきて、生産力は上昇していく。ケインズ政策とちょうど逆の主張ですが、これは世界的な動向になり、サッチャーも中曾根も同じ政策を展開することになった。

しかし、アメリカの実態を見るとこうだった。当時石油ショックで石油がほとんど十倍近く上がっていったから、これに対して徹底的な省エネが図られた。このころから、コンピュータを利用して省エネあるいは省労働化を図るという傾向がじりじり浸透していきます。ですから、七〇年代から八〇年代にかけて、生産力は上がるけれど、石油消費はあまり増えていかなかった。アメリカは石油の消費をものともせず大型の車を使うので有名な国だった。ところが、さすがに八〇年代になってくると、そのアメリカでも石油消費を節約しなくてはならなくなった。そこで、ドイツのフォルクスワーゲンとか、日本のトヨタや日産の車がどんどん入っていくことになった。こうしてドイツや日本の自動車がアメリカに流入してアメリカのフォードやGMが市場を失っていった。これもエネルギー問題の裏側です。

石油が節約されるとともに、エネルギー利用技術の高度化によって、石油消費が減少し、石油価格は低落傾向を示したが、レーガンの景気政策に最も大きい影響を与えたのはドル高でした。ドル高になると、輸入品の価格が下がり、全体として物価が下がりぎみになってきた。そこへ、レーガンは強いアメリカを実現するために軍需支出をものすごい勢いで増大していきました。これらが相まってアメリカは比較的好況になってきます。非常に不健全な八〇年代の好況です。

こうしてレーガミックスは成功したと言われますが、実際、その中身を見ますと、じりじりと対外債務が多くなっている。貿易収支も赤字がどんどん積み重なっていきますから、対外赤字が増えていったのです。こうして、一九八二年には世界で最大の千四百九十五億ドルの債権国だったアメリカが、八五年には世界最大の債務国に転落します。一千億ドルの債務です。これは劇的な変化でした。第二次大戦後、資本主義世界を支配してきたアメリカが八五年についに世界最大の債務国に転落したのです。

もう一つ、それを続けているうちに、レーガンの主張とは逆に、財政赤字がますます増えてきた。これは当然のことで、一方で減税をやりながら、他方で軍事支出をどんどん増大していくわけですから、財政はものすごい赤字になってくる。こうして、八三年には千八百億ドル、GDP比五・五%の財政赤字をつくってしまいました。六〇年代、七〇年代はGDP比に対して財政赤字はせいぜい〇・二%あるいは〇・三%程度だった。これが五・五%に急上昇してしまったのです。

これは双子の赤字と言われます。アメリカは国際収支でも赤字、財政でも赤字という形で追い詰められて八五年に至るわけです。この八五年のプラザ合意は、もはや、この政策を続けていけないということの表現です。それまでレーガンは、アメリカの経済力が強いからドル高なんだと開き直ってきましたが、もはやそんなことは言っていられなくなってきた。この政策を続けていく限り、国際収支も財政も赤字が増えていくのは明らかですから、ここで方向転換せざるをえなくなった。つまり、ドル高からドル安へです。ということは日本から見ると円高になるわけです。八五年から劇的に円高が進行します。これはかなりすごい円高でして、八五年の平均では一ドルが二百三十円だったんですが、八六年の末は百四十円になっています。それでも輸出は一九%増えて、輸入は三〇%減っています。これは原油価格がそのときに大幅に減ったせいで、貿易収支は八百億ドル増えます。つまり、円高、原油安、それから金利低下という構造が定着します。金利低下はなぜかというと、レーガンの時代には、金利を高くして世界中からお金を集めてきて、ドルを高くしていたわけです。この政策ができなくなってきたから、レーガンはアメリカの金利を下げてくる。しかし、もしアメリカだけが下げると、一挙にドルは暴落する。それを避けるために、アメリカも金利を下げるけれど、日本とか西ドイツも並行的に金利を下げることを要求したのです。これがプラザ合意の基本的な意味です。したがって日本では、円高になると同時に、金利が下がってきたのです。

八五年以後、円高不況がものすごく叫ばれます。そこで企業はＭＥ合理化を強行します。ＭＥはマイクロエレクトロニクスですから、コンピュータが非常に小さくなった。そのコンピュータをいたるところで利用して合理化する。例えば産業ロボットをつくる。それから流通関係では、例のバーコードによって集中管理をするＰＯＳシステムをつくる。こうして円高不況に対抗するために、日本企業にはコンピュータによる合理化が浸透します。八〇年代の日本は、円高で、石油の価格も世界的に安かったから物価は比較的安定していた。しかし、ＭＥ合理化を徹底的にやられますから、労働力の需要は増えていかない。そこで、労働者の賃金は実質的にはあまり上がらなくなります。八〇年代後半の春闘を考えればすぐわかりますけど、みんな失敗していたのです。実質賃金は上がらずに、ＭＥ合理化が進行するのですから、資本の利潤はものすごく上がった。上がったけれど、国内需要は増えないから、お金がだぶついてくる。そのだぶついたお金で、企業は銀行に対する借金を返す。ここで企業と金融機関との関係が変わってくるのです。そして、なおかつ過剰にある資金で企業は土地を買い、株を買いという形で財テクを始める。財テク時代の開始です。

八〇年代後半から日本では、トヨティズムといわれるようにトヨタ方式の労働者管理とＭＥ化とが結びつき資本にとって非常に合理的な生産力の上昇過程がつくり出されてくる。日本型の経営が世界で一番合理的だと言われたのがちょうどこのころです。つまり、トヨタ方式の企業一家主義とＭＥ化とが結びついて看板方式が採用される。看板方式というのは、在庫を全然置かずに、必要とする部品が必要なときに必要な量だけ届く方式です。これは確かに合理的ですけれど、そのためには下請や子会社の企業にものすごい負担をかけるのです。しかし、この難点はトヨタ主義の中で解決されますから、日本では簡単に実行できることです。こうして日本型経営とコンピュータ管理の合理化が非常にマッチしながら進んだのがこのときです。東大社研編の『現代日本社会』という講座がこの頃出版されましたが、これは日本型経営としての会社主義礼賛の講座でした。つまり、戦後はフォーディズムが支配したが、七〇年代の危機でフォーデズムが没落して、アメリカ資本主義がだめになった。それにかわって八〇年代は日本資本主義がトヨティズムという形で企業一家主義とME合理化とを結びつけることによって世界最高の生産力水準を形成した。だから、日本型経営が新しい時代をつくり出したというのです。さらにこれに悪ノリして、トヨタ一家主義の中では労働者も喜んで働いている。グループの中で多能工が労働を分け合いながら、お互いに助け合って、非常に合理的な労働組織をつくっている。ここではマルクスの言った人間の労働疎外などは起こってない。みんなが喜んで働きながら生産力が上がっていくとすれば、ソビエトや中国の社会主義を凌駕する体制が出てきたことを意味し、これこそは「忍び寄る社会主義」だと主張する者も現われました。日本の会社主義はよく考えてみたら、ひっくり返って社会主義のことだった。日本の社会主義というのは実は会社主義なんだという、ブラック・ユーモアがこの主張でした。

八〇年代末のバブルの時代には、株も土地も上がってGDPが急上昇し、とうとう日本は世界最大のGDP国家に近づいた。だから、財テクをしないのはもはや人間ではないという『投機の時代』という本が長谷川慶太郎によって書かれました。そういう時代が八〇年代の終末期を形成したのです。

そのときアメリカはどうだったかといいますと、アメリカはドル安になっていくわけです。ところが、ドル安でも、貿易赤字が増大していった。ドル安だと、輸出が増えて、輸入が減り、貿易赤字は本当は減るはずです。ところが、アメリカの貿易赤字はどんどん増えていった。ということは、もはやドルが下がっても世界にアメリカの商品を売り込めないぐらい、アメリカの経済力は落ちてしまったのです。こうして八〇年代後半もアメリカは追い詰められていきます。そして、九一年赤字ゼロを目指してだんだん赤字の額を減らしていくというグラムラドマン法をつくって対応せざるを得なくなった。アメリカはますます没落し、日本はバブル化した経済で世界一の繁栄をうたい、二十一世紀は日本の世紀であるとうそぶいていたのがこの時期でした。

そのころ、日本とアメリカの逆転の経済過程が着実に進行していたのですが、それはだれも気がつかなかった。

[5] 九〇年代不況とアメリカの情報化投資

では次に九〇年代の資本主義にはいっていきます。表I-を見て下さい。アメリカの場合、個人消費が七〇%前後ですから、個人消費が増えると景気がよくなるというのはいつものことです。では、一体どういう投資をした場合に個人消費が増えてきたかといいますと、六〇年代と八〇年代ははっきりと政府の投資でした。二〇%ぐらいは政府投資で非住宅固定投資はその半分以下です。戦後のアメリカは政府が財政支出をすることによって景気を持ち上げてきたということがはっきりします。ところが、九〇年代になると、これが逆転してしまう。財政支出は九一年から九五年まではマイナスです。今も漸く五・六%です。ところが、設備投資は二〇%から三〇%です。そして、純輸出がマイナスということは輸入が増えているということですが、これは大部分が資本財輸入です。これは非常におもしろい転換です。しかもアメリカの場合、この時期の設備投資の圧倒的部分が情報化投資です。この簡単な数字を見てもわかるように、戦後、八〇年代までのアメリカは政府が主導して財政投資を拡大することによって景気をつくってきた。ところが、政府も大赤字になって、それができなくなって、その役割を放棄した。それに対して、九〇年代になると設備投資がものすごい勢いで増えてきたが、その中の三割から四割が情報化、IT投資だった。図I-がそれを示しています。情報技術関連投資は六〇〜七〇年代は五%から一〇%ぐらいで推移する。パソコンが出てくると、ずっと上がっていくのですが、九〇年代に入ってパソコンとイン

表1　アメリカにおける実質GDPの増加寄与率

（単位：%）

	個人消費	非住宅固定投資	純輸出	政府消費・投資
1961～69	63.6	12.2	－4.8	22.3
1982～90	69.3	8.0	－3.2	19.1
1991～95	73.1	23.8	－10.9	－0.5
1995～98	71.6	30.8	－20.2	5.6

注：1）その他の項目があるので合計は100.0にならない。
　　2）1998年は第3四半期を年率換算。
出典：*Economic Report of the President*, 各年版より算出。

図1　情報技術関連投資の設備投資シェア

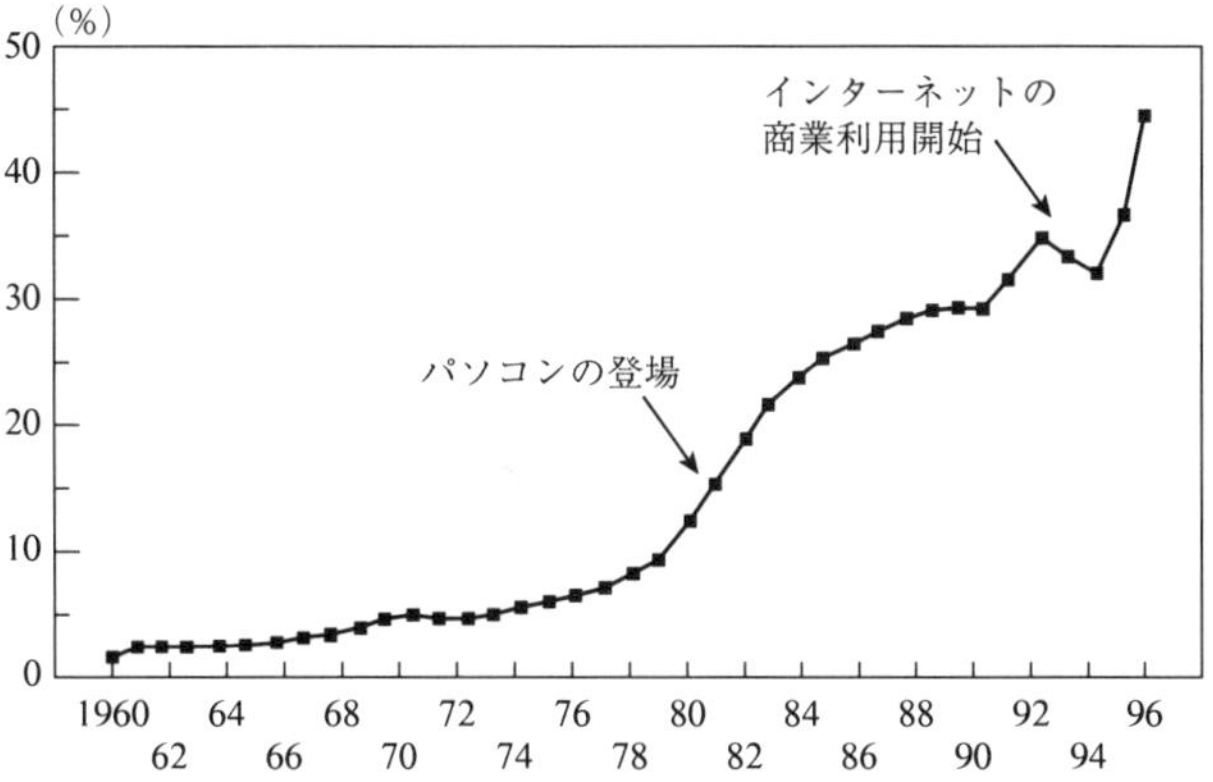

注：情報処理機器（事務・計算・会計機械、通信機器、計測器、コピー機）が民間設備投資に占める割合（実質値）。
出所：U. S. Dept. of Commerce, *The Emerging Digital Economy, 1998*.（室田泰弘訳『ディジタル・エコノミー』東洋経済新報社、1999年、9ページ）

ターネットが結びつくと、さらに上がって、五〇%に近くなる。つまり、今や、設備投資の五〇%近くは情報化投資です。これは、情報化投資によってアメリカの生産力の発展が支えられるような構造になってきたことをはっきり示しています。

それに対して、次頁の図2の日米のIT投資の推移を見て下さい。アメリカと日本とではかなり差がつけられてきています。上の点線がアメリカで、下の実線が日本で、%は設備投資全体に対するIT投資の比率を意味します。

こうして、アメリカと日本とで非常に対照的な蓄積と景気の動向を見せながら、九〇年代に入っていきます。九〇年代不況は、よく複合不況と言われました。つまり、周期的な不況にバブル崩壊が絡んだという意味ですが、実態はそんな程度じゃなかった。構造的不況だったのです。つまり、戦後半世紀近く発展してきた日本資本主義が構造的限界に達して、大不況に入ったという意味で、日本経済の構造的転換を要求する不況だったのです。そ

図2　日米のＩＴ投資の推移

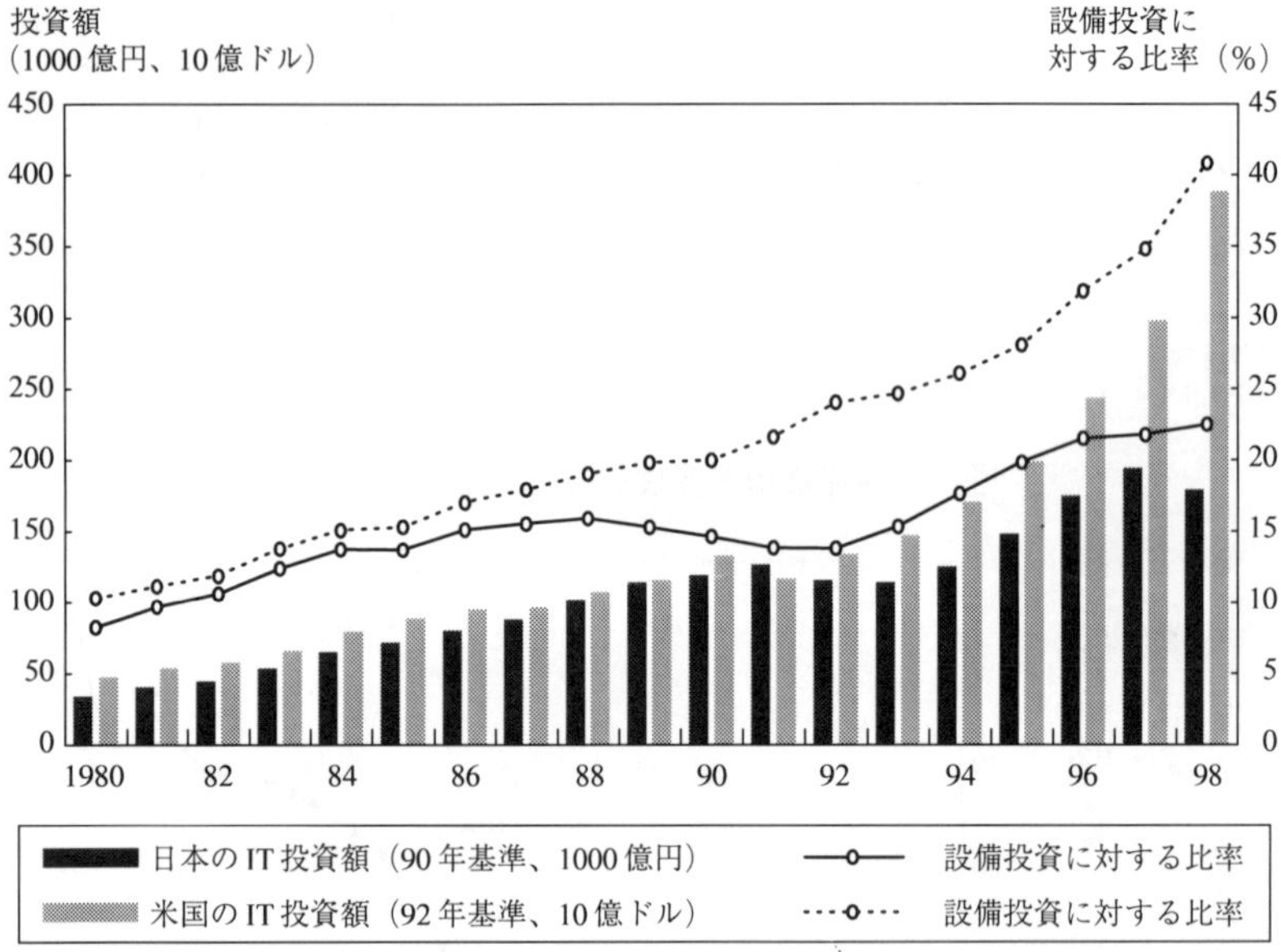

出所：米商務省、経済企画庁、総務庁などのデータから富士通総研作成

れが理解されていなかった。したがって、政府は財政的なばらまきをやって、少し景気をもちあげ、九六年はＧＤＰ年率四・四％の成長になります。そうすると、九七年に一挙に九兆円の国民負担増を浴びせかけたのです。間の悪いことに、その年にアジア通貨危機が起こります。新興市場領域として新しい資本主義の発展の中心だと言われていた中国から東南アジアにかけての領域が、一挙に通貨危機をおこし経済危機に転落します。それに引きずられて日本経済も収縮を始めて、九八年はマイナス成長に転落し、今に至ります。結局、九○年代の日本経済は長期不況をつづけ、世界最悪の状態に陥りました。

日米経済を大きく対比しますと、こうなります。アメリカは八○年代は、年平均二・九％の成長です。九一年から二○○○年までは二・七％。つまり、二・九％から二・七％に減っただけなんです。それに対して日本は、八○年代は四％、ところが、九○年代は一・三％です。ＥＵは二・四％だったのが二％になっただけですから、アメリカも、Ｅ

Uも、あまり減っていない。ところが、日本はすさまじい勢いで落ちて、資本主義世界最高の成長率だった国が最低の成長率に転落したのです。これは日本に非常に激しい構造転換の要求が起こっていることを示しています。

九七年は橋本内閣の政治的な失敗がつくり出した不況ですが、この時、北海道拓殖銀行や山一が倒産するのです。そこで、内閣がかわって、九八年から政策が転換されます。もっとも、九七年にも二兆円の特別減税をやり、三十兆円の公的資金投入を決めた。九八年には十六兆六千五百億円の総合経済対策、二十四兆円の緊急経済対策、それから公的資金の投入を六十兆円に拡大します。さらに二十兆円の信用保証特別枠を中小企業向けに設定します。全体で百二十兆円が景気対策のために投下されたわけで、古今未曾有のことです。百二十兆円を景気刺激策として投下して、コールレートを〇・二五に下げる。これはほとんどゼロに近い。つまり、金融も財政もフル稼働したがそれでもまだ景気は上がってきません。そこで、九九年、公共事業費を五％増やして、さらに恒久減税をやります。所得税と法人税の引き下げです。それから五千二百億円の雇用対策費と十八兆円の経済新生対策をだし、とうとうコールレートを〇％にしてしまった。ゼロ金利の登場です。そこでようやく、成長率はプラスに転じた。去年の一年間を総計すると大体〇・六％はクリアすると言われているんですが、これはあたり前のことでしょう。つまり、百二十兆円投下し、さらに二十兆円をプラスして、金利をゼロに下げた。これ以上、財政も金融もやりようがない。これでようやくプラス成長になったというのはあたり前のことです。しかも、まだこれは自立的な反騰にはなっていない。政策的にかさ上げしているだけですから政策を外してしまうと、またガタッと落ちる可能性がある。そこで五千億円の予備費を、景気対象に使うことに決めてしまった。その内容をみると千六百億の整備新幹線費でIT関係は百億円です。ゼロ金利はもう解除したいと日銀総裁が言ってたのに大蔵大臣がクレームを出してきました。だから、ゼロ金利は八月まで続けられ、財政はまたばらまきをやる姿勢をとっています。累積赤字が天文学的になってきたなどと言ってはいられなくなってきた。いつまでたっても財政的・金融的な支持がない限り、景気は回復しないということがはっきりしてきたのです。

それはなぜか。アメリカ経済と比較して見ると、日本ではＩＴ化・情報化がうまくいってないということがわかります。アメリカの場合は、情報化投資を前提としてＩＴ社会に向けての全力疾走というのが今の好況を支えている原因です。ところが、日本の場合には、既得権益とかさまざまなしがらみがあって規制緩和が進んでいない、何よりも電話料金が高すぎる。しかも今になっても失業率は四・八％で、個人消費は回復していない。さらに現在の過剰設備ストックは全産業で五十七兆円あると言われています。バブル崩壊後、一〇年たっても不良資産は消えていないし、失業率も徐々に高まってきており、勤労者の実質所得も増えていない。これで個人消費が増えるはずがない。その結果として、スーパーやデパートの収益はどんどん落ちてきている。収益が上がってきているのは、日本から離れて、生産基地を世界中に拡散して多国籍企業化した資本だけです。素材産業などはさらに沈下し、ゼネコンや不動産業の大量倒産が迫ってきている。さらに例のグローバルスタンダードで会計基準が変わるということから、今年は簿価主義を時価主義に切りかえて、含み損を公表せざるをえなくなった。膨大な赤字を抱えた企業は、軒なみに銀行に対して債権放棄を要求し始めました。一部債権を放棄して、企業の再建に協力してくれたら経営が順調に回復した段階で、残りの債権を返せるが債権放棄に同意してくれなかったら直ちに倒産して、全部の債権がとれなくなると、借手の恫喝が始ったのです。銀行としては、今つぶしたほうがいいのか、一部債権をチャラにして、残った金を後で回収したほうがいいのかという選択になってきます。銀行としてはそこまでつき合っていられないという状況がだんだん切迫してきています。「そごう」の倒産はその開始です。おそらくこれからはますます、企業の破産が起り、それに伴って失業率も高くなっていくと思われます。

しかし、政府は繰り返し設備投資が増えてきていると言っています。設備投資の内わけを見ると、多くはＩＴ関連投資です。パソコンを配備してインターネットに入っていくための投資をどこの企業でもやらざるを得なくなってきたのです。これが大体、設備投資の二〇％ぐらいを占めています。それでも、アメリカのＩＴ装備化に対しては非常におくれている。アメリカの一人当たりＩＴ装備率は日本の二・六倍だと言われています。これに五年間で追いつくためには、ＩＴ投資だけで三・七兆円を毎年積み増ししていかなくてはならない。それほど情報化率ではアメリカとの開きが出てきている。

日本型の経済システムが戦後つくり出され、それによって、高度成長を維持し、福祉国家体制をつくってきたのですが、その中身を見ますと、結局、国内的にも、対外的にも、沢山の規制を張りめぐらせて、公共事業支出で経済を底上げしていくという特質をもっていました。九六年の公共事業支出は政府支出の八・七％になっています。欧米だと、これは大体二、三％です。だから、財政支出の中で公共投資が非常に多くて、社会保障関係が非常に少ないというのが日本の特徴です。そして社会保障を企業にかぶせる。つまり、企業の福利厚生施設が国家がやる社会保障の肩がわりをするというのが日本のあり方です。したがって、比較的、租税負担率は低く直接税中心です。だから、社会的には低福祉で福祉の大部分は企業、特に大企業が受け持つという形の分業体制が日本型だったのです。企業のほうは大企業中心に企業集団がつくられ、メインバンクがあって、これが徹底的に資金の世話をするという構造です。そして、その企業の下に膨大な下請企業があり、孫請がある。卸や小売がメーカー系列でガッチリと組織化されているというのが日本企業の特徴です。その中で労使関係は、正社員を中心として終身雇用・年功序列という形で押さえられて、これが企業別組合として組織される。これが戦後半世紀を通してつくり出された日本型の経済システムです。これは今までかなりうまく作動してきた。それで日本経済の生産力が実際急速に上がってきたのですから。ところが、八〇年代からそれがうまく作動しなくなり、九〇年代には徹底的に適合性を失ってきた。適合性を失ってきたというのは、情報化社会とうまく接合しなくなってきたということです。

アメリカは八〇年代に、生産力的に追い詰められて、日本型の経営を取り入れようとしました。トヨティズムを積極的に取り入れようとした。だから、看板方式とか、行灯方式などはそのまま英語になっています。実際、日本型経営を取り入れようとしたがあまりうまくいかなかった。それはなぜかというと、日本型経営の基礎には日本型の人間関係があったから。つまり、トヨタに勤務した場合、トヨタ人であることに誇り、トヨタを守るためのさまざまなグループをつくって、その意識を高めています。それが企業現場で集団的に責任体制をとってノルマを果たしていくという構造を支えているのです。企業対企業の関係でも、下請があり、孫請がありという形で、上から下へと圧力を転稼するから、必要なときに必要なだけの量を必要な場所にというトヨタ方式が実現できたわけです。だから、アメリカでトヨティズムをとり入れようとしても、あまりうまくいかなかった。そうしているうちに、アメリカの中でパソコンとインターネットの普及が拡大してきたのです。

パソコンとインターネットの結びつきはこういう意味をもっています。最初、七〇年代から八〇年代にかけてのME化がすすんだ時は、単体としてのパソコンを合理化に使ったわけです。組織としては、ホストコンピュータを中心とした系列的な支配構造です。例のリクルート事件のときにリクルートの株を政治家にばらまいたのは、スーパーコンピュータを輸入したいからやったのです。ところが、今、ホストコンピュータからの組織化はをやっているところは殆んどない。パソコンをインターネットでつなぐという形の組織化は、これとは全然違うのです。この新しい情報化組織がアメリカの中で出てきた。

〔6〕ＩＴ革命の日米比較

インターネット化はアメリカの国防上から出てきた組織なんです。サバイバルネットワークといいまして、ポール・バランという人が一九六〇年に発表したのですが、出発点はスプートニク・ショックです。一九五七年にソビエトがスプートニクを飛ばし、アメリカではそれはできなかった。一年おくれてやりますけれど。ということは、スプートニク以後地球の上を人工衛星が常に回っており、大陸間弾道ミサイルをいつでもぶちこめるということになった。どこからでもアメリカの内部にミサイルを撃ち込めるということはアメリカにとってもすごい脅威だった。これがスプートニク・ショックです。科学教育を中心に小学校教育から変えてくてはならないという問題が出てきて、そのときからアメリカ社会は変わってきました。そこで国防総省で問題にしたのは、スーパーコンピュータを中心としてピラミッド型の軍事情報システムです。このスーパーコンピュータという頭をやられると、全部のシステムは崩れる。だから、これはやめて、網の目状にパソコンを組み合わせるという発想が出てきた。これは、パソコン自身がものすごく性能がよくなって、スーパーコンピュータと殆んど同じような性能を小さなコンピュータもそなえてきたということと関係しています。それをネットワーク化するというのは最初は非常識なアイディアだった。これを国防総省で採用したから、インターネットは初めは軍事組織です。次は大学や研究所の間をつなぎ全国をおおうようになった。これを全て国家予算でやったわけです。だから、インターネットは、もともと軍事的なインフラとアメリカの国家がてこ入れをした宇宙開発のインフラとが結びついて出てきた仕組みです。しかし、九〇年で米ソ対立が終わりますから、もはや、このシステムをアメリカの国防総省が独占する必要はなくなったので全部、民間に開放した。したがって、アメリカでは九〇年代初めに一挙にインターネット社会ができてしまったのです。同時に、国家的なてこ入れでつくり出されたインフラを受け入れるのですからコストがかからない。よく言われるように、アメリカでは大体二〇〇〇円で一カ月、インターネットを使いほうだいに使えるのです。インターネットが使いほうだいということは、世界中どこへでも連絡できるということです。アメリカ国内で使おうが、アメリカとロンドンで使おうが、アメリカとベルリンで使おうが、同じことです。そういう形でアメリカの情報システムはインターネット化されてしまった。この構造は日本とは格段に違う。日本にはもともと軍事的インフラとしてのインターネットなどないわけですから、インターネット化にはべらぼうにコストがかかるのです。既存の通信網に入っていくわけですから、電話料金の高さはアメリカとは比べものにならない。

パソコンとインターネットが結びついたＡＲＰＡと言う高等研究計画エイジェンシーが国防総省にでき、このＡＲＰＡネットは一九七〇年代から開始されていました。それが商業ネットワークに入っていって、全国的に広がってくる。九一年にソ連が崩壊すると、完全に軍事システムとしてのネットワークは必要でなくなりますから、これを民間に全部開放して、アメリカ全体の情報能力を高めていき、さらに例のゴアの情報スーパーハイウエイ構想も出てくるわけです。だから、終始、アメリカは政府のてこ入れでパソコン・インターネット世界をつくってきたのです。

もちろん、それとパラレルに、マイクロソフトとか、ネットスケープとか、サンマイクロシステムなどが次から次へと新しいソフトをつくります。ウィンドウズもその一つで、このウィンドウズが今や、世界のデファクトスタンダードなってしまった。実際、我々がパソコンを買って使おうと思うと、好むと否とにかかわらずウィンドウズになっている。で、応用ネットは一太郎ではなくて、ワードになっているわけです。IT世界はアメリカ基準になってきている。アメリカ基準が世界を支配し、それに乗っかって経済力が発達していく。

アメリカの場合には、国家丸がかえでネットによる経済社会に変貌しますから、第一の特質は日本とは情報化のスピードが全然違います。これは二つの意味があって、一つは、情報産業自身の技術革新のスピードが違う。よくドッグイヤーと言われますが、普通の機械の更新と比べて七倍速い。つまり、我々が七年生きているのに対して、イヌは一年生きているのが同じだと言うように普通の機械に対して七倍の速度で更新されているのです。これが一つ。

それから同時に、そういうITネットを通しての情報の伝達は、今までの情報の伝達とは違って、格段に速くなってきており、同時に、コストが安くなってきている。例えば株を千株単位で売ったり買ったりすると、今までは三万円ぐらいとられたが、松井證券は千円から三千円程度の手数料しかとらない。ただ、この取引はパソコンを使っている者に限る。パソコンを使えば、手続きは機械で全部処理されてしまいますから、人間が要らない。インターネットは速さとコストダウンという形で、今までのシステムを変えてしまったのです。そしてそれは、企業がお得意さんのいろんな嗜好を調査し、それを集めて分析し、新しい商品を企画して、計画し、モデルをつくって、実験してみて、それからもう一度つくり直すといった過程を全部、パソコン上でやれることになってしまった。企業がバーチャルな実験室をつくって、工場で実験してきたことを、デスクトップで処理してしまうのです。

この時期の日米の技術革新における相違はこういうふうに考えたらいいのです。トヨタシステムは、フォードの技術を前提として、それをもっと合理化しようとして考え出された。トヨタシステムをつくり出した技術者が書いていますけれど、日本は貧乏な国だから、フォードシステムを入れても、もっとそれを節約しなくてはならない。機械の及ばないところを人間関係で節約していく。人間がチームをつくって、人の和でいろんな欠陥を補い、過程をスムーズに進行させる。いろんな技術をもった多能工が集まってチームを組み、そして、ラインの変化に柔軟に対応していく。これがトヨティズムだというのです。ところが、人間と人間とが共同作業をして、お互いに理解して一種の共同体をつくっていくというのは、アメリカ人にとって最も苦手な人間関係のあり方なのです。人間は夫々個人として独立し、お互いの職域とか仕事場は独立した個人によって厳重に確保されていて、相互に干渉できない。だから、日本型の共同作業は非常にやりにくいのです。ところが、そこへパソコンとインターネットが入ってきた。ここでは個人として皆、独立していながら、全体が何をやっているかはパソコンの画面の上ですぐキャッチできる。そうすると、トヨタシステムで人間集団が共同体的に考えて行動しながら徹底的に資源や作業を節約してきた以上に節約することができる方法が出てきたということになる。しかも、その人間は個人的に自立しているから、ここでの人間関係のあり方はアメリカの風土にとってもともと非常に適合的なのです。

こういうシステムができてくると、ものすごい勢いで新しい独立した商売が発生する。ＳＯＨＯ、スモールオフィス・ホームオフィスです。奥さんが子供を近くに置きながら、パソコンで一つの企業を立ち上げてしまう。この企業形態はアメリカにとっては非常に適合的な構造だった。しかもこれを利用すると、原材料や部品なども、アメリカの国内だけではなく、世界的にインターネットのつながっている地域から情報は流れてきますから、例えば部品はフィンランドから取り寄せ、ソフトは台湾から持ってくるということが平気でできるわけです。こういう形で企業が一挙にグローバル化してしまう。グローバル化しつつ、最もコストの安いシステムをつくるということは、アメリカのようにもともと企業も個人もばらばらに分断して激しく競争しているところだったら非常にやりやすい。ところが、日本型の企業形態の中ではこのやり方はかなり抵抗があります。今でも、例えばトヨタが子会社を全部バラけて、部品は、子会社であろうが、台湾の会社であろうが、アメリカの会社であろうが、全部平等に、よくて安いものはどこからでも買うという方針を打ち出していますがそれが本当にうまくいくかどうかは日本の場合には直ちにはわからない。もともとインターネット・パソコンの世界と、アメリカ型の人間関係や社会は親和がありますから、アメリカはIT化し易かったのです。日本は今や、それに追いつけ、追い越せという形でIT化を急いでいますがなかなか簡単に成功するとは思えない。

パソコン・インターネットを利用して新しい商売をやろうというアイディアを持つと、このアイデアはビジネスモデル特許として申請・確保できます。今まではそんなことはだれも考えていなかった。しかしアメリカではビジネスモデル特許が大量につくられています。もしアメリカで特許を取っているのだったら、そのビジネスモデルを使えば直ちにパテント料を要求されるわけです。この特許の取り方は、きょうの日経に出ていますが、九七年までの四年間でアメリカで九〇件取られ、その間に日本では三件しかない。ビジネスモデルの圧倒的な部分がアメリカの特許で囲い込まれているのです。

ということは、こういうことです。情報化社会における物のつくり、売買のし方、それから企業の立ちあげ方というのは、要するに情報の組み合わせでやっているのです。つまり、新しい物質的な素材をつくってやっているわけじゃない。結局情報が売買されることになる。ところが、情報の売買は市場経済となじまない問題をもっている。我々が本を書いて、出版して売る。この場合は観念を文字にし、紙に印刷し、製本して売っているわけで、本当に知りたいのはこの中に書かれてある文章の意味です。つまり、情報は必ずしも物理的な形はとる必要はない。そうすると、この内容を例えばパソコンで流せば何のコストもなくて流れていく。紙も要らないし、印刷費も要らないわけで、パソコンの中で流すコストはゼロに近い。音楽を、昔はレコードで今はCDの形で我々は買っていますが、これは音楽を物をとおして買っているわけです。その中に版権として著作料が一〇％ぐらい入っているのです。この場合、情報を物として扱えるからそれを通して一〇％の情報料をとっていたのです。ところが、情報を載せる媒体が物ではなくなってしまった。電波が動いているだけなのです。そうすると、著作料が取れなくなってしまう。だから、どうするかというと、特許料という形で囲い込んでいるのです。特許で処罰しないと、著作権の保護ができなくなった。だがそうすると、必ず、そこから逃げる者が出てくる。

先日の日経に出ていましたが、ある予備校でアメリカのソフトを買って、これを沢山複製して使っていた。それをこの予備校の内部の者が密告した。そこで、すぐに検査され何億円かの罰金が課された。何で密告者が出るかというと、密告すると、一件について三万円くれ、そして、裁判になった場合に証人として出廷すると三十万円くれるからです。ということは逆に言うと、このような規制がなかったら、情報などは本当は有料化できにくいということです。リナックスがそれで、このソフトの使用は無料です。本当は、何かものを考えて人に伝えるというとき、金をとる基準などない。物をつくって交換するときはあるのです。それが労働価値説の根拠です。例えばホンダの車と全く同じものをつくって売るとしたらこれは殆んど同じコストになる筈です。だからニセモノをつくっても大してもうからない。しかし、情報ということになると違う。情報のコピーはほとんどただでできるのです。情報が、紙に書かれてあるとか、ＣＤという形をとるというのは便宜的問題で、要するに必要な情報は中身だけあればいい。ということは要するにパソコンの画面に出てくればいいということです。この場合コストは無限に安くなります。何百万人に送ったとしてもほとんどただです。コストがただになったとすれば、あらゆる情報をただでコピーして友人に配っていいわけです。実際、そういうことがやられているから、それを規制するという問題が起る。しかし法律で規制しなかったら成立しないような所有権を前提にした社会となり、そこでは情報が主要生産物になったとすると、こんな社会が永続しうるか。

〔7〕アメリカ型情報化社会と日本の社会構造

今日の話の結論は九〇年代にパソコン・インターネットを前提とした合理化を通してアメリカの生産力は回復してきて、世界的な新しい支配構造をつくり出した。日本はそれを追いかけていますが、今までのような規制の多い日本型の社会システムがあって、なかなかうまくそれに移行できない。これが現在の経済問題の根本となっている。アメリカの景気は長期にわたって持続しながら、日本の景気は依然として沈み込みつつあるというのはこの日米の構造上の違いをあらわしている。

デジタルバイドが問題にされだしたように、自由にパソコン・インターネットの世界に入っていって、それを使いこなし、ビジネスや研究など、いろんなことに利用できるのはかなり限定された社会層です。ITのインフラの問題もありますから。世界的には情報化の格差が開いてくる。先行したところは、OSなどで有利な地位に立ち、後発地域が先発のソフトを使うということが広がれば広がるほど、先発者の後発グループへの支配は強まってくる。つまり、二番手、三番手は続かず、トップが利益を独占してしまう。こういう形の分化は、国内でも、国際的にも起こってくる。中枢の情報化社会を支える技術者たちとそれからはみ出て、雑多なサービスや物の生産をうけもつ階層がはっきり分かれて格差社会になってくる。アメリカでは実際にそれが進行している。クリントンの報告でも、その格差をいかにして自分はつくらないようにし、あるいは格差が出きた場合にそれを補正するために努力したかということを強調していますが、これは情報化社会は必ず格差社会になってくるということを示しています。しかも規制は自由化されていきますから、政府は情報管理を除いては規制をなるべく少なくしていき、個人的な自助努力を中心とした社会に編成されていきます。要するに、二一世紀の社会は基本的には福祉国家の逆の形になってくるということです。そういう社会に対しても依然として福祉国家化を主張するグループや勢力は存在するでしょう。しかし経済の基本的な動向を握っているのは逆の勢力です。かれらは世界を徹底的に自由化して、その中でたえず生産力を上げながら、創業者利得を獲得し続けるのです。それができる集団と、できない集団とに分極してくることになります。

二十一世紀を前にして我々の目の前に開かれてきているのは、新しいアメリカ型の格差の非常に歴然とした分極社会であって、その中では、物よりもむしろ情報をいかにして管理するかが決定的重要性をもちつつある。情報管理社会では絶えずハッカーが出てくるし、あるいは無料でソフトを提供しようとするグループが出てくる。企業の発展はそれとの葛藤になってくる。階級対立の力関係や社会的なフリクションは今までの社会体制とはかなり違った構造の社会になっていく。我々は今その移行過程にいる。日本の支配層は、そういうアメリカ型の社会に追いつき、追い越すことを念頭にして政策を立てているようですけれど、それはうまくいってない。アメリカ型情報社会やＩＴ革命の構造が既存の日本型社会の支配構造とぶつかる性格を持っているからです。二十一世紀を望んでそういう見とおしのきかない世界に踏み込みつつあるというのが今の我々の状況じゃないかと思います。

著者紹介

降旗節雄（ふりはたせつお）1930年、長野県に生まれる。東京大学大学院社会科学研究科博士課程修了。北海道大学教授、筑波大学教授をへて、現在、帝京大学教授。

著　書

『資本論体系の研究』1965年、青木書店
『科学とイデオロギー』1968年、青木書店
『歴史と主体性』1969年、青木書店
『帝国主義論の史的展開』1972年、現代評論社
『宇野理論の解明』1973年、三一書房
『マルクス経済学の理論構造』1974年、筑摩書房
『イギリス――神話と現実』1978年、五月社
『解体する宇野学派』1983年、論創社
『筑波大学――〈開かれた〉大学の実態』1983年、三一書房
『日本経済の神話と現実』1987年、御茶の水書房
『〈昭和〉マルクス理論――軌跡と弁証』1989年、社会評論社
『革命運動史の深層』（寺尾五郎氏と共著）1991年、谷沢書房
『生きているマルクス』1993年、文真堂
『フォー・ビギナーズ現代資本主義』1997年、現代書館
『貨幣の迷を解く』1997年、白順社
『金融ビックバンと崩壊する日本経済』1998年、白順社
著作集第１巻『科学とイデオロギー』2001年、社会評論社

編著書

『経済学原理論――宇野理論の現段階(1)』1979年、社会評論社
『現代資本主義論――宇野理論の現段階(3)』1983年、社会評論社
『宇野弘蔵の世界』（清水正徳氏と共編）1983年、有斐閣
『日本経済・危険な話』1988年、御茶の水書房
『クリティーク・経済学論争』1990年、社会評論社
『戦時下の抵抗と自立――創造的戦後への胎動』1990年、社会評論社
『裁かれる成田空港』（一瀬敬一郎氏と共編）1991年、社会評論社
『世界経済の読み方』1997年、御茶の水書房
『マルクス理論の再構築――宇野理論をどう活かすか』（伊藤誠氏と共編）2000年、社会評論社

[レクチャー現代資本主義]
日本経済の構造と分析 [最新版]

2000年9月30日　初版第1刷発行
2004年3月30日　初版第2刷発行
著　者＊降旗節雄
装　幀＊佐藤俊男
発行人＊松田健二
発行所＊株式会社社会評論社
　　　　東京都文京区本郷2-3-10 お茶の水ビル
　　　　☎03(3814)3861　FAX.03(3818)2808
印　刷＊一ツ橋電植＋平河工業社
製　本＊東和製本

ISBN4-7845-0845-7

降旗節雄著作集［全5巻］

各4200円＋税